新/世/纪/职/业/教/育/应/用/型/人/才/培/养/培/训/创/新/教/材

SHIYONG KOUCAI XUNLIAN

实用口才训练

李建珍　主编
姜华英　施翀　王国军　副主编

清华大学出版社
北京

内 容 简 介

本书引进先进的“卡耐基口才训练”理念，将知识体系和实操实练相结合，把注重“为人处世之道”“自信心的获取与增强”与提高口语交际能力相结合，实用性强。

本书分为三个部分：“内外兼修”“战胜自我”“能力提升”，共三十三节。每节都由六个小类组成：“关键词”“课堂活动”“探索与思考”“经典言论”“反思与总结”“拓展延伸”。

本书适合作为职业院校学生素质培养和口才训练培养的通用教材，也适合社会培训机构及企业单位作为口才训练的培训教程。

图书在版编目(CIP)数据

实用口才训练/李建珍主编．--北京：清华大学出版社，2016（2021.1重印）
新世纪职业教育应用型人才培养培训创新教材
ISBN 978-7-302-44514-2

Ⅰ．①实…　Ⅱ．①李…　Ⅲ．①口才学－中等专业学校－教材　Ⅳ．①H019

中国版本图书馆 CIP 数据核字(2016)第 171796 号

责任编辑：田在儒　闫一平
封面设计：牟兵营
责任校对：袁　芳
责任印制：沈　露

出版发行：清华大学出版社
网　　址：http://www.tup.com.cn，http://www.wqbook.com
地　　址：北京清华大学学研大厦 A 座　　**邮　　编**：100084
社 总 机：010-62770175　　**邮　　购**：010-62786544
投稿与读者服务：010-62776969，c-service@tup.tsinghua.edu.cn
质量反馈：010-62772015，zhiliang@tup.tsinghua.edu.cn
印 装 者：三河市中晟雅豪印务有限公司
经　　销：全国新华书店
开　　本：185mm×260mm　　**印　　张**：11.25　　**字　　数**：259 千字
版　　次：2016 年 8 月第 1 版　　**印　　次**：2021 年 1 月第 2 次印刷
定　　价：35.00 元

产品编号：061886-02

FOREWORD

前　　言

一、编写理念

在《中等职业学校语文教学大纲》中的“课程教学目标”提到了如下内容:“中等职业学校语文课程要在九年义务教育的基础上,培养学生热爱祖国语言文字的思想感情,使学生进一步提高正确理解与运用祖国语言文字的能力,提高科学文化素养,以适应就业和创业的需要。指导学生学习必需的语文基础知识,掌握日常生活和职业岗位需要的现代文阅读能力、写作能力、口语交际能力,具有初步的文学作品欣赏能力和浅易文言文阅读能力。指导学生掌握基本的语文学习方法,养成自学和运用语文的良好习惯。引导学生重视语言的积累和感悟,接受优秀文化的熏陶,提高思想品德修养和审美情趣,形成良好的个性、健全的人格,促进职业生涯的发展。”

口语交际能力,对即将走上社会、走上工作岗位的毕业生来说,是求职时候展示给企业的最关键的第一印象,是个人综合素养的集中体现,也是衡量学校毕业生素质的重要指标。

刚从初中毕业的中职生,口语交际能力普遍较弱,虽然中职语文课本里每单元后面都有口语交际的训练,但由于较为简单、课时数少,常被忽略,即便有老师重视,也因为时间间隔太长(一单元一次)而效果不明显,学生对单元后面的训练也不太重视。仅靠语文教材中简单的口语交际训练,远不能满足提高口语交际训练的需求。而未来就职的企业则越来越重视员工的口才与人际交往水平,时代在发展,社会在进步,企业的需求也一直在变化,但各出版社开发的传统口语教材因为周期长,未能及时跟上社会和企业的需求。

口才课程的开发就渐渐成了职业学校教师的常规工作,怎样设计课程,让课程既实用、又出彩,就成了摆在我们面前亟须解决的问题。

编者在多年的口才教学实践过程中,多方寻觅,却未能收获满意的教材。

首先,出版社提供的中职教育适用的口才训练教材较少,可供选择的教材有限。目前公开发行的口才教材,或以普通话发音训练为主,或版本较早、理论性较强,体例、观点、案例都较为陈旧,不太适合现在的教学实践和企业需求。

其次,编者认为,口才训练不仅要提高口头表达能力,还要满足传授为人处世之道的需求。教材应充满趣味性，激发学生积极参与实用口才训练，切实增强学生的综合素养，提高学生的思维能力和语言表达能力，为更好更快地适应社会，并为将来的工作有更大的上升空间，乃至个人创业，打下坚实基础。

基于口才教学改革的需要，从“提高情商，发掘潜力，培养高素质人才，坚持中职生可持续发展”的理念出发，本教材做出大胆尝试，引进美国口才训练大师卡耐基的理论，根据当前中职生的实际情况，编写这本理论与实践相结合的《实用口才训练》。

二、编写特点

这是一本体现职教特色，提高学生情商，改善口语交际能力的口才教材。

本书具有以下特色。

(1) 引进先进理念，构建“卡耐基训练”模式的口才教学新模式。

随着当前社会经济的迅猛发展，口才在一个人的工作和日常交际中变得更加重要。职业中学的学生作为就业特点突出的特殊群体，口才的好坏将直接关系他们将来的就业，商业谈判、产品宣传、导游、各种接待活动……都要依靠良好的口才。因此，在中职语文教学中，培养和训练学生的口才，是语文教师义不容辞的责任。通过查阅相关资料，我们发现，现阶段教育工作者对中职语文口语的研究较多，而专门针对中职语文口才培养与训练的研究较少。

戴尔·卡耐基(Dale Carnegie，1888 年 11 月 24 日至 1955 年 11 月 1 日)用大量普通人不断努力取得成功的故事，通过演讲唤起迷惘者的斗志，激励他们取得成功。1936 年出版了著作《人性的弱点》，70 年来始终被业内认可。他在 1912 年创立卡耐基训练班，来教导人们人际沟通及处理压力的技巧。如今，全世界超过 86 个国家设有分支机构，以 30 种语言提供专案服务，毕业学员超过 800 万人。世界 500 强企业中，超过 425 家企业长期使用卡耐基训练。

“卡耐基训练”学校采用卡耐基“参与式”的教学模式，就是启发、互动、体验式，即老师讲解、课堂演练、课后实践的教学方法，全力帮助人们致力于提升自信、发展自我、完善自我。实践证明，这种教学方式比较有效。在中国北京和天津等大城市有“卡耐基训练”学校，可以根据企业需求，为企业量身定制开展基于核心能力的课程。

对于学生来说，参加这样的训练可能性不太大，但我们以“卡耐基训练”的核心能力为主，将这种先进的口才训练理论与中职生的实际能力和需求相结合，编写出适合中职生的口才训练教材。

(2) 采用“头脑风暴”和“行动导向教学法”，结构新颖，内容有趣实用，能吸引学生兴趣。

本书按照“关键词”“课堂活动”“探索与思考”“经典言论”“反思与总结”“拓展延伸”等栏目进行编排。引经据典，从经典的文学作品、著名的案例、现实的生活中采撷素材，精心编写，并联系心理学现象，将实践和理论相结合，采用“头脑风暴”“行动导向教学法”等先进的教学法，设计生动、有趣、实用的课堂活动，让教师易于指导，而且吸引学生，使学生在有趣的活动中得到锻炼，提高教学效率。

(3) 通过训练,能够切实提高学生素质、修养和口语交际能力。

基于学生开口难的现状,本书循序渐进地设置了层次丰富的训练体系,多角度、多方面地训练学生,使课堂不至于枯燥乏味。

法国当代著名的社会科学家布迪厄认为,文化资本在社会分层和流动上很有意义,对高雅文化的品位和熟稔会对一个人的事业大有帮助。

编者认为单纯巧舌如簧、油嘴滑舌,却缺乏内涵,并非真正好口才,也不会“受人待见”。在提高语言能力的同时,兼顾到内涵的提升——这是本书编写的一大亮点。

从案例解读、理论分析,到课堂活动,再到经典言论的学习,最后到课后拓展。教材内容丰富,且富有梯度和弹性,可供教师选择教学,能帮助学生提高素质、修养和口语交际能力。

(4) 开阔视野、提升境界,让学生保有可持续发展的不竭动力,为终生提升自己打好基础。

在第一部分打好基础之后,后面两个部分的“拓展延伸”以任务驱动的形式,让学生带着任务,自主学习,制作 PPT,开展班级小型的专题讲座。在寻找素材中,增长知识、开阔视野;在准备讲座课件的过程中,提高 PPT 的制作能力;在讲座中,锻炼口才、增加自信、提升境界,保有可持续发展的不竭动力,为终生提升自己打好基础。

【本书结构及内容】

本书引进先进的“卡耐基训练”模式,结合中职生教育、年龄和心理等特点进行编写,将知识体系和实操实练相结合,把注重“为人处世之道”“自信心的获取与增强”与提高口语交际能力相结合,是一本实用性强的教材。学生通过对本书的学习,不仅提升口才,还可以增强自信,提升内涵。

本书分为三个部分:“内外兼修”“战胜自我”“能力提升”,共三十三节。

每节都由六个小类组成:“关键词”“课堂活动”“探索与思考”“经典言论”“反思与总结”“拓展延伸”。

“关键词”:抓住每节课的训练主题,进行简明扼要的阐述,说清本课题的重点以及要达到的目标。

“课堂活动”:设置学生能够在较短时间内完成的生动有趣的测试或活动,以活动带出心理学常识,将礼仪规范与人际关系融合起来,提醒学生口才训练不仅是口头表达能力的训练,还需注意基本的礼仪礼貌,力争做能给人留下好印象的受欢迎的人。让学生积极参与,通过动脑、动手、动口,完成训练任务。

“探索与思考”:针对课堂活动,寻找理论支持;通过对古今中外现实案例或对经典文学作品进行分析,总结经验、得出结论。

“经典言论”:第一部分“内外兼修”是精选名人名言,第二部分“战胜自我”和第三部分“能力提升”则是选择名人演讲实录或名人口才故事,开阔学生视野,提升境界。

“反思与总结”:总结这一节课的内容、要点、注意事项,让学生学会自我反思。

“拓展延伸”:在“内外兼修”部分,以课外阅读相关书籍、欣赏相关影视作品为表现形式;在“战胜自我”“能力提升”两部分,以每课两篇主题演讲的形式呈现,供师生课内外参考选择使用。

本书三个部分可以按照各校课时安排做适当调整，可以只学第一部分，也可以三个部分都学。

【本书编者】

本书编者为职业院校一线教师、职业教育专家和高职心理学教师，团队合作使得本书理念、风格和步调保持一致。

本书主编李建珍，副主编姜华英、施翀、王国军。感谢丘琰、商雄、崔勇、黄舒荣、陈晓山提供指导，感谢赖新荣、林巧云、董慧芳、刘尚英、王翠娟、言青青、韩冰、李琴等参与编写。

编　者

2016年3月

CONTENTS

目　　录

内外兼修

第一节　口才热身　竞选演讲

一、关键词【口才】

口才：名词，说话的才能[①]。例如，他口才好，说起故事来有声有色。有学者将“口才”更加明确地定义为，在口语交际的过程中，表达主体运用准确、得体、生动、巧妙、有效的口语表达策略，达到特定的交际目的，取得圆满交际效果的口语表达的艺术和技巧。

可见，口才最大的用处是“交际”。股神巴菲特说，有一件事是你必须做的，不管你喜欢与否，那就是轻松自如地当众演讲。这可能得花些工夫，这是一种财富，将伴随你50～60年之久。如果你不喜欢这样做，那就是你的不利条件，同样会伴随你五六十年，这是一项必备技能。

在编者看来，“口”需要语言表达流畅，而“才”则需要你本身的思想深度。口才已经不仅仅是“口”上的能力，还包含了身体语言、观察能力和思维能力。

这里有三个严肃的问题，需要认真地问自己：

(1) 口才跟我有关系吗？

(2) 像我性格这么内向、语文成绩这么差、不喜欢跟别人交往的人也能拥有好口才吗？

(3) 拥有好口才能让生活更好、更愉快一点儿吗？

你愿意把你的思考分享给同学和老师吗？主动当众表达观点，这也许就是拥有好口才的第一步。

二、课堂活动【我是科代表[②]】

(1) 教师把全班同学分为若干个小组。尽量把位置邻近的同学分在同一个小组，以便问题的讨论和活动的开展，每组人数尽量相近。

(2) 每个小组推举出一位组长。

(3) 请每位组长在本组组员的帮助下，准备一份本课程科代表的竞选演说。组员可以

---

① 本章节所有的关键词解释均出自商务印书馆第六版《现代汉语词典》。

② 科代表，也称课代表。

为组长出谋划策，组长可以先试着说给组员听。

(4) 请组长到讲台上，面对全班同学发表竞选演说。

(5) 请每位同学根据竞选者的表现，按照表1-1标准尽量客观为竞选者打分(1～5分)，看看哪位竞选者的总分最高。组长统计本组组员选票，选出本科目的科代表。

表1-1 评分表

评比项目	竞选者A	竞选者B	竞选者C	竞选者D	竞选者E	总分
仪容仪表大方得体						
面带微笑，表情自然						
身体站直，但不僵硬，没有抖脚						
手势自然，没有抱着胳膊或把双手紧握胸前						
没有拨弄头发，抓下巴、脖子等小动作						
普通话标准，声音洪亮，吐字清晰，语速正常，无过多口头禅，如“然后”“可是”“嗯”等						
与听众有眼神交流，没有低头念稿						

三、探索与思考

卡耐基说，一个人的成功，只有15%是靠其专业技术，而85%则要靠人际关系和为人处世的能力。英国首相丘吉尔说，你能面对多少人讲话，你的成就就有多大。

好口才可以帮助我们实现一定的目的。马云、李开复、俞敏洪这些人都用他们的成功经历证明一个道理：表达与演说可以创造巨大的价值。

请结合“我是科代表”活动，分小组讨论。

(1) 谈谈你对“口才”的认识。

(2) 怎样才能拥有好口才？

把讨论得出的结论用笔写在A4纸上，每组派代表发言。

四、经典言论

一言之辩，重于九鼎之宝；三寸之舌，强于百万之师。——毛遂

你真的想当律师吗？真的想吗？如果你真的相当律师，你已经做到一半了，因为这个决心是最难的。——林肯

五、反思与总结

请根据实际情况请认真思考以下问题。一个懂得总结的人，才更容易走向成功。如果你不喜欢写字，可以只写下关键词，也可以选择把想法说给身边的同学、老师听。

(1) 这堂课上，有没有哪位老师或同学的某句话触动了你，引发了你的思考？如果有，请写下那句话以及你的思考。

(2) 你希望自己能拥有好的口才吗？

(3) 如果训练能帮助你拥有好口才，你愿意为此付出行动吗？

(4) 你觉得找一个和你一起锻炼口才的伙伴可以帮助你锻炼口才吗？

(5) 你觉得这堂课上谁的表现最让你欣赏或难忘？为什么？

六、拓展延伸

《美国最权威演讲与口才》

作者：[美]多罗茜·利兹

出版社：北京联合出版公司

出版时间：2013-03-01

ISBN：9787550212060

《高效演讲》

作者：彼得·迈尔斯，尚恩·尼克斯，马林梅

出版社：吉林出版集团有限责任公司

出版日期：2013-04-01

ISBN：9787553400433

电影《叫我第一名》

BoBo 患有先天性的妥瑞氏症，这种严重的痉挛疾病，导致他无法控制地扭动脖子和发出奇怪的声音。这种怪异的行为让他成为名副其实的丑小鸭。老师同学不喜欢他，就连家人也对他失望透顶。只有他的母亲一直是他的坚实港湾。母亲的坚持与鼓励，让他能够在正常人的生活里艰难前行。然而面对这个不能理解他的世界，BoBo 一直在痛苦的旋涡里挣扎。他能够突破自我成功逆袭吗？

电影《国王的演讲》

《国王的演讲》就是基于真实的历史改编而成的电影。

1936 年英王乔治五世逝世，艾伯特王子，也就是后来的乔治六世继承王位。事实上，乔治六世不但不想做国王，还有严重的口吃。1939 年 9 月 3 日，德国军队冲破防线进攻波兰，英法被迫向德国宣战。国王决定向国民发表演讲。新任海军大臣丘吉尔鼓励国王，王后深情吻国王。播音室里只有国王和罗格，你觉得国王能发表振奋国民的演说吗？

第二节　仪容仪表　美好印象

一、关键词【仪容仪表】

仪：人的外表；礼节；礼物；倾心向往。仪容仪表：名词，指人的外表，包括容貌、姿态、风度等，多指好的。

看到这节课的关键词，你是否会怀疑自己拿错了课本或是进错教室——明明是口才课，怎么扯到仪容仪表上来了？如果你能产生这个疑问，请你进一步思考：仪容仪表与口才之间有什么联系吗？这里给你提供一个案例和两个有趣的心理学现象，供你参考。

案例

日本大名鼎鼎的销售大师原一平曾拜访美国大都会保险公司，该公司副总经理问他："您认为在拜访客户之前，最重要的准备工作是什么？"

"在拜访准客户之前，最重要的工作是照镜子。"

"照镜子？"

"是的，你面对镜子与面对准客户的道理是相同的。在镜子的反映中，你会发现自己的表情与姿势；而从准客户的反应中，你也会发现自己的表情与姿势。"

"我从未听过这种观念，愿闻其详。"

"我把它称之为镜子原理。当你站在镜子前面，镜子会把映现的形象全部还给你；当你站在准客户面前，准客户也会把映现的形象全部还给你。当你的内心希望准客户有某种反应时，你把这种希望反映在如同镜子的准客户身上，然后促使这一希望回到你本身。为了达到这一目标，必须把自己磨炼得无懈可击。"

心理学现象

(1) 首因效应(primacy effect)与近因效应(recency effect)，也称"第一印象作用"或"先入为主效应"，它是指个体在社会认知过程中，通过"第一印象"最先获取的信息对客体以后的认知将产生一定影响。第一印象作用比以后得到的信息对于事物整个印象产生的作用更强，持续的时间也更长。

(2) 光环效应(halo effect)，又称"晕轮效应"，是指一个人的某种品质或一个物品的某种特性一旦给人以非常好的印象，在这种印象的影响下，人们对这个人的其他品质或这个物品的其他特性也会给予较好的评价。

光环效应是一种影响人际知觉的因素。这种爱屋及乌的强烈知觉，就像月晕的光环一样，向周围弥漫、扩散，所以人们就形象地称这一心理效应为光环效应。和光环效应相反的是恶魔效应，即对人的某一品质或对物品的某一特性有坏的印象，会使人们对这个人的其他品质或这一物品的其他特性的评价偏低。

请把思考的结果分享给老师和同学。

二、课堂活动【设计师】

(1) 教师给每组分发四张 A4 纸，请学生根据以下四种职业的工作性质、工作内容和服务对象，做一个全面的形象设计：公务员、白领、教师、建筑工人。

形象设计越具体越好，例如发型、妆容、衣着、配饰等。各小组可采用画图、文字说明或其他能直观表达设计内容的形式呈现四幅作品。

(2) 各组派代表展示本组设计成果，并详细说明设计理念，即你为什么这么设计该职业的人的仪容仪表。

(3) 各组评选出最出彩的四幅作品并说明原因。

三、探索与思考

心理学研究发现，两个初次见面的人，在 45 秒内就能形成对对方的第一印象。第一印象首先是通过性别、年龄、体态、姿势、谈吐、面部表情、衣着打扮等，判断交往对象的内在素养和个性特征。其次通过对谈吐、举止、修养、礼节等各方面素质的了解，建立进一步的评价。

美国总统林肯因为外表的偏见拒绝了朋友推荐的一位才识过人的阁员。当朋友愤怒地责怪林肯以貌取人，说任何人都无法为自己的天生外貌负责时，林肯说："一个人过了 40 岁，就应该为自己的外貌负责。"虽然林肯以貌取人是否正确值得商榷，但我们却不能忽视第一印象的巨大影响作用。

第一印象能够在人们的头脑中占据主导地位。所以在日常交往过程中，尤其是与别人的初次交往时，一定要注意给别人留下美好个人形象的印象。外在的仪容仪表可以直观地体现一个人的素养和品位，也客观地反映了隐藏在形象背后的精神风貌和生活态度。合宜的仪容仪表会将专业形象衬托得更让人信服，个人的风格和修养也通过仪容仪表在交往对象的脑海中定性。最重要的是，仪容仪表的修饰程度还如实地展现了交往对象的分量轻重。

一个炎热的下午，一位销售钢材的销售代表走进了一家制造公司的总经理办公室。这位销售员身上穿着一件没有熨过的衬衫和一条皱巴巴的裤子，眯着双眼，嘴角叼着雪茄，含糊不清地说："下午好，先生，我代表森筑钢铁公司。"

"下午好！你代表森筑公司？"经理说，"听着，年轻人，我认识森筑公司的高层领导。我认为你没有资格代表他们，至少你的形象和面貌代表不了他们。"

很明显这是一位失败的销售员。他一开始就没办法取得对方的信赖，不是因为专业水准，而是因为仪容仪表。虽说"人不可貌相，海水不可斗量"，但还有句话告诉我们"先敬罗衣后敬人"。交往对象每时每刻都会根据服饰、发型、手势、声调、语言判断你，特别是第一次交往的人，更是通过外在的仪容仪表对人进行评价。

销售大师原一平根据自己 50 年与人交往的经验，总结出了"整理外表的九个原则"。

(1) 外表决定了别人对你的第一印象。

(2) 外表会显现你的个性。

(3) 整理外表的目的就是让对方看出你是哪一类型的人。

(4) 对方会根据你的外表决定是否与你交往。

(5) 外表就是你的魅力表征。

(6) 站姿、走姿、坐姿是否正确，决定你看起来顺不顺眼。不论何种姿势，基本要领是脊椎挺直。

(7) 走路时，脚尖要伸直，不可往上翘。

(8) 小腹往后收，看起来有精神。

(9) 好好整理你的外表，会使你的优点更突出。

虽然各个行业对于员工仪容仪表的规定有所不同，但其中有些共同之处还是值得我们认真对待。①面带微笑，保持开朗乐观的心态。这有利于营造愉快的工作氛围。②保持个人身体卫生清洁，这不仅是健康的需要，更是个人素质的体现。③头发梳理整齐，男性尽量不留长发，女性在正式工作场合不易披头散发。尽量不同时染一种以上的颜色。④面部保持清洁，女性在非特殊场合不化浓妆。⑤保持唇部润泽，口气清新，以便近距离交谈。⑥手部指甲修剪干净整齐，男性尽量不留长指甲，女性在正式工作场合不涂抹鲜艳指甲油。⑦宜使用清新淡雅的香水、香氛、香粉、啫喱膏、摩丝，不带着浓烈的气味出席公众场合。⑧保持服装整洁，不穿奇装怪服。工作期间，以职业装为宜，尽量不穿休闲装。⑨女性的饰品不宜过多，尽量不佩戴会发出声响的饰品。

结合上述仪容仪表的基本规范，每个小组制定出一套符合学生的仪容仪表规范，越详细越好，每个小组派代表分享设计思路。

成功还是失败，或许在第一次擦肩时便已注定。得体的着装、良好的礼仪，留给客户的不仅是良好的形象。我们正在努力靠近成功，如果还想提高成功的概率，就试着提高自己的印象分。

四、经典言论

不学礼，无以立。——《论语》

人无礼则不生，事无礼则不成，国家无礼则不宁。——荀子

一个人的礼貌就是一面照出他肖像的镜子。——歌德

没有良好的礼仪，其余一切都会被人看成骄傲、自负、无用和愚蠢。——约翰·洛克

国尚礼则国兴，家尚礼则家大，身尚礼则身正，心尚礼则心泰。——颜元

五、反思与总结

根据实际情况认真思考以下问题。一个懂得总结的人，才更容易走向成功。如果你不喜欢写字，可以只写下关键词，也可以选择把想法说给身边的同学、老师听。

(1) 我以前在人际交往中，是否有留心并要求自己要做到过今天的课题关键词？

(2) 这堂课的哪个环节最吸引我？

(3) 我是否尽全力参与了这堂课的各项讨论活动？

(4) 我是否在课堂上、小组内发言？我对自己的表现感到满意吗？

(5) 这堂课上哪位同学的表现给我留下最深的印象？我从他身上学到了什么？(正反面均可)

(6) 这堂课上是否有任何人、任何话语触动过我？为什么？

(7) 我在这堂课上是否有比以前进步、突破的地方？(可以征求组员的意见)

(8) 上完这堂课我是否发现自己身上有需要改进、加强锻炼的地方？我准备如何行动？

六、拓展延伸

《格调》
作者：[美]福塞尔
译者：梁丽真，乐涛，石涛
出版社：世界图书出版公司
出版时间：2011-12-01
ISBN：9787510039515

电影《窈窕绅士》

《窈窕绅士》是导演李巨源创作执导的一部爱情喜剧电影。由孙红雷、林熙蕾等演员担任主演。该片主要讲述了孙红雷饰演的暴发户曾天高爱上了大明星芳娜，但他外表土气又没内涵，芳娜根本看不上他。一番折腾后，他只好找来公关公司经理吴嘉倩帮他来个从发丝到脚尖的大改造，由此引发一系列故事。

电影《穿普拉达的女王》

《穿普拉达的女王》(*The Devil Wears Prada*)是根据劳伦·魏丝伯格写的一部同名畅销小说拍摄而成的电影。在 2006 年上映的这部同名电影《穿普拉达的女王》，邀请梅丽尔·斯特里普、安妮·海瑟薇与艾蜜莉·布朗特参与演出，讲述一个刚从大学毕业的女孩 Andrea Sachs 在一家顶尖时尚杂志从菜鸟到资深的历程。

第三节　肢体语言　弦外之音

一、关键词【肢体语言】

肢体语言：名词，代替语言表情达意的身体动作、面部表情。通过词条的解释，可以看出，肢体语言是一种无声的表达。研究发现，人类的肢体语言在信息的传递中占据主导地位。心理学家赫拉别恩发现，一个人要向外界传达完整的信息，单纯的语言成分只占 7%，声调占 38%，另外的 55%都需要由非语言的体态传达。肢体语言通常是一个人下意识的举动，它很少具有欺骗性。因此，肢体语言的表达能力和读懂肢体语言的能力是好口才的人不可或缺的能力(见图 1-1)。

二、课堂活动【读心大师】

当谈话对象有以下肢体动作时，请问他们很可能在想些什么？

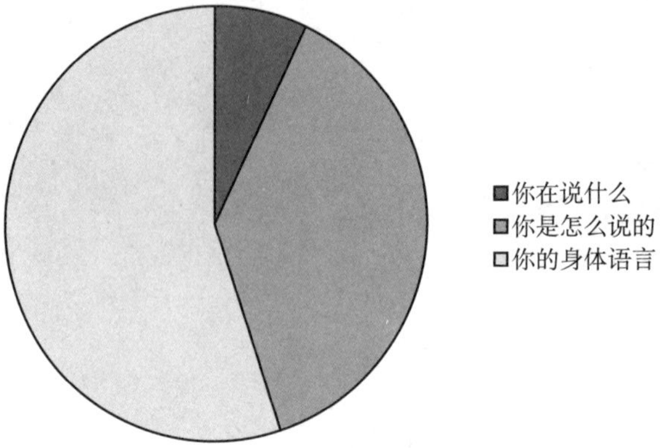

图 1-1　信息的传递

分小组抢答。看看哪个小组最靠谱。

(1) 用手轻轻揉鼻子。

(2) 轻轻拍掌或是捏手指。

(3) 抚摸后脑。

(4) 轻轻抚摸头发或者睁大眼睛。

(5) 咬指甲。

(6) 摸耳朵或拉紧耳朵。

(7) 面对其他地方,眼睛根本不看你,揉眼睛。

(8) 将手一直放在口袋里。

(9) 紧捏鼻梁、抚摸下巴。

(10) 谈话对象的手。

仰,掌心向上;

立,掌直立;

指,掌心向左;

摇;

压;

双拳上举;

双手下垂且掌心向外摊开;

搓手且双手朝下。

你能否了解这些动作的含义? 如果你的能力尚待提高,你的肢体语言表达能力又如何呢? 你是否将美好的自己表达出来了? 肢体语言有哪些基本规范和要求吗? 中国古代公认的君子仪态是"站如松,坐如钟,行如风,卧如弓"。除了这些,还有哪些日常肢体语言是需要我们注意的呢?

(参考答案参见第一部分附录)

三、探索与思考

在日常生活中,一个无心的眼神,一个不经意的微笑,一个细微的小动作,都是一种无声且不会说谎的语言。这些微妙的肢体语言需要我们用心去解读。

当我们看到一个演讲者站在台上头冒冷汗、双手发抖、两腿发软、不敢正视观众的时候，我们一下子就明白了，台上那个人紧张、缺乏自信。正是他的肢体语言出卖了他。

在美国前总统比尔·克林顿就性丑闻事件向陪审团陈述证词时，美国的神经学者阿兰·赫希和精神病学者查尔斯·沃尔夫对克林顿的肢体语言进行了深入研究。发现克林顿说真话时很少触摸自己的鼻子。反之，只要克林顿一撒谎，他的眉头就会在谎言出口之前不经意地微微一皱，甚至几乎每隔 4 分钟触摸一次鼻子。在整个陈述证词期间，克林顿触摸鼻子的总数达到 26 次之多。

以下是部分肢体语言所代表的意义。不妨回想一下，在你身上是否也不经意曾出现过这些肢体语言呢？

眯着眼——不同意，厌恶，发怒或不欣赏；

双臂环抱胸前——感到不安，想保护自己；

走动——发脾气或受挫；

扭绞双手——紧张，不安或害怕；

正视对方——友善，诚恳，外向，有安全感，自信，笃定等；

压低眉毛——为了向他人表示自己的威严或者攻击性；

搔头——迷惑或不相信；

笑——同意或满意；

用手遮住嘴巴——准备撒谎；

咬嘴唇——紧张，害怕或焦虑；

抖脚——紧张；

向前倾——注意或感兴趣；

握住的手放在下巴或者脸颊处——思考。

既然我们的一颦一笑一举一动都是无声的语言，就有必要让这语言显得更加令人愉悦。短时间内达到无懈可击的境界是不可能的，但至少在每天的生活中，可以留心训练自己优雅的体态。你可以参考如下建议。

(1) 时刻提醒自己，不要含胸、驼背。收紧腹部，保持姿势笔直。男生可以将两肩膀稍向后张开。

(2) 坐下的时候，上身保持笔直、有意识地收腹。在校生尽量不要趴在课桌上。

(3) 头顶一本书，向前笔直行走，自然轻微摆动双臂，保持身体平衡，不让书掉下来。

(4) 时刻保持微笑。微笑是自信的象征，是礼仪修养的充分体现，是友好的表现。

如果你不懂如何微笑，那就念“一”字，练习时要使脸部肌肉向上提，口里念“一”音，用力提高口角两端。还要眼口结合，用眼睛微笑。

(5) 在公共场合切忌出现以下行为：随意触碰他人的身体、抠眼睛、掏耳朵、挖鼻子、抖腿、剔牙、吐痰、挠头、剪指甲。

请每个小组的同学，在小组内部互相练习站姿、坐姿。组员之间互相帮助，指出组员的不足，帮助组员共同进步。

四、经典言论

面部表情是十个多世纪以来培养出来的最成功的语言，是比嘴巴讲的要复杂千万倍的语言。——罗曼·罗兰

脸上的神气总是心灵的反映。——雨果

五、反思与总结

请根据实际情况请认真思考以下问题。一个懂得总结的人，才更容易走向成功。如果你不喜欢写字，你可以只写下关键词，也可以选择把你的想法说给身边的同学、老师听。

(1) 我以前在人际交往中，是否有留心并要求自己要做到过今天的课题关键词？

(2) 这堂课的哪个环节最吸引我？

(3) 我是否尽全力参与了这堂课的各项讨论活动？

(4) 我是否在课堂上、小组内发言？我对自己的表现感到满意吗？

(5) 这堂课上哪位同学的表现给我留下最深的印象？我从他身上学到了什么？(正反面均可)

(6) 这堂课上是否有任何人、任何话语触动过我？为什么？

(7) 我在这堂课上是否有比以前进步、突破的地方？(可以征求组员的意见)

(8) 上完这堂课我是否发现自己身上有需要改进、加强锻炼的地方？我准备如何行动？

六、拓展延伸

《微表情心理学》
作者：徐谦
出版社：北京理工大学出版社
出版时间：2012-03-01
ISBN：9787564055462

《身体语言密码》
作者：[英]亚伦·皮斯
[英]芭芭拉·皮斯
出版社：中国城市出版社
出版时间：2007
ISBN：9787507419429

《FBI 教你读心术》
作者：乔·纳瓦罗(Joe Navarro)
马文·卡尔林斯(Marvin Karlins)
译者：王丽
出版社：吉林文史出版社
出版时间：2011-06-01
ISBN：9787547206294

电影《*LIE TO ME*》

本剧根据真人真事改编。本剧的灵感来源于行为学专家 Paul Ekman 博士的真实研究，他能够发掘深埋在人类脸部、身体和声音里的线索，然后将犯罪调查中的真实与谎言昭示天下。Ekman 博士将担任本剧的特别顾问。

第四节 有效倾听 积极信息

一、关键词【倾听】

倾听：动词，细心地听取。

很多人认为，好口才就是指那些满腹经纶、博闻广记，说起话来滔滔不绝、对答如流、滴水不漏的人。事实真的是这样的吗？研究调查发现，沟通中的行为比例最大的是倾听，而不是交谈或说话(见图 1-2)。

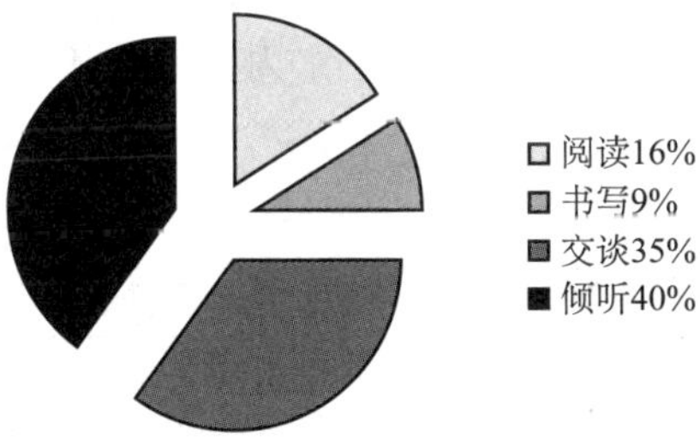

图 1-2 沟通中的行为比例

这一客观事实被很多人认识并加以应用。

戴尔·卡耐基曾说过："在沟通的各项功能中，最重要的莫过于倾听的能力。"

在犹太人的谚语中也教导孩童要"快快地听，慢慢地说"。

乔·吉拉德被誉为"全球推销大王"，他因在 12 年内共售出 13 000 多辆小汽车而载入了《吉尼斯世界纪录》。乔·吉拉德把他的成功归功于认真倾听客户的讲述。他曾说过：

“世界上有两种力量非常伟大,其一是倾听,其二是微笑。你倾听对方越久,对方就越愿意接近你。有些销售员喋喋不休,因此,他们的业绩总是平平。上帝为什么给了我们两只耳朵一张嘴呢?我想,就是要让我们多听少说吧!”

想一想:当我们认真倾听他人说话的时候,我们向人释放了什么样的信息呢?

我尊重你;

我欣赏你;

你很重要;

我认同你所说的;

你讲得太精彩了;

听你说话是一种享受;

你分享的内容很有价值;

……

每个人都希望获得别人的尊重,受到别人的重视。试问,有谁会拒绝一个如此尊重、欣赏、认同自己的人呢?有人错误地认为滔滔不绝、口若悬河才会让人敬佩,获取好感。其实正好相反。西方有一句俗语:“上帝给人两只耳朵一张嘴,就是要我们听的比说的多。”

倾听体现了一个人的涵养,是一种尊敬讲话者的表现,是对讲话者的一种无声的赞美,更是对讲话者最好的恭维。在倾听的时候,我们不仅能让对方感觉自己很重要,还能留心观察对方的肢体语言,发现对方话语中最重要的内容,从而有的放矢、对症下药。所以,倾听能使对方喜欢你、信赖你,它还能拉近谈话双方的距离,善于倾听的人更容易博取他人的信任和好感。

二、课堂活动

倾听在职场中是不可或缺的制胜法宝。汽车销售员乔治去拜访一位曾经买过他们公司汽车的客户。见面时,乔治递上自己的名片:“您好,我是汽车公司的销售员,我叫……”还没说完,客户就不耐烦地摆摆手,打断了乔治的话,并开始抱怨之前购车时的种种不满意,例如业务员服务态度不好、报价比别家高、车内部装修不合理、交接车的时间比约定的更久等。

当客户喋喋不休地抱怨各种不快时,乔治只是静静地站在客户身边,认真地倾听,一句话也没有反驳。终于,客户把心里的怨气都一股脑地吐光了。当他稍微休息了一下,才发现眼前的乔治并非之前购车的那位。于是,他有点不好意思地对乔治说:“小伙子,叫什么名字呀,现在有没有一些适合我们需要的车型,拿彩页来给我看看,给我介绍介绍吧。”

乔治离开客户时,他简直难以抑制内心的激动,因为他手上拿着两台重型汽车的订单。从乔治拿出商品目录到那位客户决定购买的整个过程中,乔治说的话加起来不超过 10 句。汽车交易拍板的奥秘就在于客户说的:“我是看到你非常实在,有诚意又很尊重我,所以我才向你买车的。”

如果你是即将走向职场的学生,你一定要好好反省一下,你的倾听能力如何。表 1-2 是一份倾听技能测试,不妨测测看。

表 1-2　倾听技能测试

序号	测试问题	评价情况				
		总是 5 分	常常 4 分	偶尔 3 分	很少 2 分	几乎不 1 分
1	你喜欢听别人说话吗？					
2	你会鼓励别人说话吗？					
3	你不喜欢的人在说话的时候，你也会注意听吗？					
4	无论说话人是男女老少，黑人白人黄种人，你都会注意听吗？					
5	朋友、熟人、陌生人说话时，你都会注意听吗？					
6	别人讲话时你是否会心不在焉？					
7	你是否注视听话者？					
8	你是否忽略足以让你分心的事物？					
9	你是否微笑、点头以及使用不同的方法鼓励他人说话？					
10	你是否认真考虑过说话者说的话？					
11	你是否试着复述话说这所说的意思？					
12	你是否尝试指出说话者的意图？					
13	你是否让说话者说完他所有的话？					
14	当说话者在犹豫时，你是否鼓励他继续下去？					
15	你是否复述他的话，弄清楚之后再发问？					
16	在说话者讲完之前，你是否避免批评对方？					
17	无论说话者的态度与用词如何，你都认真听吗？					
18	如果你预先知道说话者要讲的内容，你也认真听吗？					
19	你是否询问说话者某些字词的意思？					
20	为了请他更完整解释他的意见，你是否询问过？					

测验的结果如何呢？你愿意跟你的组员分享一下测验的结果吗？你对自己的倾听能力感到满意吗？你的小组有没有得分特别高的人呢？回想一下，他在平常的人际交往中是如何认真倾听他人说话的。（具体分值说明参见第一部分附录）

三、探索与思考

听见和倾听的区别。

认真倾听教师读的故事（故事全文详见附录）。

根据你听到的内容做表 1-3 的题目。“T”代表正确，“F”代表错误，“?”代表无法判断。

在相应的答案上打“√”，请不要过多思考以免漏过一些重要信息。

表 1-3　测试问题

序号	测 试 问 题	正确	错误	不确定
1	店主将店堂内的灯关掉后，一男子到达			
2	抢劫者是一男子			
3	来的那个男子没有索要钱款			
4	打开收银机的那个男子是店主			
5	店主倒出收银机中的东西后逃离			
6	故事中提到了收银机，但没说里面具体有多少钱			
7	抢劫者向店主索要钱款			
8	索要钱款的男子倒出收银机中的东西后，急忙离开			
9	抢劫者打开了收银机			
10	店堂灯关掉后，一个男子来了			
11	抢劫者没有把钱随身带走			
12	故事涉及三个人物：店主、一名索要钱款的男子以及一名警察			

注：参考答案参见第一部分附录。

按你所听到的作答，你答对了几题？故事很简单，怎么会答错题目呢？问题就出在“听”的效率上。日常生活中的听可以分为五个层次。

“神游外太空”地听，听的过程基本处于元神出窍状态，结果什么都没听到。你有过这种状态吗？

三心二意地听，偶尔听一下，刚听完还能零散地记得一些片段，过一会儿基本忘光。

专注地听，让说话者把所有的话说完，并记下重点。

设身处地地听，站在说话者的立场专注倾听说话者表达的内容，适时地向说话者确认你了解的是不是就是他想表达的。

创造性地听，说话者也许不会把真正的想法告诉你，他也许会用借口或不实的理由搪塞或为了达到其他的目的而声东击西或别有隐情不便言明。因此你必须尽可能地听出说话者真正的想法。创造性地听不是一件轻松容易的事情，听的同时，还要自问一些问题。例如：他说什么了？他说的是一个事实，还是一个意见？他为什么要这样说？他这样说的目的是什么？

“信息接收漏斗”理论认为，当一个人有100%信息量的表达时，被听众听到的信息量有80%，被理解的信息量有60%，听众只相信其中的40%，最后，他记住的信息量仅有20%。由此可见，听和倾听是效果完全不同的信息接收。并非所有人与生俱来就拥有倾听的能力，它需要我们用心、刻意地训练自己之后才能拥有。繁体字“聽”已经告诉我们古人对听的认识——用眼睛看、用心灵和耳朵听。具体要怎么做呢？这里有几个简单的建议，有助于你更好地倾听。

首先，要合理运用目光。在与人谈话时，大部分时间应看着对方，这样对方才能感受到你的关注。目光要自然地注视对方眉与鼻梁三角区，不能左顾右盼，也不能用咄咄逼人的眼神紧盯着对方。

其次，要配合合宜的肢体动作。在倾听的时候，身体可以微微向前倾。事实上，如果你真的听得很认真，自然而然会有这个动作（还记得第二节课《肢体语言，不能忽略的弦外之音》里提到的吗？好好回想一下）。如果有必要，拿出纸笔做些笔记，记下说话者所述内容的重点。上课听老师说话的时候，你是这种状态吗？

再次，在倾听的过程中不随意插话。在他人讲话的过程中，尽量不要打断别人的话，特别是你内心想要反驳的时候，更是不要急着说出来。如果在倾听的过程中，有一些你不太理解的地方，可以适时地向说话者询问或确认。

最后，要主动自觉排除一些影响倾听的因素，如定向思维、个人判断标准、选择倾向、用心不专、急于发言、想着如何反驳、厌倦、消极的肢体语言等。

四、经典言论

很少有人经得起别人专心听讲所给予的暗示性赞美。——杰克乌弗《陌生人在爱中》

我喜欢倾听，在仔细倾听他人说话时我收获颇丰。然而大部分人从来不倾听别人说话。——海明威

五、反思与总结

请根据实际情况请认真思考以下问题。一个懂得总结的人，才更容易走向成功。如果你不喜欢写字，可以只写下关键词，也可以选择把想法说给身边的同学、老师听。

（1）我以前在人际交往中，是否有留心并要求自己要做到过今天的课题关键词？

（2）这堂课的哪个环节最吸引我？

（3）我是否尽全力参与了这堂课的各项讨论活动？

（4）我是否在课堂上、小组内发言？我对自己的表现感到满意吗？

（5）这堂课上哪位同学的表现给我留下最深的印象？我从他身上学到了什么？（正反面均可）

（6）这堂课上是否有任何人、任何话语触动过我？为什么？

（7）我在这堂课上是否有比以前进步、突破的地方？（可以征求组员的意见）

（8）上完这堂课我是否发现自己身上有需要改进、加强锻炼的地方？我准备如何行动？

六、拓展延伸

电影《王牌对王牌》

丹尼原是芝加哥警局最顶尖的谈判高手，后来陷入生平最大的困境：他不但无故背负了盗用公款的罪名，还被陷害成为一宗杀警案的头号嫌疑犯。为了在有限的时间内找出真凶，洗刷自己的罪名，丹尼要求和另一管区的谈判专家克里斯谈话。于是，两位谈判专家展开了面对面的接触，一场意志力与言语的拉锯战就此上场。最后究竟是谁胜谁负呢？

第五节　逻辑条理　思路清晰

一、关键词【逻辑】

逻辑：名词，思维的规律；客观的规律性。

逻辑是个抽象而复杂的概念。大到一个学科，小到一句话，都可以找到逻辑的影子。逻辑学在高校中是很多学生比较头疼的学科。我们这里谈的逻辑主要指最基本的说话的逻辑。怎样才算最基本的说话的逻辑呢？

首先，能清晰表达自己的观点、主张、结论。

其次，懂得运用充分的论据去支持自己的观点、主张、结论。

最后，语言表达通俗易懂，绝大部分的人听得懂。

一个语言表达逻辑清晰的人，在日常交往中，应对能力不会差到哪里去。在正式场合特别是职场中，他的沟通能力会强于他人，听者的负担和误解随之减轻减少，这样的人会自信许多。

生活中会遇到这样一种人，你不太喜欢跟他打交道，因为跟他谈话很费力。他自己讲话的时候，前言不搭后语，或者一些话颠来倒去一直说，你认真听了很久，也没明白他究竟要表达些什么。你跟他讲话的时候，他也不明白你说什么，更无从回应你提出的问题或要求。

他们肯定不是故意的。只是他们的逻辑出了一点问题。

阅读表 1-4，根据你的实际情况，在阅读完题目 5 秒钟之内，根据第一感觉作答。

分制代表的意义如下。

5 分：我一贯都是这么做的，从不例外。

4 分：我通常都是这么做的。

3 分：我有时候会这样。

2 分：我偶尔这么做。

1 分：我从来不这么做。

表 1-4　测试题目

序号	测试题目	评分				
		5	4	3	2	1
1	说话的顺序安排合理的，说话之前有经过组织					
2	说话的顺序会有一个起承转合的过程					
3	被人反驳之后，不会带有消极的情绪应答					
4	可以很好地控制自己想讲的话，在适当的时间内表达完毕					
5	讲话的重点很容易被听众把握					
6	说话时不会掺杂“这个”“那个”指示代词或“嗯”“然后”“啧”等口头禅					
7	与人沟通时习惯利用关键词进行概括和解释					

续表

序号	测试题目	评分				
		5	4	3	2	1
8	认真听别人的阐述,不会自说自话					
9	提出观点的时候,会搜集相关资料或事例,不会凭借个人经验轻易下结论					
10	不管是谁都能听懂你的话,并且很享受跟你的谈话					

测试结果如何,你对自己的语言逻辑感到满意吗?如果你觉得有待加强,就拿出实际行动改善自己的语言逻辑吧。

二、课堂活动

逻辑性好的语言通常具备以下特点:讲话有顺序、主次分明、重点突出、简明扼要。

对照以上特点,反思自己平时的表达,能做到几项呢?我们可以通过下面两个课堂活动,现场自我评估一下你的语言逻辑。

活动一:顺序

下面练习题中的顺序是被打乱的,请你尝试能否在最短的时间内将它们排顺。

练习题一:打电话。

我是某某。

请问您现在说话可方便?

您好,请问您是某某吗?

打扰您了,非常感谢。

打电话的主要目的是……

练习题二:亚里士多德演讲五步骤。

简述一个故事或观点,激发听众兴趣

号召听众行动起来,给予正面鼓励

对你提出的问难题给出一种答案

抛出一个问题,引发听众思考

描述你的解决方案能带来的利益

活动二:讲故事

下面有三组词汇,把每一组内的所有词汇组合起来,连成一个完整的故事。讲故事的时间不能少于1分钟。词汇的顺序没有硬性规定。看看哪个小组的故事更符合逻辑、更精彩。

第一组 电影 美丽 旅游 白昼 生病 静水流深

第二组 唱歌 冲刺 房间 气质 昂贵 成王败寇

第三组 阅读 照片 炎热 打工 手机 唐诗宋词

(参考答案参见第一部分附录)

三、探索与思考

喜欢看喜剧电影的人应该都知道周星驰有部经典之作《大话西游》，其中唐僧的形象可谓深入人心。只不过如果从语言逻辑的角度评价唐僧，估计他的成绩会很差。我们来看一段电影中的对白。

唐僧：你有多少兄弟姐妹？你父母尚在吗？你说句话啊，我只是想在临死之前多交一个朋友而已。

唐僧：所以说做妖就像做人一样，要有仁慈的心，有了仁慈的心，就不再是妖，是人妖。

唐僧：哎，他明白了，你明白了没有？

唐僧：人和妖精都是妈生的，不同的人是人他妈生的，妖是妖他妈生的……

小妖甲：我受不了啦！（拔刀自尽）

唐僧：你妈贵姓啊？（对龙套乙）

小妖乙：啊!!!

唐僧：看，现在是妹妹要救姐姐，等一会那个姐姐一定会救妹妹的。

唐僧：看，我说对了吧？

小妖乙（上吊自尽）

唐僧：居然比我还快，你真行！

唐僧：小心啊！打雷喽！下雨收衣服啊！

没有看过这部电影的人，对摘录的台词一定感到云里雾里，不知所云。看过电影的人知道，因角色塑造需要，电影中的唐僧说话是故意设计成这样没什么逻辑的。

在我们日常交往过程中，特别是在正式场合，该如何讲话，才能显得有逻辑呢？

第一步是“思考”。说话之前想明白，这次谈话的主题是什么、我所持的观点是什么。说话也应“三思而后行”，先思考，后表达。在说话前把问题的前因后果想一遍，分清轻重主次。特别是要叙述一件复杂的事或驳斥某种论调或阐述个人观点前，最好先在脑子里打一遍“草稿”，梳理一下思路，这样会大大提高言语的逻辑性。

第二步是“概述”，就是开门见山地对主题进行简短的阐述。说话要有明确的目的，才能让听者明白说话的意图。一开始的时候就亮出自己的观点，有助于听者对谈话内容做整体的把握。

第三步是“条理”，就是将主要内容理出条理。

(1) 找出重点、分清主次

重要的观点、事情要先说，详细地说。在阐述的时候，可以用“第一、第二、第三”或“首先、其次、再次”这样的分点形式。还要注意有顺序地进行描述，例如，如果描述一个人一整天都做了些什么，可以按照时间发展的顺序、如果向别人介绍自己参观的旅游景点，就可以按照空间顺序。

(2) 围绕观点展开论证

先表明自己的观点，解释观点。最好能采用真实的事例证明自己的观点或想法。

真实的例子是最好的说明方式，因为它能让一个观念显得清晰、有趣、具有说服力。——《人生的光明面》，作者诺曼·皮尔

(3) 善用关联词

根据实际情况选择不同关系的关联词,会让表达的逻辑性大大加强。

转折关系:尽管……可是……、虽然……但是……、……却……、……然而……、……可是……

假设关系:如果……就……、要是……那么……、无论……都……、不管……也……、倘若……就……、要是……就……

并列关系:一边……一边……、即使……也……、是……是……、既……又……

递进关系:不但……而且……、不光……也……、不仅……还……

选择关系:不是……就是……、是……还是……、或者……或者……、要么……要么……、与其……不如……、宁可……也不……

因果关系:因为……所以……、之所以……是因为……、……因此……

承接关系:先……再……、首先……然后……、先……然后……接着……最后……

条件关系:只要……就……、只有……才……

(4) 尽量减少多余的口头禅或者语气助词

第四步是“总结”,概括主题,并对整个谈话做一个总结结束。这个步骤不需要太多的言语,只要能起到概括效果即可。

想要做到上述的标准,不是一天两天的工夫就能达到的。在日常生活中,要有意识地坚持训练说话逻辑。以下的建议供参考。

(1) 多看多读多听能培养语感,找资料归纳提纲,找出重点。除了看一些专业的语法修辞和逻辑学方面的书籍外,报纸杂志上的好文章也可以拿来研究。

(2) 常回顾自己说过的话,总结弱点和不足之处。请身边说话有逻辑的人帮忙监督指正。

(3) 多阅读经典,加强对语言的自发控制,也能够提高语言的敏感度、清晰度,增加语言材料的丰富性、逻辑性。

(4) 三思而后言,说话前要在脑子里打一遍草稿,梳理一下思路,提高语言的逻辑性。

(5) 语速放慢,边说边想。

(6) 切忌啰唆,这一点需要特别强调。每个人说话的方式不同,但每个人都不喜欢听毫无用处的啰唆。海明威创作《老人与海》的时候,书稿由一开始的1 000多页删减到几十页。海明威这么做就是为了让作品的语言显得更加纯净,没有多余的杂质。

电影《大话西游》里有个超级经典的啰唆唐僧。

“悟空,你也太调皮了,我跟你说过叫你不要乱扔东西,你怎么又……你看,我还没说完你又把棍子给扔掉了!月光宝盒是宝物,你把它扔掉会污染环境,要是砸到小朋友怎么办?就算砸不到小朋友砸到那些花花草草也是不对的。”

“你想要啊,悟空。你要是想要的话你就说嘛!你不说我怎么知道你想要呢!虽然你很有诚意地看着我,可是你还是要跟我说你想要的。你真的想要吗?那你就拿去吧!你不是真的想要吧?难道你真的想要吗?”

如果遇到这样的他,你会不会像悟空那样,一棍子将其打晕呢?那我们就更不能学唐僧啰唆了。

四、经典言论

学习知识要善于思考，思考，再思考，我就是靠这个方法成为科学家的。——爱因斯坦

深刻的思想就像铁钉，一旦钉在脑子里，什么东西也无法把它拔出来。——狄德罗

最初偏离真理毫厘，到头来就会谬之千里。——亚里士多德

五、反思与总结

请根据实际情况请认真思考以下问题。一个懂得总结的人，才更容易走向成功。如果你不喜欢写字，可以只写下关键词，也可以选择把想法说给身边的同学、老师听。

(1) 我以前在人际交往中，是否有留心并要求自己要做到过今天的课题关键词？

(2) 这堂课的哪个环节最吸引我？

(3) 我是否尽全力参与了这堂课的各项讨论活动？

(4) 我是否在课堂上、小组内发言？我对自己的表现感到满意吗？

(5) 这堂课上哪位同学的表现给我留下最深的印象？我从他身上学到了什么？（正反面均可）

(6) 这堂课上是否有任何人、任何话语触动过我？为什么？

(7) 我在这堂课上是否有比以前进步、突破的地方？（可以征求组员的意见）

(8) 上完这堂课我是否发现自己身上有需要改进、加强锻炼的地方？我准备如何行动？

六、拓展延伸

《领导者逻辑口才：跟 FBI 学最高明的逻辑说话术》

作者：金树

出版社：中国言实出版社

出版时间：2013-04-01

ISBN：9787802509801

《洗脑术》

作者：高德

出版社：江苏文艺出版社

出版时间：2013-03-01/2014-03-01

ISBN：9787539968339

电影《伟大辩手》

本片取材自真人真事。在 20 世纪 30 年代，有一个名叫马文·托尔森的美国黑人在语言修辞上有着很深的造诣，尤其擅长写诗和辩论。但当时黑人依然被歧视。为了证明本种族人的实力，在他任

校长期间，他组建了一支辩论队。参加学生在此前对辩论毫无概念，而其实马文·托尔森也并不谙其中门路。他所能做的只有通过自己的言传身教提高队员们的语言能力，让他们掌握唇枪舌剑的武器。他们最后能够获得社会的认可吗？

第六节　腹稿提纲　口若悬河

一、关键词【腹稿 提纲】

腹稿是指内心酝酿成熟以供表达的诗文构想。

腹稿的典故，源自王勃写作的故事。王勃所到之处，都有人请他写文章，每当他写碑文或赞颂词时，往往不起草稿，也没有冥思苦想，而是先磨好墨，备好纸笔，有时还喝一点酒，然后蒙头大睡。等到一醒来，马上跳下床，拿起笔，一挥而就，从不更改。当时人们说，王勃蒙头而睡时，其实并没有真睡，而是在构思，在肚子里起草。

在肚子里起草，就叫“腹稿”，也叫“默稿”。宋朝苏轼有诗道：“袖手独不言，默稿已在腹。”后谓预先想好而没有写出的文稿为腹稿。

“纲”原指网上的总绳，“提纲”就是提住网上的总绳。古人认为，只有整张渔网都连在总绳上，渔网才会有条理而不凌乱；善于撒网的人，一定是提起网的总绳，而不是一个一个地去拉那些数不清的网眼儿。提纲是用提要或图表的方式，列举出发言或演讲的观点，材料以及观点和材料的组合与安排方式等，也就是我们俗称的“搭架子”。

提纲可以写得很简略，也可以写得比较详细。简略一点的即概要提纲，以简洁的语言和高度压缩的方式，简明扼要地列举出了发言或演讲的主旨、材料、层次和大意等。准备得详细的提纲，将具体、细致地设计了的细节都写上了，它基本上是发言或演讲的缩影，有利于说话者对整个发言、演讲过程的掌握。

提纲既可以编写成书面文字，也可以只在脑海里思考，也就是前面所介绍的“腹稿”。

腹稿和提纲的主要特点有两个，首先是关键词；其次是顺序。

(1) 关键词。就是把汇报、演讲和发言的思路要点，提纲挈领地写下来，而不是把发言的全文一字不漏地写到提纲中去，因此，在写提纲的时候，要突出“纲目”和“关键词”这五个字。

(2) 条理顺序。是指为了让发言内容显得井井有条，思路清晰，在准备提纲的时候，就要拟好发言内容的条理顺序，比如：共有几个大问题，每个问题之下分几小点，一目了然，眉目清楚，否则，就失去了提纲的作用。

腹稿和提纲的作用主要是给文章定出一个大致框架或主要观点。日常的语言交流，特别是在正式场合做比较系统的演讲前，根据实际需求拟好发言、演讲腹稿提纲是很有必要的。

二、课堂活动

请围绕“我的近十年职业生涯规划”这一主题，花 5～7 分钟的时间撰写演讲提纲。

每个小组派两位代表用多媒体设备展示自己的演讲提纲，并根据提纲内容进行演讲。

请同学们谈谈，发言或演讲前有准备提纲和没准备提纲对于发言或演讲效果各有什么影响。

三、探索与思考

通过课堂活动，我们可以认识到，在发言、演讲前准备好腹稿和提纲，可以帮助我们把最好的口才状态呈现出来，降低犯错误的概率。在发言、演讲前打腹稿和列提纲进行构思，可以锻炼我们的思维能力，还会让我们的语言更严谨更有逻辑性。具体地说，提前做好腹稿提纲的准备工作，我们可以有以下收获。

(1) 通过打腹稿、编列提纲，可以把发言、演讲的主要框架和要点固定下来，以免发言或演讲时遗忘。腹稿和提纲可以让整个发言和演讲的内容显得更加有理、有序、有据，使整个发言和演讲过程的构思更为周密、完善。如果不列提纲，不打“腹稿”，很容易造成思路混乱、丢三落四、逻辑不通的消极局面。

(2) 打腹稿和编列提纲有利于说话者思维的条理化和科学化。说话者不断推敲发言和演讲内容的科学性、合理性、文采等，在无形中培养和锻炼自身认真观察问题、全面分析问题、反复思考问题和解决问题的能力。

如何打腹稿、列提纲：在遇到一些正式场合的演讲时，建议打好详细的腹稿和提纲，详细内容包括演讲题目、结构层次、论述要点、典型事例、引文材料以及有关资料等，基本就是整个演讲的基本内容和论证过程。如果是准备时间有限的即兴演讲，那就只要在心里想清楚要讲几点、先讲什么、再讲什么。这里想给大家介绍的是详细版的提纲。

(1) 确立主题，拟好演讲标题：即兴讲话或是非正式场合可以省略这一步。在正式的演讲场合，一个响亮醒目、设计新颖、独具匠心的标题会给听众美好的第一印象，吸引听众的注意力。通常情况下的演讲稿，都只有一个正标题。而少数演讲，不仅有正标题，而且还有副标题，可根据实际需求列出。

除了标题要精细设计之外，讲话内容的开头和结尾对演讲能否获得成功关系极大。借鉴一下作文谋篇布局常用的办法：“凤头、猪肚、豹尾”。开篇要精彩，结尾要有力。为此，编列提纲时应该考虑清楚：到底采用什么样的方式开头，才能在最短的时间内吸引听众的注意，用什么样的结尾，才能让听众加深记忆、意犹未尽。这两个部分的内容在通篇发言演讲中占的篇幅虽然不多，但却是需要在做腹稿提纲阶段要花心思准备的。

(2) 确定论点，分清主次，排好顺序：论点是提纲最重要的框架，一篇讲稿无论在内容上还是结构上都应该是一个有机的整体，合理安排论点的次序是提纲各部分相得益彰的关键。由主题确定论点，再由中心论点展开分论点。不少演讲结构层次复杂，信息量较大，分论点下还有小论点。在列提纲时就需要分清楚内容的轻重缓急和演讲结构、论点间内在的逻辑联系，例如，可以把事物分为几个并列的部分来排序，也可以按时间的先后、事件的发展进程、地点的转换排序。按照重要的论点在前、次要的论点在后的顺序，以防出现杂乱无章、本末倒置、前言不搭后语或丢三落四等状况。

把论点用简洁的语句概括成简单易记、一目了然的小标题，并在相应的小标题的后面注明主次或详略，以备演讲的时候控制篇幅。

(3) 筛选适当的论据材料，支持论点：单有论点并不能让听者信服，如果在论点后跟上新鲜的、富有表现力的论据，表达效果就会好很多。论据材料可以从现实生活中收集，比如新闻事件、名人轶事、事物旁证等；也可以从书籍中借鉴，像科学原理、科学定律、法律条文、有关文件规定以及名言、警句、谚语、成语等。材料要简明扼要地摘抄到提纲中，说话时看起来就了然于心。

收集的材料也需要筛选。通过比较各材料对中心的表现作用，依据各材料与中心关系的密疏程度，决定材料使用时要浓墨重彩还是一句带过。

（4）修改提纲：提纲写好了之后需要再回头重新审视一番。第一，确认自己没有偏离主题；第二，要看各个论点之间的区别和联系，看看是否需要根据总体需求做些微调；第三，增补或删减论据材料。刚开始准备的材料可能很多，这个时候就需要进一步的筛选，留下最有力的、最实用的材料。

腹稿提纲注意事项如下。

首先，要确定发言的中心，中心最好只确立一个，不宜过多。再围绕中心展开几个要点，分清要点间的重点和次要点，突出重点，根据要点的重要程度排序，重要的先讲。

其次，提纲不必写得太细，突出每个要点的关键词，在发言时能明白关键词所代表的含义即可。

再次，重要事例和必要数字要写入提纲，以免讲话时忘记。

最后，写好提纲后要检查一遍，有无遗漏或不妥，注意补充修改和熟悉提纲。

在了解上述内容之后，请再次围绕“我的近十年职业生涯规划”这一主题，花5分钟的时间撰写演讲提纲。对比此次撰写的内容和第一次撰写的内容有哪些不同之处，用哪一份提纲能更好地辅助你的发言和演讲呢？

以下还有一些话题，你可以试着写一下你的发言、演讲提纲。话题包括：①班干部竞选演说；②如何减少班级迟到现象；③梦想找我前行；④青春是首歌；⑤环境保护；⑥食品安全。

四、经典言论

工欲善其事，必先利其器。——《论语·卫灵公》

磨刀不误砍柴工。

兵马未动，粮草先行。

五、反思与总结

请根据实际情况请认真思考以下问题。一个懂得总结的人，才更容易走向成功。如果你不喜欢写字，可以只写下关键词，也可以选择把想法说给身边的同学、老师听。

（1）我以前在人际交往中，是否有留心并要求自己要做到过今天的课题关键词？

（2）这堂课的哪个环节最吸引我？

（3）我是否尽全力参与了这堂课的各项讨论活动？

（4）我是否在课堂上、小组内发言？我对自己的表现感到满意吗？

（5）这堂课上哪位同学的表现给我留下最深的印象？我从他身上学到了什么？（正反面均可）

(6) 这堂课上是否有任何人、任何话语触动过我？为什么？

(7) 我在这堂课上是否有比以前进步、突破的地方？（可以征求组员的意见）

(8) 上完这堂课我是否发现自己身上有需要改进、加强锻炼的地方？我准备如何行动？

六、拓展延伸

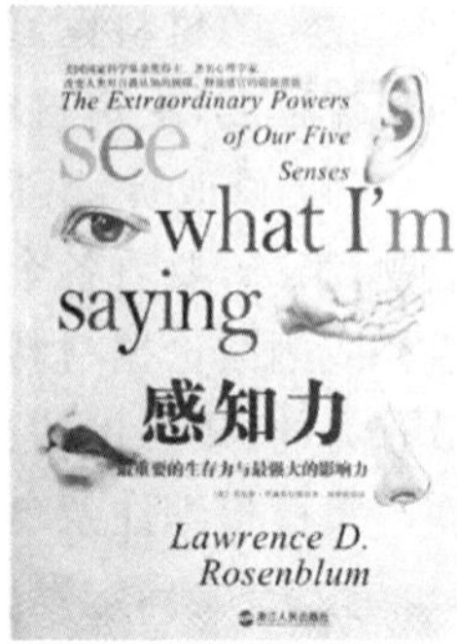

《感知力》
作者：[美]劳伦斯·罗森布拉姆
出版社：浙江人民出版社
出版时间：2012-08-01
ISBN：9787213049446

第七节　复述概括　正中目标

一、关键词【复述 概括】

复述：动词，把别人说过的话或自己说过的话重说一遍；语文教学上指学生把读物的内容用自己的话说出来，是教学方法之一。这节课要讨论的是前者。

概括：动词，把事物的共同特点归结在一起，总括。形容词，简答扼要。

复述和概括是日常口语交际中非常重要的能力。复述能把记忆、思考、表达三者有机地结合起来，使之融为一体。它可以帮助我们训练有序、有节、有理的表达能力。复述他人的话有助于沟通双方的有效理解，减少误解，降低沟通成本。尤其是在一些服务性行业中，正确复述顾客的需求可以使工作效率大大提升。

概括可以锻炼一个人的思维能力、语言逻辑能力。在公务员考试“申论”科目中，就有专门的考题对考生的概括能力做考察。概括能让一段冗长的说辞变得简短，让中心、重点更突出。

总之，日常人际交往、工作上传下达中，复述和概括是不可或缺的。

二、课堂活动

步骤一：每一组派一个组员，用三个最有代表性的词语向大家介绍自己。

步骤二：每组派两个组员，复述自我介绍的同学所讲的内容，并谈一谈：在你看来，哪三个形容词最能代表刚才那位同学。

三、探索与思考

1. 如何复述

(1) 认真听：想要把别人的话完整地复述有个重要的前提，就是要认真听别人所说的话。别人的话是原版，没有听清别人所说的就无谓“复”述。记忆是复述的基础。想要准确无误地复述出别人的话，在听别人说话时，必须要快速记住话语中的重要词语，结构层次，以及具体内容。必要的时候还可以拿纸笔记下关键词。

(2) 列提纲：为了使复述有条有理，复述前可以先列个简单提纲，确定复述的顺序。特别是像一些会议精神的传达、工作计划的布置等比较复杂的复述，就需要列出提纲，以防错漏。

(3) 抓重点：复述不是通篇照搬原话，而是对原话内容进行综合概括后，用自己的语言连贯地叙述原话。准确地体现原话的中心和重点，是对复述最基本的要求。

(4) 清条理：复述时一定要交代清楚时间、地点、人物、事情的起因、经过、结果等最基本的事件要素。

(5) 求准确：虽然复述经过了自身思维的加工，但所表达出来的内容不能跟原话有任何相悖之处。复述要能准确地表达原话的意思。如果一番话经过一个人的复述偏离了原来的意思，甚至背道而驰，那就不叫复述，而是添油加醋的再创作。

2. 如何概括

(1) 概括角度要准确：不能偏离说话者的原意；寻找关键句；通常在开头和结尾。

(2) 概括要素要清楚：寻找关键成分；主谓宾定状补；人物＋事件(谁＋怎么样)；谁在什么情况下做什么事，结果如何；人物、事件、时间、地点、原因、结果(最重要的是人物和事件)。

(3) 概括详略要得当：围绕中心展开。

(4) 概括语言要精练：欧阳修是北宋著名的文学家、史学家，他对于行文遣词，主张“文简而意深”。

当年欧阳修在翰林院任职时，一次与同院三个下属出游，见路旁有匹飞驰的马踩死了一条狗。欧阳修提议：“请你们分别来记叙一下此事。”

只见一人率先说道：“有黄犬卧于道，马惊，奔逸而来，蹄而死之。”另一人接着说：“有黄犬卧于通衢，逸马蹄而杀之。”最后第三人说：“有犬卧于通衢，卧犬遭蹄而毙。”

欧阳修听后笑道：“像你们这样修史，一万卷也写不完。”

那三人于是连忙请教：“那你如何说呢？”

欧阳修道：“‘逸马杀犬于道’，六字足矣！”

欧阳修用非常简练的语句，概括了一件事情的全部经过，这种遣词造句的能力并非一朝一夕可以练就。

请用5分钟认真阅读下面的新闻事件，运用上面学到的理论知识完成两个小练习。

陈依伯住在晋安区东岳路一栋民房内。上午9时许，他家座机响了。陈依伯接电话，一名自称电信客服的女子告诉他：“你家的电话欠费3000多元。”女子随后“热情”地帮陈依伯将电话转接到一名“民警”的手机上，对方称陈依伯的身份信息被盗用，如果要证明清白，陈依伯必须马上将所有银行卡上的资金转移到一个“安全账户”，并交代陈依伯一定要保密。

陈依伯的老伴在一旁听到对方提到银行卡、汇款等词，立刻提醒陈依伯：“现在很多电话诈骗，别理他。”可是固执的陈依伯却将她赶出了卧室。打完电话后，他便揣着存折想出门，老伴拦住他：“要不我们去派出所问清楚再决定怎么办。”可是陈依伯根本听不进去。

中午，陈依伯到银行汇款，银行工作人员询问他是否认识对方。陈依伯谎称：“我汇钱给侄儿。”随后将 8 万元汇到对方账户上。老人回到家，拨打对方电话，发现已关机，他这才发觉不对劲，急忙带着老伴到岳峰派出所报案。做完笔录后，陈依伯愧疚地对老伴道歉。目前岳峰派出所已对此案展开调查。

（新闻摘录自 2014 年 8 月 11 日《福州晚报》A11 版）

（1）每个小组请一个组员复述新闻内容。

（2）请概括这份材料主要向读者传递了什么信息。

四、经典言论

知己知彼，百战不殆。——《孙子·谋攻篇》

五、反思与总结

请根据实际情况请认真思考以下问题。一个懂得总结的人，才更容易走向成功。如果你不喜欢写字，可以只写下关键词，也可以选择把想法说给身边的同学、老师听。

（1）我以前在人际交往中，是否有留心并要求自己要做到过今天的课题关键词？

（2）这堂课的哪个环节最吸引我？

（3）我是否尽全力参与了这堂课的各项讨论活动？

（4）我是否在课堂上、小组内发言？我对自己的表现感到满意吗？

（5）这堂课上哪位同学的表现给我留下最深的印象？我从他身上学到了什么？（正反面均可）

（6）这堂课上是否有任何人、任何话语触动过我？为什么？

（7）我在这堂课上是否有比以前进步、突破的地方？（可以征求组员的意见）

（8）上完这堂课我是否发现自己身上有需要改进、加强锻炼的地方？我准备如何行动？

六、拓展延伸

《影响力》

作者：[美] 罗伯特·西奥迪尼

译者：闾佳

出版社：中国人民大学出版社

出版时间：2011-07-01

ISBN：9787300122939

第八节　真诚赞美　提升人气

一、关键词【赞美】

赞美：动词，称赞，颂扬。

美国《幸福》杂志下属的名人研究会对美国 500 位年薪 50 万美元以上的企业高管和

300 名政界名流进行一项调查显示，93%的被调查者认为人际关系顺畅是事业成功的最关键因素，其中核心是学会赞美别人。

我们都知道人际交往中有个黄金法则："你希望别人怎么对待你，你要先这样对待别人。"你知道人际交往中还有个升级版的白金法则吗？"用别人期待的方式对待他"。只要你细细品味，就会发现，在待人接物中，白金法则比黄金法则更能改善我们的人际关系。

马斯洛需求层次理论（Maslow's hierarchy of needs）也称"基本需求层次理论"，是行为科学的理论之一，由美国心理学家亚伯拉罕·马斯洛于 1943 年在《人类激励理论》论文中所提出 。该理论将人类需求分为五种，像阶梯一样从低到高，按层次逐级递升，分别为：生理上的需求、安全上的需求、情感和归属的需求、尊重的需求、自我实现的需求。

赞美不仅能实现人类最高层次的需求，甚至还会对我们的身心健康有积极的影响。如果你有兴趣，推荐你阅读一本书《水知道答案》。阅读之后，你就会明白赞美拥有多么强大的能力。

二、课堂活动

活动一：无声的赞美——魔力纸条

步骤一：请每个同学拿出笔和 30 张纸。把下列 30 个词按例句格式写成一句话，以无记名的形式送给班级里最值得获得它的人，送之前请把纸条折叠好。如果你愿意，也可以把具体的原因写在那句话后面。请你在填写之前一定要认真回想，深重思考。因为你送出去的每一张纸条都拥有强大的魔力。

词语：

魅力	口才	漂亮（帅气）	责任感
信任	勤快	幸福	完美
真诚	善良	成熟	讲义气
重要	羡慕	才华	有品位
智慧	耐心	温柔	有涵养
进步	随和	时尚	有前途

例句：

你这我在这个班级（最有）……（最好）的人。

你是这个班级最……的人。

例如：

你是我在这个班级最珍惜的人。因为发生了那件事之后，所有人都讨厌我，离我远去了，只有你愿意依然信任我。

你是这个班级最有魅力的人。所有的人都喜欢你。

你是这个班级口才最好的人。每次听你讲话我都受益匪浅。

步骤二：请把你写好的纸条送给它的主人，也就是你所写的对象。送出去的时候不要告诉他纸条中的内容。

步骤三：所有同学的所有纸条赠送完毕后回到自己的座位上，拆阅自己收到的纸条。

步骤四：请你如实填写以下问题，并在课堂上分享给老师和同学。

(1) 你曾预想过你会收到这么多纸条吗?

(2) 收到这么多纸条的心情如何?

(3) 对你最多的评价是什么?

(4) 最让你意外或是曾经不曾听人说过的评价是什么?

(5) 意料之中的评价是什么?

(6) 你最喜欢哪个评价?

(7) 你喜欢赞美别人吗? 在生活中,你想赞美别人却不敢表达的原因是什么?

(8) 赞美别人我能收获什么? 除了我的人际关系更融洽、别人更喜欢亲近我、人们喜欢听我讲话以外,还有什么?

活动二:挑战自我——我想对你说

步骤一:阅读第三部分探索与思考的材料,看看哪些句式是日常人际交往中可以用到的。

步骤二:随机选取一名学生到台上,请在场的同学对那位同学进行赞美。

步骤三:教师学生点评。

活动三:终极挑战——对陌生人的赞美

步骤一:邀请一位神秘嘉宾。

步骤二:请学生自告奋勇和神秘嘉宾进行交流,要求谈话内容要尽量运用课堂所学的与赞美有关的知识。

步骤三:教师学生点评。

三、探索与思考

通过刚才的活动,同学们或多或少地都感受到赞美的魅力了吧? 请问,你是否是一个懂得并且善于赞美别人的人呢? 如果你从来没有赞美别人的习惯,该怎么向别人表达你的赞美呢? 赞美别人有哪些需要注意的地方吗?

如果你以前没有赞美他人的习惯,不妨记住下列句式,套用到实际情况中。

(1) 你让我印象深刻的是……

(2) 我很欣赏你……

(3) 我很佩服你的是……

(4) 我们都很喜欢你……

(5) 我从你身上学校了很多,比如……

(6) 谢谢你帮我……这么大忙。

(7) 如果不是你……,我们怎么能顺利达成目标呢!

(8) 你在……真是太有天赋了!

(9) 你真的很重要,因为……

在赞美他人的时候,还要注意讲究技巧。

(1) 赞美是建立在真诚的基础上,如果从你口中说出的是敷衍的、违心的话语,对方是会有所察觉的。真诚而不虚伪的赞美才能让听者甘之如饴。

大家都有去商店买衣服的经历。当你身上穿着一件并不是太适合你的衣服走出试衣间的时候，一些特别想促成商品成交的店员根本没经过认真观察，不顾实际情况地搬出她跟所有的顾客都会说的话：你穿这件衣服真是太好看了，你看这衣服的版型，就是为你量身订做的，这颜色，多适合你啊。再看你的腰身，太细了吧。啧啧啧，简直没有可以挑剔的地方啊。要不就这件吧？

这时候的你看着镜子中差强人意的自己，会觉得店员的赞美很入耳吗？

(2) 要多下功夫观察别人的优点，少看别人的缺点。赞美的前提是认真观察和细心倾听，不了解交往对象，就无从入手，甚至适得其反，弄巧成拙。

享誉国际的摄影师史代群(Edward Steichen)原本对摄影一窍不通。在16岁那年，他曾为家人拍照。冲洗以后，一共50张底片竟只洗出了妹妹弹钢琴的一张，其余的49张上任何图像都没有。

在那个没有数码相机，胶卷价格昂贵的年代，他父亲对于这个结果难免生气，责备他浪费胶卷。唯独母亲一直称赞史代群唯一成功的那张，说："你这张拍得真好，光这一张的价值就抵过其余失败的49张了！"因为母亲真诚的赞美，史代群把摄影当作人生的目标，不断努力，最终成为享誉全球的摄影家。

(3) 赞美的内容要真实具体、合乎时宜，尽量不要泛泛而谈、内容苍白。还要因人而异、因地制宜。以下是一些比较适合作为赞美切入点的素材。

① 衣着打扮包表首饰

您这身衣服是阿曼尼今年春季新款呀。全球限量版呢！福州各大百货商店、专卖店还没到货呢。也就只有您有办法走在潮流的最前列啊。

② 外表身材精神气色

您的皮肤是怎么保养得这么好的？不管我怎么喝水吃水果做面膜都达不到你这种简直捏一下就能滴下水的境界！

③ 内在修养兴趣爱好

跟您谈话真是太享受了。您太博学了。跟您谈话让我学到很多。您所讲的正好就是我目前困境的最好对策。

谢谢您这么宽容我。换了别的领导遇到下属犯了这么低级的错误，不会轻易放过的。

④ 豪宅家人事业工作

你家里装修低调中不乏奢华，还收拾得这么井井有条，看来，你一定有一个非常贤惠的妻子，难怪你的事业这么成功。

⑤ 转述他人的赞美

难怪大家都说你是这方面的专家。遇到这么高级别的难题只能找你才能解决。

他们都说你是我们班唱歌最好听的。每次校园歌手赛，只要你参赛，其他人都没夺冠的希望了。

老王告诉我，你是这个小组里最有责任心的人，所以，把事情交给你，我绝对放心。

每个人都是特别的，任何人都会因为一些美好的品格收到他人的赞美。当别人赞美你的时候，不要害羞，要大方、开心地接下别人的好意，你可以这么回应：

我会继续努力！

被你赞美是我的荣幸！

你的赞美是对我最大的鼓励！

你真好！这么赞美我！

四、经典言论

每个人的内心深处最深切的渴望是得到别人的赞美。——林肯

当我听到别人的赞赏时，我可以凭着这个赞赏愉快地生活两到三个月。——马克·吐温

尊重别人就是尊重自己，发现别人的优点，实际上就等于肯定自我，那说明你宽容，说明你谦虚，说明你好学。——乔治·梅奥

赠人以言，重于珠玉；伤人以言，甚于剑戟。——孙子

如果你批评别人，你就没有时间付出爱。——特蕾莎修女

五、反思与总结

请根据实际情况请认真思考以下问题。一个懂得总结的人，才更容易走向成功。如果你不喜欢写字，可以只写下关键词，也可以选择把想法说给身边的同学、老师听。

(1) 我以前在人际交往中，是否有留心并要求自己要做到过今天的课题关键词？

(2) 这堂课的哪个环节最吸引我？

(3) 我是否尽全力参与了这堂课的各项讨论活动？

(4) 我是否在课堂上、小组内发言？我对自己的表现感到满意吗？

(5) 这堂课上哪位同学的表现给我留下最深的印象？我从他身上学到了什么？(正反面均可)

(6) 这堂课上是否有任何人、任何话语触动过我？为什么？

(7) 我在这堂课上是否有比以前进步、突破的地方？(可以征求组员的意见)

(8) 上完这堂课我是否发现自己身上有需要改进、加强锻炼的地方？我准备如何行动？

六、拓展延伸

《水知道答案》

作者：[日]江本胜

译者：陈晶

出版社：南海出版社

出版时间：2013-10-01

ISBN：9787544269032

第九节 拉近距离 消除陌生

一、关键词【距离】

有一个关于距离的著名实验是这样的：在一个刚开门的宽敞阅览室里，当里面只有一

位读者时，工作人员就进去拿椅子坐在他旁边。试验整整进行了 80 次，结果，没有一个被试者能够忍受在只有两位读者的空旷阅览室里，有一个陌生人紧挨着自己坐下。

这是人对私密空间的需求。每个人都有自己的个人空间，这个空间有一个看不见的边界。根据美国人类学家霍尔博士的研究，距离的不同分别代表各自的类别。

(1) 亲密距离：这是人际交往中最小的距离，在 0～15 厘米，常发生在爱情、亲友关系中。15～45 厘米的距离，是用手可以接触到的距离，多半发生在兄弟姐妹、亲密朋友之间。

(2) 个人距离：适合在较为熟悉的人之间，长度为 45～75 厘米，适合握手、交谈。75～120 厘米是交际双方手臂伸直，可以互相接触到手指的距离，进入这个距离的通常都是亲密或熟悉的人。

(3) 社交距离：这种距离在工作场合、公共场所中较为常见，处于 120～210 厘米之间。210～360 厘米是更加正式的交往关系，例如接见外宾、商务谈判等。

(4) 公众距离：处于 360～750 厘米之间，如授课时教师与学生的距离，银行柜员与储户的距离。

从这四种距离类型可以知道，人们在不同距离的亲密程度不同。人际交往过程中的距离总是从远及近，经历相间—相认—相识 3 个阶段。这是现实生活中的距离需求。在网络世界里，人与人之间的交往距离似乎换了一种模式存在，人们好像更愿意主动拉近同别人的距离。

有一只"吃掉世界的小鸟"，号称掌握世界的人都拥有它，没错，就是 Twitter。在英美政要圈中，美国总统奥巴马、英国学校和家庭事务大臣埃德·鲍威尔、伦敦市长约翰逊以及英国首相夫人萨拉·布朗，都是推特的忠实粉丝。在中国，用推特的人不多，但各种聊天交友软件也是颇受欢迎，比如 QQ、微博、微信、飞信、易信等。

请问，你有使用任何的聊天交友软件吗？你是否会在交友软件上发表个性签名、此刻心情以及旅游、美食、朋友聚会的照片供朋友欣赏？在网络世界里，发布的各种信息都可以让公众浏览到，有些人会设置指定的好友查阅，这就设定了网络交往的距离。

二、课堂活动【猜拳】

请全班同学离开自己的位置，找一个你想跟他打招呼的人。打招呼的方式有如下的要求。

(1) 所有人通过猜拳的方式与他人打招呼。

出"剪刀"表示愿意和对方微笑。

出"石头"表示愿意和对方握手。

出"布"表示愿意同性拥抱，异性相互拍肩膀。

(2) 两个人猜拳只能猜三次。你喜欢用哪种方式跟对方打招呼，你就出哪种拳。如果两个人出的拳法一样，就按照上述说明做出打招呼的动作。如果三次都没有和对方有共同的拳法，就必须分开找其他人继续猜拳。

(3) 时间 5 分钟，看谁能找到最多的心有灵犀的人，做出打招呼的动作。

活动思考：

(1) 刚开始你和别人猜拳的时候，你最经常出哪套拳？为什么？

（2）你喜欢跟别人拉近距离吗？

（3）你觉得尊重对方的意见来调整自己的拳法容易，还是坚持自己的拳法让对方配合自己容易？为什么？

三、探索与思考

每个人愿意对他人开放的方式不同，每个人限定的交往距离都需要被尊重。想要拉近同他人的距离就需要我们下一些功夫了。

从本课程的角度出发，主要从语言方面做一些突破。说话是一门艺术，话说的得宜，会让陌生人对你产生好感。同样的事情，不同的说法，结果却是天壤之别。

一天，在教堂里一位信徒烟瘾犯了，于是他去问神父："我可以在祷告时抽烟吗？"结果，他的请求遭到神父的严厉斥责。另一位信徒也遇到同样的问题，他去问神父："我可以在吸烟时祷告吗？"神父慈爱又温柔地应允了他。

概括地来说，要拉近同别人的关系，最简单的方法就是拿对方感兴趣的事情作为话题，让他感受到自己在你心里的地位非常重要。如果你知道一个人非常欣赏你，就算你没办法回报他同等的欣赏，至少你不会讨厌他，而是对他心存好感。一旦他的自尊心被你满足之后，你们之间的距离自然而然就近了。那么，什么是谈话对象普遍感兴趣的话题呢？

（1）记住别人的名字、爱好，这是最有效的潜台词。在人际交往中，如果你能记住较为陌生的交往对象的姓名、爱好等，对方会有一种被尊重和重视的感觉，他情感的天平会很快向你倾斜，并对你产生好感。卡耐基说过："如果你想让别人喜欢你，请记住此人的姓名，这似乎是最甜蜜、最有效的恭维。"

（2）打造美好的第一印象：在"仪容仪表，美好的第一印象"这节课里面，我们学习过"首因效应"，在现实生活中，我们常常通过第一印象对交往对象做出判断。印象好的就亲近，印象差的就疏远，这就决定了社交距离的大小。因此，打造美好的第一印象是非常重要的。

有人可能会问，父母没遗传好的基因给我，长得实在对不起观众啊，我怎么能给别人留下美好的第一印象呢？借用一句北京大学 2014 年招生宣传微电影《星空日记》里的一句台词："我没有抓到一手好牌，我只能打好手上的烂牌。"除了先天的容颜以外，有更多给人带来第一印象的因素是可以后天培养的。比如真诚的微笑、合宜的肢体语言、进退有度的礼仪。这些都是需要后天的学习才能拥有的。

（3）寻找共同点：距离是很微妙的东西，但是"共同"这个催化剂能在瞬间拉近彼此的心理距离。回想一下，你到了一个新的学校、新的班级，不认识所有的同学。你是否会对班级中你的同乡或是同一个学校毕业的同学更亲近呢？所以，共同点是很重要的。想在人际交往中拉近同对方的距离，就要没关系找关系，创造共同话题，例如同乡、同姓、同名、同年同月同日生、同星座、同志向、同兴趣、同爱好、同利益关系等。

（4）任何时候都不能忘记的倾听和赞美。倾听和赞美是人际交往的利器。我们在第三节"有效倾听，释放积极的信息"和第七节"真诚赞美，提升人气的最佳途径"中对这两项内容有过详细的讨论和深入的理解。不知道大家是否还记得其中的要点呢？下面是一道自我测试题，如果你拜访一个陌生的客户，看看你会怎么跟陌生的客户破冰。

遇到长相较好的女顾客时，我们可以说：……

遇到戴眼镜的顾客时，我们可以说：……

遇到身材较丰满的顾客时，我们可以说：……

对于长相一般但在穿着打扮方面时髦、服饰档次较高的顾客，我们可以说：……

若顾客是知名公司的员工，我们可以说：……

若顾客是言行举止都很有礼貌的人，我们可以说：……

（参考答案参见第一部分附录）

以下是一些比较容易拉近距离的开场白，供大家参考。

1. 赞美式

业务员：王先生，您好！我是雅格传媒的，我叫某某某。经朋友介绍来到贵公司，有几件事想请教您这位远近闻名的总经理。

客户：远近闻名？此话怎讲？

业务员：是啊，我朋友圈里的人都推荐说这个问题请教您最合适不过了。

客户：大家这样说我啊，真是不敢当。是什么问题呢？我尽量帮助你。

业务员：事情是这样的……

2. 跳板式

王经理，您好！您也喜欢油画？

张总，这幅画是您画的？

李董，您好！没想到您还有创作油画的爱好。

陈先生，您好！听说您刚去马尔代夫旅游回来，那边的风光一定很不错吧。

3. 亲近式

哦，您也是福州商贸职业中专学校毕业的！说起来咱们还是校友呢！

我虽然是江苏人，却是在福建出生的，跟您可算得上是同乡啦！

您是工程师，我先生在设计所工作。咱们可算是近亲呀。

另外，在跟他人交往的时候，拜托式的口吻也会让自己的形象加分不少。例如，不好意思，让您久等了。

对不起，不知您有何贵干？

真是抱歉，主管外出了，需要我代为转达吗？

打扰您一下，这是您要的款式吗？

请教您一下，我们的报表您看过了吗？

麻烦您，把具体材料用电子邮件传过来好吗？

四、经典言论

朋友可能是最危险的人，故而枭雄都没有朋友。但普通人如我们，总需要有人一起哭泣、欢笑、共同成长，需要有人默默地关心我们，也有人成为我们不弃的牵挂。——叶倾城《国王长了驴耳朵》

你对别人感兴趣，是在别人对你感兴趣的时候。——古罗马诗人贺拉斯

五、反思与总结

请根据实际情况请认真思考以下问题。一个懂得总结的人，才更容易走向成功。如果你不喜欢写字，可以只写下关键词，也可以选择把想法说给身边的同学、老师听。

(1) 我以前在人际交往中，是否有留心并要求自己要做到过今天的课题关键词？

(2) 这堂课的哪个环节最吸引我？

(3) 我是否尽全力参与了这堂课的各项讨论活动？

(4) 我是否在课堂上、小组内发言？我对自己的表现感到满意吗？

(5) 这堂课上哪位同学的表现给我留下最深的印象？我从他身上学到了什么？(正反面均可)

(6) 这堂课上是否有任何人、任何话语触动过我？为什么？

(7) 我在这堂课上是否有比以前进步、突破的地方？(可以征求组员的意见)

(8) 上完这堂课我是否发现自己身上有需要改进、加强锻炼的地方？我准备如何行动？

六、拓展延伸

《沃顿商学院最受欢迎的谈判课》
作者：[美]戴蒙德
译者：杨晓红，李升炜，王蕾
出版社：中信出版社
出版时间：2012-08-01
ISBN：9787508634760

第十节　迂回婉转　微笑说“不”

一、关键词【否定】

否定：动词，否认事物的存在或事物的真实性。形容词，表示否认的、反面的。

每个人都有自己的个性。在人际交往中，难免会遇上自己不认同或者不愿意接受的事情，这个时候，如果盲目地选择附和或妥协，会给自己带来精神和心理上的压力和负担。如果否定或拒绝得太武断或粗鲁，就会伤害交往对象，对自己的形象以及人际关系产生消极的影响。显而易见，否定或拒绝是需要技巧的。同样一句“不”，因为说法不同而给人传递的信息不同，结果当然也不同。

二、课堂活动【如果是我，该怎么说？】

案例一：春秋战国时期，晋国厨官让人呈上烤肉献给晋文公，肉上却缠着头发。文公不悦，召来厨官，大声斥责：“你存心想让我噎死吗？为什么用头发缠着烤肉？”

小组讨论：如果你是那个跪在晋文公面前的厨官，你该如何应答呢？

案例二：一天，一位外宾在上海一家酒店就餐后，将一双制作精美的银筷子放进了自己的提包。这一幕正好被服务员看到了。

小组讨论：如果你是那位服务员，你会怎么说？

（参考答案参见第一部分附录）

三、探索与思考

心理学家杰·达拉多认为，人的攻击行为的产生，常常以欲望得不到满足为前提。换句话说，如果我们想在否定或拒绝他人的同时又不伤害到对方，就要在某些方面有所补偿，怎样才能做到呢？

1. 否定的艺术

(1) 不傲慢否定，表达否定的时候尽量用敬语。在发表自己否定的观点前，务必要认真聆听、尊重别人的意见，尽量以友善的方式阐述自己的否定观点。如果没有这个前提，就没有资格去质疑或否定他人的看法。

在发表自己观点的时候，尽量要使用敬语。敬语是说话者直接表达对谈话对象尊敬、谦恭的语言。当我们要否定别人的时候，敬语能够帮助我们传达一个信息：虽然我不同意你的观点，但是我尊重你；我理解你，你可以保持你的观点，这样被否定的人心里自然更容易接受。

(2) 不立刻否定，思考之后再下定论。愚蠢的话语大多是在嘴巴动得比大脑还快的时候说出的。如果在否定他人的时候，再加上消极的情绪，例如愤怒、怨怼、挑剔、挑拨离间等，说出的话可能就像一枚重磅炸弹，给对方留下的伤将久久无法愈合。

孔子的一位学生在煮粥时，发现有脏东西掉进锅里，他连忙用汤匙把它捞起，正想倒掉时，忽然想到一粥一饭都来之不易，于是便把它吃了。刚巧孔子经过厨房，以为学生在偷食，便教训了那位负责煮食的同学。经过解释，大家才恍然大悟。

如果孔子在教训学生之前，可以多一些思考，也许就不会发生这样的误会。所以否定他人的时候，需要一颗平静安稳的心，以及清醒灵活的头脑，这样才能讲出不让自己追悔莫及的糊涂话。

接别人的话头尽量不要说“但是”，可以说“我现在发现事情可能是”“换个角度看”，这样听起来更委婉。

(3) 先苦后甜，肯定总在否定前。

有一天，陶行知先生看到一位男生拿砖头想砸另一个同学，于是立刻制止，并责令该同学到校长室。等陶先生回到校长室，看见那个男生已经在候着了。

陶先生没有如男生预想的劈头盖脸骂下来，反而从口袋里掏出一块糖递给他：“这是对你的奖励，因为你准时来了。”

接着陶先生又掏出一块糖来：“这也是给你的奖励，我不让你打同学，你马上就住手了，说明你很尊重我。”

男生感到很困惑，迟疑地接过糖果。

陶先生又说：“我了解过了，你打那个同学，是因为他欺负女生，这说明你很有正义感。”

说完，掏出第三块糖给他。

男生哭了："陶校长，我错了，同学再不对，我也不该打他。"

陶先生又拿出第四块糖说："你能认错，我再奖励你一块。现在，我的糖已经给完，我们之间的谈话也该结束了。"

我们知道，很多对他人诚恳的否定是有益处的。正所谓，良药苦口。然而，不知道你是否注意到了，现代的很多药物表面都包裹着一层糖衣。虽是良药，也要让"吃"的人接受的甘心乐意。所以，否定之前好好想想对方是否有值得肯定的地方。此外，否定他人的事情最好要私下讲，点到即止，这样效果会好很多。

2. 拒绝的艺术

(1) 补偿式拒绝：提出另一方案。在拒绝别人的时候，帮别人想一个替代方案，以示诚意。

太对不起了，我今天的确太忙了，调整到下周二可以吗？

大厅靠窗的位置都被预订了，给您预定一个包间您觉得怎么样？

(2) 肯定式拒绝：以示其情非得已。用肯定的态度表示拒绝，可以避免伤害对方的感情。"这个提议非常好，但目前我们还不宜采用。""好主意，不过我们恐怕一时还不能实行。""没问题，但是我现在的任务多得像山一样。你能不能过 1 个月左右再来找我？"用"目前""一时"等字眼，表示还未完全拒绝。

(3) 着想式拒绝：站在对方立场谈理由。为对方着想，说明拒绝的理由，提出替代的办法。

我很想帮你去跟她说明情况。不过因为升职的事情，她对我误会很深。如果我去跟她说，会不会把问题弄得更复杂，到时候反而让你不好办？

(4) 恭维拒绝：有人邀请一位作家加入某机构，作家高兴地说："承蒙邀请，我很高兴。我对贵机构真的十分钦敬。"作家停了一下，接着说，"可惜我工作实在太忙，无法分身，你的美意我只能心领了。"

(5) 幽默式拒绝：作家尤今在生病时不希望太多人来打扰她。她拒绝朋友的方式就很幽默。她主动打电话给一位要来探望她的朋友："听说你今晚要来'看'病？""是啊，今晚就过去方便吗？""问题是我动手术的那个部位实在不方便让你'看'啊！"两个人都笑了，拒绝而不落痕迹。

(6) 借用式：有一天，萧伯纳接到一份请帖"某女士将于星期三下午四时到六时在家恭候"。萧伯纳不愿意去，于是退回请帖，并在底下注了一句话："萧伯纳先生将在同样时间在家恭候。"

一些人开口借钱之前总是会陈述各方面的困难，或是诸多暗示以投石问路。如果你不想借，可以结束话题，也可以同样历数自己的困难，让对方明白你的用意。

(7) 关注式拒绝：在拒绝别人以后，为了更好地维持彼此的关系，可以关注事情发展情况，并适时提出问候。这样，被拒绝的那一方也会更体谅你的难处。要切记不通过第三者拒绝他人，免得让被拒绝者感到尴尬。

3. 回避的艺术

人际交往的各种场合里，会有一些回答不上对方问题的时候，特别是在公开、公众的场合，就更需要懂得回避问题的艺术。

(1) 直言不讳法：如果答不出对方提出的问题，千万不要不懂装懂，可以坦诚相告。

我不知道答案，等我回去好好查阅一下资料再回答你，好吗？

我需要认真思考一下，稍后我们再探讨好吗？

(2) 烫手山芋法：直接将问题还给提问者，特别是更专业的人。

如果是您会怎么做？

你是这方面的专家呀！还是请您跟我们大家说说吧。

(3) 扬长避短法：将问题交给有经验的人去回答。

老李，你之前也碰到过这种情况，那时你是怎么处理的？

这个问题小王最有发言权，他上个月刚处理过类似的单子。

(4) 群策群力法：邀请大家献计献策，让大家畅所欲言。

我们来个头脑风暴法，大家各抒己见，说不定就能找到最优的方案呢。

以下是一些婉转表达否定或拒绝的例句，供你参考。

对不起，今晚有事，下次再说吧。

让我再考虑考虑。

对不起，让你失望了。

这套方案好是好，不过我好像更喜欢……

对不起，我当时没太注意，没办法做出评论。

我很理解你现在的心情，可是你这样对我们都没什么好处，不如……

很抱歉，我实在不能……

请原谅，我没能够……

是啊，对你的问题，我也爱莫能助。

四、经典言论

你只能从敬佩你、同意你、对你好的人身上学习到吗？从反对者、抗拒者、争辩者身上，不是能学到更多？——美国诗人 惠特曼

五、反思与总结

请根据实际情况请认真思考以下问题。一个懂得总结的人，才更容易走向成功。如果你不喜欢写字，可以只写下关键词，也可以选择把想法说给身边的同学、老师听。

(1) 我以前在人际交往中，是否有留心并要求自己要做到过今天的课题关键词？

(2) 这堂课的哪个环节最吸引我？

(3) 我是否尽全力参与了这堂课的各项讨论活动？

(4) 我是否在课堂上、小组内发言？我对自己的表现感到满意吗？

(5) 这堂课上哪位同学的表现给我留下最深的印象？我从他身上学到了什么？(正反面均可)

(6) 这堂课上是否有任何人、任何话语触动过我？为什么？

(7) 我在这堂课上是否有比以前进步、突破的地方？(可以征求组员的意见)

(8) 上完这堂课我是否发现自己身上有需要改进、加强锻炼的地方？我准备如何行动？

六、拓展延伸

《学会提问》
作者：尼尔
出版社：机械工业出版社
出版时间：2013-01-01
ISBN：9787111406594

《思考的艺术》
作者：[美]文森特·赖安·拉吉罗
译者：金盛华等
出版社：机械工业出版社
出版时间：2013-01-01
ISBN：9787111405313

电影《十二怒汉》

十二个普普通通的人，来自社会的各个阶层，他们以前素不相识，以后可能也没有什么打交道的机会，他们当中有广告商、工程师、警察、银行家、推销员……为了一桩杀人案件，他们坐在了一起。就是这十二个人，被这个司法制度挑选了出来，组成这个案件的陪审团，决定另外一个人的命运，决定他是有罪还是无罪，是活着还是死亡。

第十一节　脱口幽默　语言艺术

一、关键词【幽默】

幽默：形容词，有趣或可笑而意味深长。

幽默是一门高深的学问，是人际交往的润滑剂，也是一种生活的艺术。如果你有幽默的才能，那你身上就会闪耀着浪漫与传奇的光芒。幽默不仅可以反映一个人随和的个性，还显示了一个人聪明、智慧以及随机应变的能力。

想想看我们身边那些幽默的人，他们的人际关系是不是特别好？哪怕他的长相并不怎么样，跟他相处起来也特别愉快，对吗？所以，为了更和谐的人际关系、更高的人气，我们要努力让自己变得更幽默。

幽默也是工作场合里不可或缺的一柄利剑。

有个大学生,平日里就很幽默。大学刚毕业就去当了销售员。有一次,他一次走进一家报馆问:“你们需要一名有才干的编辑吗?”

“不。”

“记者呢?”

“也不需要。”

“印刷厂如有缺额也行。”

“不,我们现在什么空缺也没有。”

“那你们一定需要这个东西。”年轻的销售员边说边从皮包里取出一块精美的牌子,上面写着“额满,暂不雇人”。

二、课堂活动【你会怎么说】

马克·吐温(Mark Twain)是美国著名作家和演说家,他的作品有个最基本的特点,就是幽默。在日常生活中,他也是个言语幽默的人。在各种场合中,马克·吐温总能用幽默让人们记住他、尊敬他。

编者选取了一些马克·吐温曾经的对话片段,请思考,如果你是马克·吐温,你会做出怎样的精彩回答。你也可以跟你的组员讨论。

场景一:

一次,马克·吐温应邀赴宴,他对一位贵妇说:“夫人,您太美丽了!”不料,那妇人却说:“先生,可是遗憾得很,我不能用同样的话回答你。”

马克·吐温笑着回答:____________________。

场景二:

法国名人波盖取笑美国人历史太短,说:“美国人没事的时候,往往喜欢怀念祖宗,可是,一想到祖父一代,就不能不打住了。”

马克·吐温回敬说:____________________。

场景三:

一个青年人写信给马克·吐温,想向马克·吐温请教成为大作家的诀窍。信中说:“听说鱼含有大量磷质,而磷是有利于脑子的。看来要成为大作家,一定要吃很多鱼吧?但不知您究竟吃了什么鱼,又吃了多少呢?”

马克·吐温回信说:____________________。

一次,美国前总统里根在白宫钢琴演奏会上讲话时,夫人南希不小心连人带椅跌落在台下的地毯上。正在讲话的里根看到夫人并没有受伤,便插入一句说道:____________。

有一天,歌德在魏玛公园散步,不料,在一条只能通过一个人的小道上,遇到了那个曾把他的作品贬得一文不值的批评家。他们面对面地站着,那个批评家十分傲慢,把头一昂,毫不让步地说:“对一个傻子,我绝不让步!”歌德笑着说:__________________。然后站在一边。

(参考答案参见第一部分附录)

三、探索与思考

(1) 幽默可以缓解气氛:有个年纪稍大的奶奶刚做完子宫的切除手术,子女们围绕在病床前很担心。奶奶看着不忍,于是对子女说:“没什么大事呀,就是你们的老家搬家了而已呀。”一句话把大家都逗乐了。

古代有个宠臣犯了错,惹怒了皇帝,皇帝命人把宠臣丢到御花园池子里。捞上来后,皇帝问宠臣:“怎么样,看到屈原了吗?没看到的话再推下去!”宠臣立刻回答:“回皇上,看到了。”皇帝追问:“看到啦?那屈原可跟你说了什么?”宠臣答道:“他说他生不逢时,没有遇上好主子才投了水,我有这么英明的皇帝,怎么也下来了。”皇帝顿时笑开了,宠臣也就逢凶化吉了。

(2) 幽默可以让无聊变生动:你的英语成绩怎样?喜欢读英语吗?如果你觉得英语枯燥又乏味,生涩又难懂,你的单词量死都上不去,那可能不是你的问题,问题在于你没有遇到一名幽默的英语教师。

还记得电影《中国合伙人》有个片段是成东青开班的英语学校在教学生记单词,说到救护车的时候,老师是这么教的:ambulance——“俺不能死!俺不能死!”怀孕 pregnant 这个单词要怎么记呢?——“扑来个男的”学生在欢笑中自然就记住了单词。

现实生活中一些同学给英文注解的方式也很幽默。比如说,危险 dangerous 可以这么记:“单脚拉屎”——真的很危险!大学 university “由你玩四年”——高中生的梦想!如果你们用这么幽默的方法记单词,还怕词汇量上不去吗?

(3) 幽默可以委婉地批评否定:幽默可以把尖锐的批评否定的语言转化为诙谐的话语。虽说是直话曲说,却更入木三分。

一次,上级机关到某单位视察领导工作情况。群众“赞扬”该领导起了三大作用:看戏坐前排,起带头作用;看电影坐中间,起核心作用;参加学习讲座坐后面,起推动作用。

文学家拥有幽默感,则其作品乐趣无限。演讲者拥有幽默感,则其听众乐在其中;爱人间拥有幽默感,柴米油盐的生活也可以过得像拥有满汉全席。怎样才能培养自己的幽默细胞呢?

① 养成乐观开朗的性格:具有幽默心理品质的人,在任何情况下,都能够积极热情、富有同情心,并能以巧妙的语言和动作,或以自嘲的方式“化干戈为玉帛”,所以绝大部分幽默的人都是乐观豁达的人。只有内心的明朗才能成为幽默的温床。要知道,消极悲观的人是没办法讲出幽默的话语的。

② 收集资料,日积月累:多和幽默的人接触,多看多听一些幽默的语言和段子,多观察生活,拓宽知识面。积累多了,才能具有审时度势的能力,才能够谈资丰富、妙言成趣,才能做出恰如其分的比喻。孤陋寡闻的人肯定是幽默不起来的,郭德纲的相声、周立波的《壹周立波秀》都是很好的教材。

③ 深入思考,悟出规律:要刻意去培养自己的洞察力并提高观察事物的能力,去观察生活中可以创造幽默的对象和素材。培养机智、敏捷的能力,是提高幽默素养的一个重要方面。只有迅速地捕捉事物的本质,以恰当的比喻笑谈诙谐语言,才能使人们产生轻松的感觉。在收集大量资料之后,去分析幽默的技巧和规律,把这些技巧和规律结合自身的特

点，内化出只属于你的幽默气质并付诸实践，在日常言行中外显出来。

试着感受幽默规律。

1. 利用谐音

小华爱慕小李很久了，一次，小华问小李："你找对象的话会找什么样的？"小李羞答答地低下头："投缘就好。"小华立刻急切地问："一定要头圆的吗？头长得方一点不可以吗？"

小陈：丁师傅申请解决住房问题很久了，怎么至今还没解决？

小胡：听说，领导不愿意理睬他的无"礼"要求。

小陈：小汪才来单位多久呀，怎么一下子就分到房子了？

小胡：领导比较喜欢见"机"行事嘛！

2. 委婉暗示

一个作曲家拿了手稿拜见罗西尼（19 世纪上半叶意大利歌剧三杰之一），并且弹了自己的曲子，但其中有很多段落是抄袭别人的作品。罗西尼一边听，一边不住地把帽子脱了又戴，戴了又脱。那位作曲家很奇怪，就问他："您是不是嫌屋里太热？""不，"罗西尼说，"我有一见熟人就脱帽的习惯。在阁下的曲子里，我不断地碰到熟人，不得不频频脱帽，以示致意。"这里的"熟人"就是一种委婉的暗示。

3. 模仿他人

罗斯福在就任总统之前，曾在海军担任要职。有一次，他的一位好朋友向他打听军事机密。罗斯福神秘地向四周看了看，压低声音问道："你能保密吗？""当然能！"朋友十分肯定。"那么，"罗斯福微笑着说，"我也能。"

陆家骥编著的《对联新语》一书里有个故事，说的是某翁不停地抓痒，师塾先生见之，出上联曰"抓抓痒痒，痒痒抓抓，不抓不痒，不痒不抓，越抓越痒，越痒越抓"；此翁立即作对回敬"生生死死，死死生生，有生有死，有死有生，先生先死，先死先生"。先生嘲讽，某翁学而对骂，好不热闹。

4. 概念转化

苏格拉底说，无论如何应该结婚，如果你娶到一个好妻子，你会很幸福；如果娶到一个糟糕的妻子，你会成为哲学家。偏偏传说苏格拉底的妻子就是个泼辣的女人，苏格拉底动辄就遭她无礼谩骂。

一次，苏格拉底的朋友到他家做客，刚吃完饭，那位朋友还没走，苏格拉底的妻子当着那位朋友的面，要求苏格拉底帮她倒洗脚水。苏格拉底感到很没面子，执意不肯。妻子非常生气地跟他大吵大闹，言语不堪入耳。

为免生事端，苏格拉底就和他的朋友一起离开家门，当他们刚走出楼门口，他妻子突然将一盆洗脚水泼到他的身上，场面十分尴尬。苏格拉底却笑着说道："我早就知道，打雷过后一定会有一场倾盆大雨。"两人会心一笑，尴尬便烟消云散。

5. 巧用修辞俗语

一次国画大师张大千向京剧大师梅兰芳敬酒："梅先生，你是君子，我是小人。我先敬你一杯。"梅兰芳不解其意。张大千说："你是唱戏的，动口。我是画画的，动手。所以你是君子，我是小人。正所谓'君子动口不动手'。"

有人去朋友家做客，到门口突然蹿出一条大狗对着他狂吠，把他吓了一跳。朋友闻声

出来，立刻安慰他："不用怕，都说会叫的狗不咬人。"他马上回答："这句话我知道，问题是，你这狗知不知道。"（拟人）

柔道培训班开始招生了，小王问小程是否要去报名，小程摇摇头："我可不想站着进去，躺着出来！"（夸张）

四、经典言论

幽默：可以说是能给人以微妙感的调剂生活的佐料。由于某种轻巧的幽默，就可以使当时的气氛为之改观，使陷于僵局的悬案豁然解决。——大平正芳

幽默和风趣是智慧的闪现。——莎士比亚

幽默来自智慧，恶语来自无能。——松林

幽默是一切智慧的光芒，照耀在古今哲人的灵性中间。凡有幽默的素养者，都是聪敏颖悟的。他们会用幽默手腕解决一切困难问题，而把每一种事态安排得从容不迫，恰到好处。——钱仁康

有许多真实的话都是在笑话中讲出来的。——斯威夫特

用玩笑来应付敌人，自然也是一种好战法，但触着之处，须是对手的致命伤，否则，玩笑终不过是一种单单的玩笑而已。——鲁迅

一个真有幽默的人别有会心，欣然独笑，冷然微笑，替沉闷的人生透一口气。——钱锺书

我很怀疑世人是否曾体验过幽默的重要性，或幽默对于改变我们整个文化生活的可能性——幽默在政治上，在学术上，在生活上的地位。它的机能与其说是物质上的，还不如说是化学上的。它改变了我们的思想和经验的根本组织。我们须默认它在民族生活上的重要。——林语堂

使你发笑的人，滑稽。使你想了一想笑的人，幽默。——George Bunus

并不是每个人都能具有幽默态度。它是一种难能可贵的天赋，许多人甚至没有能力享受人们向他们呈现的快乐。——弗洛伊德

五、反思与总结

请根据实际情况请认真思考以下问题。一个懂得总结的人，才更容易走向成功。如果你不喜欢写字，可以只写下关键词，也可以选择把想法说给身边的同学、老师听。

(1) 我以前在人际交往中，是否有留心并要求自己要做到过今天的课题关键词？

(2) 这堂课的哪个环节最吸引我？

(3) 我是否尽全力参与了这堂课的各项讨论活动？

(4) 我是否在课堂上、小组内发言？我对自己的表现感到满意吗？

(5) 这堂课上哪位同学的表现给我留下最深的印象？我从他身上学到了什么？（正反面均可）

(6) 这堂课上是否有任何人、任何话语触动过我？为什么？

(7) 我在这堂课上是否有比以前进步、突破的地方？（可以征求组员的意见）

(8) 上完这堂课我是否发现自己身上有需要改进、加强锻炼的地方？我准备如何行动？

六、拓展延伸

《教你幽默到心田》
作者：[美]刘墉
出版社：漓江出版社
出版时间：2012-05-01
ISBN：9787540756734

第十二节　慎之戒之　不越雷池

一、关键词【禁忌】

禁忌：名词，犯忌讳的话或行动。动词，指医药上应避免某些事物。

在之前的课程中，我们探讨了许多关于“该说什么”和“该怎么说”的话题。这两个话题相信大家在日常的学习、生活中都会用心实践。在本章课程即将结束时，我们要“逆向思维”，谈谈“禁忌”，也就是“不该说什么”和“不该怎么说”，毕竟“说得多，错得多”，错就错在触犯了禁忌。

二、课堂活动

请组长组织本组组员讨论“人际交往中最不喜欢的谈话行为和谈话话题”，组员根据自己的亲身经历发言。组长要同时担任小组的记录员，把讨论结果记录并按照顺序统计出来。

例如，最不喜欢的谈话行为：随意打断别人讲话、不回应别人的话、漫不经心。

最不喜欢的谈话话题：你有女(男)朋友了吗？你每个月零花钱多少？

每一组派代表分享“本组之最”，看看是什么样的谈话行为和谈话话题最讨人厌。

三、探索与思考

在人际交往中，有许多话题不适合用来谈论，也有许多细节要避免出现，这些就是禁忌。谈话的禁忌有许多，每个国家、民族、每个人的禁忌又有所不同，因此需要在日常谈话中不断总结积累。我们今天主要讨论的是普遍性的谈话禁忌。禁忌谈论的话题有如下几种。

1. 不涉国家机密，不谈战争政治

不涉及机密，这是每个公民都应尽的基本义务。至于政治问题错综复杂，为了避免消极和负面的影响，还是尽量不要在谈话中涉及。青少年学生情绪比较容易被煽动，倘若听信那些别有用心的人的一面之词，做出过激的举动，将会毁掉自己的美好前程。

2. 不提家庭背景，不问收入薪资

华少在做影帝张家辉的访谈时，无意中问及了张家辉的女儿。一向性格随和的张家辉顿时当场翻脸，一连几个带着火药味的回答都弄得现场气氛极为紧张，最后不得不暂停录制。人际交往中，不提交往对象的家庭背景和薪资收入，是对交往对象隐私的尊重和保护。

3. 不问年龄婚姻，不吐健康疾病

跟女性交谈时，她们的年龄大小、婚恋状况是隐私，尽量不要触及，以免对方尴尬。跟年长者交谈时，要避开疾病、死亡、灾祸以及其他不愉快的话题。谈话者也不要随意向别人透露自己的健康状况，特别是有疾病的话不应在公开场合告诉别人。

4. 不议朋友同事，不说怪诞低俗

俗话常说，静坐常思己过，闲谈莫论人非。像小道消息、家长里短、他人是非都要尽量远离，也要尽量避谈稀奇古怪、荒诞离奇的事。

小A刚到一个新单位，她很想尽快融入新环境。可惜大部分同事都客气有余、热情不足，唯有陈姐最热心。两人一得空，陈姐就热情地给小A介绍公司的情况，以及每位同事的脾气性格、个人私事。初来乍到的小A对公司的事一无所知，有这么一位"热心大姐"在前头带路真是求之不得，于是自然把陈姐当知心人。小A将工作上遇到的所有不愉快的事，统统地向陈姐倾诉，有时甚至对其他同事品头论足、抒发不满。

渐渐地，小A发现办公室里的其他同事都不怎么搭理她了，她感到很纳闷。一天，她在文印室里复印文件，听见外间的陈姐跟一个同事说："这个新来的小A可不是好东西，昨天还说你矫情、自以为是呢。"

5. 不批评嘲笑，不对失意人谈得意事

批评嘲笑会让被批评嘲笑的人不愉快，这似乎是肯定的。然而，一些实在的话、无心的话让有心的人听起来，也会不舒服。

朱元璋做了皇帝以后，有一个之前的穷朋友跑到皇宫的大门外面，哀求面圣。朱元璋吩咐传那朋友进去。见面的时候，他说："我主万岁！当年微臣随驾扫荡庐州府，打破罐州城，跑了汤元帅，拿住豆将军，红孩儿当关，多亏菜将军。"朱元璋听得很高兴，心里也隐约回想起穷朋友的话里像是包含了一些从前的事情。所以就封穷朋友做了大官。

这消息让另一个穷朋友知道了，他心想："同是那时候一块玩的人，他去面圣就有大官做，我去了肯定也不吃亏！"他也见到了皇帝，开口便说："我主万岁！还记得吗？从前，你我都替人家看牛。有一天，我们在芦花荡里，把偷来的豆子放在瓦罐子里煮着，还没等煮熟，大家就抢着吃，那罐子都打破了，撒了一地的豆子，汤都泼在了泥地里了。你只顾得从地下满把的抓豆子吃，却不小心连荭草叶子也送进嘴里去了，叶子哽在喉咙里，害得你哭笑不得，还是我出的主意，叫你用青草叶子放在手上拍拍吞下去，才把荭草叶子带下肚子里去了。"

朱元璋嫌他当众揭自己的旧伤疤，失了皇帝的颜面，不等他说完就连声大叫："推出去斩了！推出去斩了！"

6. 不说绝对的话，不在谈话过程过多使用"我"字

在谈话过程过多使用"我"字，会让别人感觉你很自以为是，自我为中心。有这种说话习惯的人，也会不经意让自己始终处于讲话者的位置，这样只会招来谈话对象的反感；说话习惯绝对的人，总是把自己放在悬崖边上，没有预留退路，最终进退两难。

有两只小麻雀不小心掉在地上，一个调皮的小男孩看见了立刻捡起来，左手一只麻雀，

右手一只麻雀，蹦蹦跳跳地去找村里的智慧老人。

这位老人是村里最有智慧的人，一般村里有发生什么事，大家都会去找他解决、这个小男孩想捉弄他，于是拿着麻雀跑到智慧老人面前说："爷爷，爷爷，你说，我手心的麻雀是活的还是死的？"

这位老人略微笑了笑说："如果我说这个麻雀是活的，那么你手一捏，这麻雀就死了，如果我说这个麻雀是死的，那么你把手一放，这麻雀又活了，所以答案就在你手中。"

以下是比较适合谈论的话题，供你参考。

专业话题：历史文化、地理风俗、艺术时尚、建筑音乐等。

生活话题：影视作品、游戏比赛、时尚潮流、美食料理、天气状况等。

禁忌的角色有以下几种。

喋喋不休，话匣子关不住；

尖酸刻薄，刀子嘴伤人心；

处处诉苦，似祥林嫂再世；

一言不发，活像个闷葫芦；

随意插话，不懂尊重他人。

禁忌的行为有以下几种。

(1) 无礼的动作，如讲话的时候东张西望，说话之前碰一下对方身体。抖腿、挖鼻孔、打哈欠等。

(2) 用命令、训斥的口吻跟别人说话。

(3) 与对方谈话前吃洋葱、大蒜等有气味的食品。

四、经典言论

好言一句三冬暖，恶语伤人六月寒。——《增广贤文》

逢人且说三分话，未可全抛一片心。——《警世通言》

五、反思与总结

请根据实际情况请认真思考以下问题。一个懂得总结的人，才更容易走向成功。如果你不喜欢写字，可以只写下关键词，也可以选择把想法说给身边的同学、老师听。

(1) 我以前在人际交往中，是否有留心并要求自己要做到过今天的课题关键词？

(2) 这堂课的哪个环节最吸引我？

(3) 我是否尽全力参与了这堂课的各项讨论活动？

(4) 我是否在课堂上、小组内发言？我对自己的表现感到满意吗？

(5) 这堂课上哪位同学的表现给我留下最深的印象？我从他身上学到了什么？（正反面均可）

(6) 这堂课上是否有任何人、任何话语触动过我？为什么？

(7) 我在这堂课上是否有比以前进步、突破的地方？（可以征求组员的意见）

(8) 上完这堂课我是否发现自己身上有需要改进、加强锻炼的地方？我准备如何行动？

六、拓展延伸

《教子信札》
作者：[英]切斯特·菲尔德
译者：褚律元
出版社：安徽人民出版社
出版时间：2013-01-01
ISBN：9787212060695

附录

第三节　肢体语言　弦外之音

二、课堂活动——读心大师

当谈话对象有以下肢体动作时，请问他们心里很可能在想些什么？

(1) 用手轻轻揉鼻子。

他不太信任你，觉得你是在花言巧语。

建议：想办法建立信任。

(2) 轻轻拍掌或是捏手指。

他已经没有耐心听你继续讲下去啦。

建议：谈话内容要准备结束了。

(3) 抚摸后脑。

谈话对象不同意你的说法。

建议：注意自己的表达是否太过绝对或不符合实际。

(4) 轻轻抚摸头发或者睁大眼睛。

他同意你的观点。

建议：此时你可以提出你的想法或诉求。

(5) 咬指甲。

他心里正犹豫不决。

建议：在和谐友好的气氛中坚持你的诉求。

(6) 摸耳朵或拉紧耳朵。

他没办法做决定。

建议：你可以试着帮他做决定。

(7) 面对其他地方，眼睛根本不看你，揉眼睛。

他根本不接受你的话。

建议：换个谈话方式，不要让对方反感。

(8) 将手一直放在口袋里。

防御性姿态，对你感到不安。

建议：用轻松的举动消除他的不安，例如喝茶、吃点心。

(9) 紧捏鼻梁、抚摸下巴。

他正在思考。

建议:给他安静思考的空间,不要打扰。

(10) 谈话对象的手。

"仰",掌心向上——请或无可奈何;

"立",掌直立——表同意、提出疑问;

"指",掌心向左——指方向或对象;

"摇"——表示否定、拒绝;

"压"——表"请安静","就这样决定了";

"双拳上举"——跃跃欲试;

"双手下垂且掌心向外摊开"——无可奈何;

"搓手且双手朝下"——局促不安。

第四节 有效倾听 积极信息

二、课堂活动

90~100 分:你是个优秀的倾听者。

80~89 分:你是个很好的倾听者。

65~79 分:你是一个用于改进、尚且算是不错的倾听者。

50~64 分:在有效倾听方面,你确实需要训练。

50 分以下你确定在倾听吗?

你善于倾听吗?

三、探索与思考

听见和倾听的区别。

教师读的故事:

某商人刚关上店里的灯,一男子来到店堂索要欠款。店主打开收银机,收银机内的东西被倒了出来。那个男子逃走了。一位警察很快接到报案。

根据你听到的内容做表 1-3 的题目,"T"代表正确,"F"代表错误,"?"代表无法判断。在相应的答案上打"√",请不要过多思考以免漏过一些重要信息。

参考答案:? ? F ? ? T ? ? F T ? ?

第五节 逻辑条理 思路清晰

一、关键词

说话逻辑测试。

40~50 分:你在语言逻辑方面已经做得很好了,要再接再厉。

30~40 分:你的语言逻辑不错,应该是个健谈的人。

20~30 分:你说的话别人基本都能听懂、理解。

10~20 分:你真的需要好好训练自己讲话的逻辑,特别是认真上好这堂课!

二、课堂活动

顺序

打电话思路:

(1) 问候对方:您好,请问您是某某吗?

(2) 自报家门:我是……

(3) 所谓何事:打电话的主要目的是……

(4) 必备用语:请问您现在说话可方便?

(5) 告别用语:打扰您了,非常感谢。

亚里士多德演讲五步骤如下。

(1) 简述一个故事或观点,激发听众兴趣。

(2) 抛出一个问题,引发听众思考。

(3) 对你提出的问难题给出一种答案。

(4) 描述你的解决方案能带来的利益。

(5) 号召听众行动起来,给予正面鼓励。

第九节 拉近距离 消除陌生

三、探索与思考

遇到长相好的女顾客,我们可以说:"您长得真是太漂亮了,皮肤又白又嫩,能告诉我您是怎么保养的吗?"(建议同性之间使用)

当遇到戴眼镜的顾客时,我们可以说:"您戴眼镜真好看,特别斯文!"

遇到身材较丰满的顾客时,我们可以这样说:"您的长相真好,好有福气哦!"

对于长相一般但穿着打扮时髦、服饰档次较高的顾客,我们可以说:"您穿着好有个性,也很有气质哦!只有您这么有气质的人才配得上这款包包!"同时我们可以向他请教如何搭配衣服饰品。

顾客是知名公司的员工,我们可以说:"太羡慕您了,能在这么好的单位(公司)上班!"

顾客是言行举止都很有礼貌的人,我们可以说:"您是我见过的最有素质的!""您说话真有品位,我学到了很多。"

第十节 迂回婉转 微笑说"不"

二、课堂活动

春秋战国时期,晋国厨官让人呈上烤肉献给晋文公,肉上却缠着头发。文公不悦,召来厨官,大声斥责:"你存心想让我噎死吗?为什么用头发缠着烤肉?"

厨官叩着响头,拜了两拜,认罪说:"小臣有死罪有三:我找来细磨刀石磨刀,刀已经磨得像宝刀那么锋利,切肉肉就断了,可是粘在肉上的头发竟然没切断,这是小臣的第一条罪状;拿木棍穿上肉块却没有发现缠着的头发,这是小臣的第二条罪状;在炽热的炉子里,炭火烧得通红,肉被烤熟熟了,可是头发还没烧焦,这是小臣的第三条罪状。君王的厅堂里莫非有怀恨小臣的侍臣吗?"文公想了想:"你讲的有道理。"就传来厅堂外的侍臣责问,果然有人想诬陷厨官,文公就将此人杀了。

一天,一位外宾在上海一家酒店就餐后,将一双制作精美的银筷子放进了自己的提包。这一幕正好被服务员看到了。聪明的她想了想,走到外宾身边,用流利的英语礼貌地对外宾说:"先生,我们发现你在用餐的时候,对我国的银筷子特别感兴趣,可见您是个对中国工艺品有研究的人。非常感谢您对我国工艺品的赏识和对本酒店的惠顾。为了表达我们的感激之情,特别为您准备了一双制作精美,并且经过严格消毒的银筷子送给你,这是装筷子的小匣子，请您收下。按照我们酒店的规定，以‘优惠价格’记在您账上，您看可以吗？”

外宾当然心知肚明，在表达了谢意之后，赶紧给自己找台阶下：“不好意思，我刚才喝多了，头有点晕，竟然把筷子放包里去了。”

“没关系。主要是因为你真的很喜欢工艺品。不过，筷子要经过严格的消毒和包装后才能送到朋友手中，才更显得有诚意啊。”

“既然这样，那我就以旧换新呀。”外宾顺势将筷子放在餐桌上。随后，外宾愉快地接过服务员递来的空匣子，不失风度地付款去了。

第十一节　脱口幽默　语言艺术

二、课堂活动

马克·吐温（Mark Twain）是美国著名作家和演说家，他的作品有个最基本的特点，就是幽默。在日常生活中，他也是个言语幽默的人。在各种场合中，马克·吐温总能用幽默让人们记住他，尊敬他。

编者选取了一些马克·吐温曾经的对话片段，请思考，如果你是马克·吐温，你会做出怎样的精彩回答。你也可以跟你的组员讨论。

场景一：

一次，马克·吐温应邀赴宴，他对一位贵妇说：“夫人，您太美丽了！”不料，那妇人却说：“先生，可是遗憾得很，我不能用同样的话回答你。”

马克·吐温笑着回答：没关系，您也可以跟我一样说善意的谎言 。

场景二：

法国名人波盖取笑美国人历史太短，说：“美国人没事的时候，往往喜欢怀念祖宗，可是，一想到祖父一代，就不能不打住了。”

马克·吐温回敬说：法国人没事的时候，往往喜欢怀念父亲，可是，他们通常不知道父亲是谁。

场景三：

一个青年人写信给马克·吐温，想向马克·吐温请教成为大作家的诀窍。信中说：“听说鱼含有大量磷质，而磷是有利于脑子的。看来要成为大作家，一定要吃很多鱼吧？但不知您究竟吃了什么鱼，又吃了多少呢？”

马克·吐温回信说：如果是您的话，可能需要吃一条鲸鱼才够。

一次，美国前总统里根在白宫钢琴演奏会上讲话时，夫人南希不小心连人带椅跌落在台下的地毯上。正在讲话的里根看到夫人并没有受伤，便插入一句说道：“亲爱的，我告诉过你，只有在我没有获得掌声的时候，你才应这样表演。”

有一天，歌德在魏玛公园散步，不料，在一条只能通过一个人的小道上，遇到了那个曾把他的作品贬得一文不值的批评家。他们面对面地站着，那个批评家十分傲慢，把头一昂，毫不让步地说：“对一个傻子，我绝不让步！”歌德笑着说：“我正好相反。”然后站在一边。

战胜自我

第十三节　认识自我　克服恐惧

一、关键词【克服恐惧】

心理学家认为，普通人只用了全部潜力的极小一部分，而每个人的潜能是无限的，从年幼到年老，都可以开发自己的潜能。至于能开发到什么程度，靠的是各种训练。

不必将潜能训练看得很神秘，潜能训练的主要目的是克服各种恐惧心理。口才训练也是一种潜能训练。

在人际交往中，绝大多数人都有恐惧心理。拒绝与人交流，或者害怕当众说话，这并非个案，而是一种普遍现象，只是每个人恐惧的程度不同而已。

在四川宜宾，有一位68岁的范奶奶，因读7年级的孙女数学总学不好，她便到孙女就读的宜宾黄冈实验学校“陪读”。老人虽没基础，思维也慢，最初只能考20分，但勤奋学习之下，后来有一次竟考了78分，把孙女惊呆了！老人则说：只要肯钻研，数学并不难！

案例

卡特·波恩是资深的美国新闻评论家，在读哈佛大学时，曾参加一次演讲竞赛。他选择了一则短篇故事，将这则故事反复背诵，直到烂熟于心。结果到了现场，他刚一开口“先生们，国王”，之后脑子就是一片空白。在绝望之下，不得已，他只能用自己的话来讲这则故事。结果，他竟获得了第一名。从这天起，卡特·波恩就不再背诵讲稿，而这正是他广播事业取得成功的秘诀所在。

当国家领导人讲话不看稿的时候，我们是何等惊叹。这也是人之共性，都希望听到的不是事先写好的稿子，不读“事先写好”的稿子，不等于事先不必做准备。准备绝对是必要的，而且还必须是多方面、多角度进行的。

凡斯是世界最大保险公司之一的衡平人寿保险的副总裁。多年前，有人请他到西弗吉尼亚州去对衡平人寿2000余名员工代表进行演讲，因为当时他只花了2年时间，就把保险做得相当成功，主办方专门为他安排了20分钟进行演讲。凡斯非常高兴，认为可以借此提高身价，他就将演讲稿写下来背，对头镜子演练了40回，每个词、每个手势、每个表情都恰到好处。他认为自己准备得已经天衣无缝，十分完美了。

可是，当他起身演讲时，忽然害怕起来，刚说了一句话，脑中便是白茫茫一片。慌乱之中，他后退了两步，可是脑子里还是一片迷茫；于是他又后退，想再重来，这番表演他共重复了三次。讲台高四尺，宽五尺，后面无栏杆。所以，他第四次朝后退时，便一个后空翻摔下讲台，消失了。听众哄然大笑，这种滑稽表演，在衡平保险也是空前绝后的。

凡斯认为那是他一生当中最丢脸的一次经历，他羞愧难当，并为此写了辞呈。后在其上司的努力劝说下，凡斯撕掉辞呈，重拾自信，再也不背演讲稿了，并且成为公司中数一数二的演讲高手。

不背稿，但要准备素材，写好提纲，私下里多说几遍。

素材，来源于广泛接纳来自四面八方、各种媒体的讯息，自己的生活经验，还有平时留意收集到的有意义、有内涵的语言。

提纲，可以帮助我们理好头绪、条理清楚。有提纲，就可以把零碎的片段串起来，成为闪光的珍珠项链。

多说，可以说给自己听，说给亲人听，找个机会说给朋友同事听，然后询问他对你所说的话的想法、建议。当然，不要直接告知，这是你的“预演”。那么，你很可能会从他那儿得到有价值的、会使你很受启发的、豁然开朗的建议。

有一个来自郊县的极其普通的学生，入学的时候，他的老师觉得他嗓门洪亮，属于可造之才，多次让他去演讲。经过锻炼，他进步很快，成了学校各种活动不可或缺的节目主持人。有一次，市里组织经典诵读比赛，各校要派三名学生参加。他因为要参加多项的技能赛，忙得不可开交，没答应参加经典诵读比赛。一位老师说他无论如何要参加，否则我们没法获奖。看在那位老师这么坚决的表态上，我找他商量，他极为勉强地同意了。

时间很紧，只有一周的准备，后来，这个团队获得了一等奖。说起来很简单，做起来很辛苦。他自己并没有告诉我是怎样练习的。同宿舍的同学告诉我说：他走路都心不在焉，一直在背诵，还到处找人纠正他的普通话发音，最夸张的是睡梦中，他还很大声地背古诗词。

这个同学后来考进大学的美术专业，入学不久，就被学校转到播音专业去了，并在后来取得很大的发展与进步。一分耕耘一分收获，大抵就是这样。

二、课堂活动

下面做“比照自己，认识自己”的活动。

【活动项目】

活动一：口才课的目标。

每一位同学都说一说自己过去的口才如何，学习到今天，对口才课的认识，以及期待将来自己能达到什么样的目标。

活动二：成长环境决定性格。

个人活动：观察、比对兄弟姐妹，或者家族中的其他兄弟姐妹，看看他们各自的性格特点如何，思考他们的身份、长幼和成长环境，列出简要提纲。

小组活动：交流讨论，简单概括自己观察到的兄弟姐妹的性格特征，按照长幼归纳共同点。

班级活动：小组推荐同学来发表看法。

活动三：寻找自身的不足，提出解决的方案。

个人活动：找出令自己感到恐惧的事物（可多项），列出简要提纲，说说为什么感到恐惧，恐惧的程度。

小组活动：采用行动导向法，设计一幅图（可以是一棵树，一盆花……），将自己的不足写出来，然后自己思考，并给出解决的办法，再由同学互相提出解决问题的方法，老师也可参与进来。

班级活动：分工合作，两人展示小组绘制的图，一人述说设计构思、各位小组成员存在的问题以及大家提出来的解决问题的办法。

三、探索与思考

在学生开始上口才课的时候，几乎80%～90%的学生有登台恐惧症，上了讲台，不知自己该说什么，或者说一两句就匆匆下台，更有甚者，拒绝上台讲话。

这些症状在多次的训练之后会得到缓解，会得到进步，甚至有的学生的口才会得到飞跃发展。

有一个学生，是从农村中学来的，他以前在课堂上从来没有发过言，所以开始进行训练的时候，他结结巴巴，脸红得像关公。但后来，他用心准备，从看稿演讲、背稿演讲，到自己写稿演讲、自由发挥地演讲。进步之快，令人刮目。每次演讲，所有同学都称赞不已。这是我遇到的最认真对待口才训练的学生，也是进步最快的学生。

其他班级曾有一些同学经过一年多的训练之后，能够给全班同学开讲座，其中，给我印象最深的是一个男生，他兴趣极广，有一次，他开了“冷兵器”的讲座，讲了整整一节课，语言极为流畅，从头到尾不看讲稿，做了PPT，也只是作为配合展示知识之用，所有同学和听课的老师都震惊了。课后，他说他还可以开很多其他知识的讲座。

四、经典言论

葛底斯堡演说词

亚伯拉罕·林肯

（这是林肯1861年2月11日在葛底斯堡阵亡将士公墓落成仪式上发表的演说，是公认的英语演讲的最高典范。）

87年前，我们的先辈在这个大路上建立起一个崭新的国家。这个国家以自由为理想，奉行一切人生来平等的原则。

目前我们正在进行一场伟大的国内战争。我们的国家或任何一个有着同样理想与目标的国家能否长久存在，这次战争就是一场考验。现在我们——在这场战争的一个伟大战场上——聚会在一起。将这战场上的一小块土地奉献给那些为国家生存而英勇捐躯的人们，作为他们最后安息之地。我们这样做是完全适当的、应该的。

然而，从深一层的意义上说来，我们没有能力奉献这块土地，没有能力使这块土地变得更为神圣。因为在这里进行过斗争的、活着的和已经死去的勇士们，已经使这块土地变得这样圣洁，我们已不足以对他们有所扬抑了。我们今天在这里说的话，也许世人不会注意，也不会记住，但是这些英雄的业绩，人们将永世不忘。

我们后来者应该做的，是献身于英雄们曾在此为之奋斗、努力推进、但尚未完成的工作。我们应该做的是献身于他们遗留给我们的伟大任务。我们的先烈已将自己的全部精诚赋予我们的事业，我们应从他们的榜样中汲取更多的精神力量，决心使他们的鲜血不至白流。在上帝的护佑下，我们的国家将获得自由的新生；我们这个民有、民治、民享的政府将永存于世上。

现在，美国的民众在这片富饶的土地上，享受着富庶、宁静、无忧的高福利生活，对于他们来说，华盛顿政客们的演出都不那么重要，他们上交的每一分税收都能用到实处，先进的制度使得他们的教育、医疗、物价和福利都能使人们安居乐业。

（选自“中华文本库”，http://www.chinadmd.com/file/utv6veuacas6usrzaa33xeiu_1.html）

五、反思与总结

口才进步快慢的关键在于参与训练时，是否觉得这是对自己有益的课程，是否投入，是否用心、专心。

记住，“交流恐惧”不仅存在于你的心里，还同样存在于我的心里、他的心里……即便是职业演说家，他们也不会完全克服登台的恐惧——在最初阶段，他们或多或少都有一些怯意，不过，他们能够很快克服这种怯意，进入状态。

其实，登台讲话保持一定程度的紧张感是有利的，因为在人类与自然界的对抗中，形成了我们适应环境的能力。心跳加快、呼吸急促、血往上涌，这是身体对外部刺激保持适度的应激反应。这种生理准备如果适度，会让我们思考更快，说话更流畅、更精彩。

当然，人各不相同，有的人过度恐惧，以至头脑空白、肌肉痉挛、口不能言，这也不必过分担心。因为我们每个人都有克服恐惧、快速进入状态的潜能，我们天生就有能力应付环境中不寻常的挑战。

我们需要通过不断的训练来开发自己的潜能，让自己在任何情况下讲话都能轻松自然、反应敏捷、条理清楚。

但是，要明白，我们只能跟自己比，跟自己的过去比，看到自己的进步，一次次小成功堆积起来，撑起我们的信心，一次次收获的经验，激励我们不断超越自己——我可以做得更好。

在这个过程中，做好充分的准备，会让我们将恐惧降到最低程度。“不打无准备之仗”，这是至理名言。

充分准备，不是指背稿演讲。如果因为担心自己会遗忘，从而将稿子从头到尾背下来，那么讲话的时候，会显得异常生硬，万一有所遗忘，万一卡壳，万一衔接错误……都容易被人看笑话。

六、拓展延伸

【知识演讲】

走近圣贤，阅读经典，领悟真谛

——《论语》名句解读

目的：

《论语》是中华文化最伟大不朽的经典之一，记录了孔子的重要思想言行，内容博大精深。其中许多名言警句里所包含的思想，体现人类普世价值，两千多年来历经无数考验却始终万古常新，颠扑不破，被古今中外奉为为人处世、安身立命的金科玉律。

初中时，学生学过《论语》十则，但对《论语》的了解，多数学生也仅限于此，这对个人文化修养来说是很不够的，希望在有限的时间能够更多地了解《论语》，正确地解读，并用先圣的思想来指导自己的人生，让未来有更高的格局和境界。

教学安排：

(1) 回顾一下初中学过的《论语十则》：有书的找书，没书的找网络，没电脑的用手机搜索，找一段或一句《论语》进行理解，或者老师准备《论语》名句安排学生按座号自领一句去准备。

(2) 对所选择的《论语》名句进行诵读、解释，结合实际，介绍一个例子来证明经典。

(3) 在课堂上，4～6 人小组讨论自己准备的材料，推荐最佳的例子，向全班同学讲述。然后，各组余下的每位同学争取都上台讲述自己的感想。

(4) 每个小组推荐一位同学组成评委团，讨论评价标准，对上台讲述的同学进行评价。

(5) 老师对大家的发言进行总结。

清淡传香远，诗书继世长

——古诗词欣赏

目的：

小学、初中，学生学习过古典诗词，对古典文化有一定兴趣，但是理解不深，遗忘较多。

通过本课训练，提高学生的诵读、理解和鉴赏古典诗词能力，培育民族精神，弘扬中华民族优秀的传统文化，激发创作兴趣。

教学安排：

1. 活动准备

(1) 游戏导入，检测学生的古典诗词水平。

将全班 42 位学生分 6 个小组，选小组长，推荐评委，组成评委团，用彩纸制作“组名”牌，小组长简要介绍组名。

老师从学过的古典诗词名句中选取部分句子，进行测试，老师说一句，学生不仅要回答下一句，也要说出作者和题目。如：

路漫漫其修远兮，吾将上下而求索。《离骚》屈原

少壮不努力，老大徒伤悲。《长歌行》汉乐府民歌

老骥伏枥，志在千里。《龟虽寿》三国·曹操

本是同根生，相煎何太急。《七步诗》三国·曹植

问君何能尔，心远地自偏。《饮酒》东晋·陶渊明

天苍苍，野茫茫，风吹草低见牛羊。《敕勒歌》北朝民歌

问君能有几多愁？恰似一江春水向东流。《虞美人》南唐·李煜

大弦嘈嘈如急雨，小弦切切如私语。嘈嘈切切错杂弹，大珠小珠落玉盘。《琵琶行》白居易

大江东去，浪淘尽，千古风流人物。《念奴娇·赤壁怀古》苏轼

昔我往矣，杨柳依依，今我来思，雨雪霏霏。《诗经》中的《采薇》

(2) 引出主题:古典诗词读、写比赛。老师做赛前指导,布置任务,点明古典诗词的学习途径:吟诵积累、聆听诵读、表演展示、仿写创作。

2. 分组活动

(1) 这个环节老师的指导很重要,老师一定要过问小组的分组情况,指明具体分工的方向,如:诗经组,(唐诗:)诗仙组、诗圣组、诗王组,(宋词:)豪放派、婉约派等。

诗词的选择范围尽量广。如:写春夏秋冬的、写山水日月的、写风霜雪雨的、写花草树木的、写江河云雾的、咏史的、送别的……

(2) 老师了解学生选择的诗词曲有哪些,指导学生选择方向,尽量不要选择同一类的作品,应选择不同内容的诗词。所选作品不要太生僻,尽量通俗易懂,再根据诗词的风格特点指导诵读的抑扬顿挫。还可以用演唱、歌舞等形式演绎古诗词。

(3) 对各组派出进行仿写创作的同学进行辅导,考虑到中学生的现状和水平,绝大部分是不可能写出规范完整的诗词的,因此可以降低要求,不必教诗词的流派、字数、句数、平仄、押韵等诗词的知识,只要鼓励学生写出有意义、意境、韵味,引人遐思的诗句。有创新,就该表扬。

3. 班级活动

(1) 观看以诗词为主题的表演视频,如:《春江花月夜》,要求学生带着任务观看。

(2) 结束后谈观后感。

(3) 老师播出名家朗诵苏轼的《念奴娇·赤壁怀古》。

(4) 播完,老师简介朗诵的特点。

(5) 古诗词还可以有现代的演绎形式——配乐之后成为极其优美的歌曲,如《明月几时有》(蔡琴演唱)。老师指导:除了朗诵,还可以以歌曲的形式演绎古诗词。

(6) 组织古典诗词吟诵比赛——《清淡传香远》:诗经组、诗仙组、诗圣组、诗王组、豪放派、婉约派等,选择相对应的古诗词进行演绎,如:诗经组《采薇》、诗仙组《将进酒》、诗圣组《茅屋为秋风所破歌》、诗王组《琵琶行》片段,还有豪放派组的《念奴娇·赤壁怀古》、婉约派的《雨霖铃》等。

自备背景音乐、PPT,可以有舞蹈动作、根据诗词内容的情节设计,评委评分并加以点评。

(7) 仿写创作组——《诗意的××》,当场创作、展示。

老师现场提供图片,提出要求:结合班级专业特点——如:汽车销售班——围绕“车”主题,创作不同场景下有诗情画意的句子,可以写简单的诗句、散文诗,或对偶句的广告词创作。

如:阳光·车;月夜·车;离别·车;团聚·车;春天·车;寒梅·车;瀑布·车;河流·车;青草·车;细雨·车;亲情·车;田园·车……

(8) 每个小组推荐一位同学组成评委团,讨论评价标准,对上台讲述的同学进行评价。

(9) 老师总结:这节课我们回顾了学过的古诗词,欣赏、聆听了他人的表演、朗诵、歌唱,并且自己也尝试了用各种形式演绎古诗词,还学习用诗情画意的句子结合专业特点进行广告词的创作,希望这次综合实践活动能够引起大家对古诗词学习的兴趣,因为诗词是中华民族的灿烂文化瑰宝,把它记在心里,它就会跟你一辈子,化作你肚子里的一小滩墨水，涵养你，让你更有气质，更有修养。

4. 成果展示

(1) 畅谈“读古诗，写古诗”的感受。

(2) 举办古诗词专栏。

第十四节　引导话题　说服别人

一、关键词【说服别人】

古希腊著名的思想家、哲学家、教育家苏格拉底以擅长言辞而著称于世，他创立的问答法至今有着经久不衰的魅力，成为谈话的一种经典方式。问答法的核心内容是：我们在与人谈话的时候，如果想要说服对方，当不可避免地要面临一些有分歧的话题的时候，我们需要就这个话题的共同点(相对于分歧)对话题进行控制，一步一步地引导对方做出肯定的回答。这样，就可以使谈话朝着对我们有利的方向发展。

二、课堂活动

我们来看看说话高手是如何用这种方法成功说服他人的。

案例一

小张和小王一起应聘某图书公司。六一儿童节的时候，公司在儿童公园做图书促销活动，小张和小王穿上印有公司标志的红马甲，上阵促销。

小张对一位牵着孩子的女士说：“阿姨，我们的图书质量非常好，装帧也非常精美，您看有没有需要呢？”

女士面有愠色，白了他一眼，说：“不需要！”转身要走。

小王赶紧绕过来，微笑着说：“姐姐，今天是儿童节，您是带孩子出来玩儿的吧？”

那女士看他一眼，说：“是啊！”

小王：“小朋友在公园里玩儿得很开心吧。”

女士：“是啊！”

小王：“玩摩天轮了吗？”

“那个头晕，孩子太小，不敢带他玩儿。”

“您孩子有7岁了吧，我觉得猴子爬树、飞机、弹跳机这些适合他。”

“我也这么觉得，所以，我带他玩儿了你刚才说的这些游戏。”

“您的孩子看起来很聪明。”

“嗯，他的老师也这么说，他在班上是班长呢。”女士自豪地说。

“他一定是爱读书的好孩子，我们这里有科普类的、少儿类的图书，我想他可能会喜欢……”

案例二

小林学校毕业后去了一家汽车公司工作，下面是他与客户的一次谈话。

小林:“您好,您有兴趣看一看我们公司推出的7座的汽车吗?”

客户:“我们想要一辆5座的汽车,这就够我们用了,而且我们之前的那辆车也是5座的,开习惯了。”

小林:“嗯,5座的汽车确实比7座的更加划算些,是吗?”

客户:“对。”

小林:“我是否可以知道,您家是三口之家呢,还是跟老人家一起住?”

客户:“三口之家,不过,我父母和岳父岳母也住在我们同一个小区,这样互相有个照应。”

小林:“您真是孝顺,如果您闲暇时想带一家人一起出去郊游,是不是会将两家的老人都带去?”

客户:“你的这个建议不错,不过我们还从来没有这样做过,以后可以试试。”

小林:“这样的话,4位老人加您一家三口就是7个人,我觉得7座的车子更适合您?您觉得呢?”

客户:“嗯,好像是这样的,但是我们没有太多的钱买大车。”

小林:“您看,这款7座的家用MPV车优惠后裸车价格在10万元内,适合大家庭出行的需要,既可以拉人,又能载货,价廉物美,价格跟5座车没有很大差别。”

客户:“价格还蛮合理的,但是我们开惯了小车,太大的车怕开不好。”

小林:“其实,这款车的车身尺寸并不算大,但能合理的安排下三排座椅,不得不佩服它的空间利用能力,您可以目测一下。”

客户:“好像是那么回事。”

就这样,小林得到了一个订单。

(1) 请从以上两个案例中,总结推销的规律。

(2) 你还见过哪些推销成功或失败的例子?请简要介绍。

(3) 如果,你是销售员,需要推销电脑、服装、鞋子、箱包、汽车、护肤品、化妆品……以小组为单位,请任选一种商品,模仿以上两则案例,设计一段对话,让你的销售能够成功。

三、探索与思考

要明确目的,而不是被人牵着鼻子。

(1) 通过曲折迂回的方式,使对方顺着你的思路进行思考,往往会收到事半功倍的效果。

(2) 控制说话的主动权,不能让谈话失去方向,这样才能达到自己想要的效果。

(3) 说服他人,而不被他人说服,最重要的就是掌握谈话的主动权。

四、经典言论

我有一个梦想

马丁·路德·金

(《我有一个梦想》选自马丁·路德·金的一篇演讲稿,1963年8月28日,为了争取民权，25 万黑人在华盛顿林肯纪念堂前举行盛大的集会，马丁·路德·金在会上发表了这篇著名的演说。）

今天，我高兴地同大家一起参加这次将成为我国历史上为争取自由而举行的最伟大的示威集会。100 年前，一位伟大的美国人签署了《解放黑奴宣言》，今天我们就是在他的雕像前集会。这一庄严宣言犹如灯塔的光芒，给千百万在那摧残生命的不义之火中饱受煎熬的黑奴带来了希望。它的到来犹如欢乐的黎明，结束了束缚黑人的漫漫长夜。

然而 100 年后的今天，我们必须正视黑人还没有得到自由这一悲惨的事实。100 年后的今天，在种族隔离的镣铐和种族歧视的枷锁下，黑人的生活备受压榨。100 年后的今天，黑人仍生活在物质充裕的海洋中一个穷困的孤岛上。100 年后的今天，黑人仍然畏缩在美国社会的角落里，并且意识到自己是故土家园中的流亡者。今天我们在这里集会，就是要把这种骇人听闻的情况公之于世。

就某种意义而言，今天我们是为了要求兑现诺言而汇集到我们国家的首都来的。我们共和国的缔造者草拟宪法和独立宣言的气壮山河的词句时，曾向每一个美国人许下了诺言，他们承诺所有人——不论白人还是黑人——都享有不可让渡的生存权、自由权和追求幸福权。

就有色公民而论，美国显然没有实践它的诺言。美国没有履行这项神圣的义务，只是给黑人开了一张空头支票，支票上盖着“资金不足”的戳子后便退了回来。但是我们不相信正义的银行已经破产，我们不相信，在这个国家巨大的机会之库里已没有足够的储备。因此今天我们要求将支票兑现——这张支票将给予我们宝贵的自由和正义保障。

我们来到这个圣地也是为了提醒美国，现在是非常急迫的时刻。现在决非侈谈冷静下来或服用渐进主义的镇静剂的时候。现在是实现民主的诺言的时候。现在是从种族隔离的荒凉阴暗的深谷攀登种族平等的光明大道的时候，现在是向上帝所有的儿女开放机会之门的时候，现在是把我们的国家从种族不平等的流沙中拯救出来，置于兄弟情谊的磐石上的时候。

如果美国忽视时间的迫切性和低估黑人的决心，那么，这对美国来说，将是致命伤。自由和平等的爽朗秋天如不到来，黑人义愤填膺的酷暑就不会过去。1963 年并不意味着斗争的结束，而是开始。有人希望，黑人只要撒撒气就会满足；如果国家安之若素、毫无反应，这些人必会大失所望的。黑人得不到公民的基本权利，美国就不可能有安宁或平静，正义的光明的一天不到来，叛乱的旋风就将继续动摇这个国家的基础。

但是对于等候在正义之宫门口的心急如焚的人们，有些话我是必须说的。在争取合法地位的过程中，我们不要采取错误的做法。我们不要为了满足对自由的渴望而抱着敌对和仇恨之杯痛饮。我们斗争时必须永远举止得体、纪律严明。我们不能容许我们的具有崭新内容的抗议蜕变为暴力行动，我们要不断地升华到以精神力量对付物质力量的崇高境界中去。

现在黑人社会充满着了不起的新的战斗精神，但是不能因此而不信任所有的白人。因为我们的许多白人兄弟已经认识到，他们的命运与我们的命运是紧密相连的，他们今天参加游行集会就是明证。他们的自由与我们的自由是息息相关的，我们不能单独行动。

当我们行动时，我们必须保证向前进，我们不能倒退。现在有人问热心民权运动的人，“你们什么时候才能满足？”

只要黑人仍然遭受警察难以形容的野蛮迫害，我们就绝不会满足。

只要我们在外奔波而疲乏的身躯不能在公路旁的汽车旅馆和城里的旅馆找到住宿之所，我们就绝不会满足。

只要黑人的基本活动范围只是从少数民族聚居的小贫民区转移到大贫民区，我们就绝不会满足。

只要我们的孩子被“仅限白人”的标语剥夺自我和尊严，我们就绝不会满足。

只要密西西比州仍然有一个黑人不能参加选举，只要纽约有一个黑人认为他投票无济于事，我们就绝不会满足。

不！我们现在并不满足，我们将来也不满足，除非正义和公正犹如江海之波涛、汹涌澎湃、滚滚而来。

我并非没有注意到，参加今天集会的人中，有些受尽苦难和折磨，有些刚刚走出窄小的牢房，有些由于寻求自由，曾在居住地惨遭疯狂迫害的打击，并在警察暴行的旋风中摇摇欲坠。你们是人为痛苦的长期受难者。坚持下去吧，要坚决相信，忍受不应得的痛苦是一种赎罪。

让我们回到密西西比去，回到亚拉巴马去，回到南卡罗来纳去，回到佐治亚去，回到路易斯安那去，回到我们北方城市中的贫民区和少数民族居住区去，要心中有数，这种状况是能够也必将改变的，我们不要陷入绝望而不可自拔。

朋友们，今天我对你们说，在此时此刻，我们虽然遭受种种困难和挫折，我仍然有一个梦想，这个梦想深深扎根于美国的梦想之中。

我梦想有一天，这个国家会站立起来，真正实现其信条的真谛：“我们认为真理是不言而喻，人人生而平等。”

我梦想有一天，在佐治亚的红山上，昔日奴隶的儿子将能够和昔日奴隶主的儿子坐在一起，共叙兄弟情谊。

我梦想有一天，甚至连密西西比州这个正义匿迹、压迫成风，如同沙漠般的地方，也将变成自由和正义的绿洲。

我梦想有一天，我的四个孩子将在一个不是以他们的肤色，而是以他们的品格优劣来评价他们的国度里生活。

今天，我有一个梦想。我梦想有一天，亚拉巴马州能够有所转变，尽管该州州长现在仍然满口异议，反对联邦法令，但有朝一日，那里的黑人男孩和女孩将能与白人男孩和女孩情同骨肉，携手并进。

今天，我有一个梦想。

我梦想有一天，幽谷上升，高山下降；坎坷曲折之路成坦途，圣光披露，满照人间。

这就是我们的希望。我怀着这种信念回到南方。有了这个信念，我们将能从绝望之岭劈出一块希望之石。有了这个信念，我们将能把这个国家刺耳的争吵声，改变成为一支洋溢手足之情的优美交响曲。

有了这个信念，我们将能一起工作，一起祈祷，一起斗争，一起坐牢，一起维护自由；因为我们知道，终有一天，我们是会自由的。

在自由到来的那一天，上帝的所有儿女们将以新的含义高唱这支歌：“我的祖国，美丽的自由之乡，我为您歌唱。您是父辈逝去的地方，您是最初移民的骄傲，让自由之声响彻每个山冈。”

如果美国要成为一个伟大的国家，这个梦想必须实现！

让自由之声从新罕布什尔州的巍峨的崇山峻岭响起来！

让自由之声从纽约州的崇山峻岭响起来！

让自由之声从宾夕法尼亚州的阿勒格尼山响起来！

让自由之声从科罗拉多州冰雪覆盖的落基山响起来！

让自由之声从加利福尼亚州蜿蜒的群峰响起来！

不仅如此，还要让自由之声从佐治亚州的石岭响起来！

让自由之声从田纳西州的瞭望山响起来！

让自由之声从密西西比的每一座丘陵响起来！

让自由之声从每一片山坡响起来！

当我们让自由之声响起，让自由之声从每一个大小村庄、每一个州和每一个城市响起来时，我们将能够加速这一天的到来，那时，上帝的所有儿女，黑人和白人，犹太教徒和非犹太教徒，耶稣教徒和天主教徒，都将手携手，合唱一首古老的黑人灵歌：“自由啦！自由啦！感谢全能上帝，我们终于自由啦！”

（选自“百度文库”，http://wenku.baidu.com/view/e61dec1c227916888486d7cf.html）

五、反思与总结

对直接打广告，或者进行推销活动，人们往往会有一种本能的抵抗情绪，会很警惕地想：这是不是想骗我的钱？一旦有这种思想，就想迅速摆脱纠缠，容易表现出厌烦态度，语气也会不耐烦起来。此时，推销人员如果心理素质不够过硬，很容易在这种较量中败下阵来。

这样的情景是很常见的，提高自己的心理素质、引导话题、说服别人，在营销活动中表现为掌握说话技巧：既然顾客已经产生戒备心理，再在原话题上纠缠下去是不明智的。换一个他感兴趣的话题，体现真诚地为对方着想的意识。

按照人们普遍信任专家的心理，在引导中，要辅以专业的分析，体现自己较高的职业素养，让对方感受到自己是值得信任的，重新树立对人对事对物的信心。

六、拓展延伸

【知识演讲】

那些遥远却熟悉的励志名言

——谈对春秋战国名篇名言的感悟

目的：

春秋战国，诸子百家，那是中国文化最灿烂的时代之一，虽然历史已经趟过了长河，但那个时代多少的名言警句至今还在我们的生活中回响，激励着一代代人不断奋勇前行。用高远的理想来鼓励学生，脱离低级趣味。

教学安排：

(1) 教师找出部分春秋战国名篇中的名句给学生作参考，然后选择其中的一句进行发挥，结合社会，结合自己，谈谈感想。例如下面几句名句。

① 天行健，君子以自强不息。——《易经》

② 发愤忘食，乐以忘忧，不知老之将至。——《论语》

③ 三军可夺帅也，匹夫不可夺志也。——《论语》

④ 修身、齐家、治国、平天下。——《大学》

⑤ 富贵不能淫，贫贱不能移，威武不能屈。——《孟子》

⑥ 生于忧患，死于安乐。——《孟子》

⑦ 吾生也有涯，而知也无涯。——《庄子》

⑧ 路漫漫其修远兮，吾将上下而求索。——屈原《离骚》

⑨ 亦余心之所善兮，虽九死其犹未悔。——屈原《离骚》

⑩ 不鸣则已，一鸣惊人。——《史记·滑稽列传》

(2) 学生回忆初中学过的内容，或者上网查找资料，找出一句自己有共鸣的语句，做准备。

(3) 在课堂上，4～6 人小组讨论自己准备的材料，推荐最佳的例子，向全班同学讲述。然后，各组余下的每位同学争取都上台讲述自己的感想。

(4) 每个小组推荐一位同学组成评委团，讨论评价标准，对上台讲述的同学进行评价。

(5) 老师总结同学们的发言。

明君与昏君

——介绍你熟悉的一位帝王

目的：

历史上的那些帝王，或“流芳千古”，或“遗臭万年”。每个人身上都有其历史借鉴的价值。

我们同学对历史感兴趣的不多，能讲个子丑寅卯的更少，历史很悠久，历史上的人物众多。一个时代的变迁与缘由，可以通过执政的帝王贤明与否了解到，戴在帝王头上的神秘光环有特殊的吸引力，我们有兴趣去寻找、去讲述。

教学安排：

(1) 课前，介绍朝代更迭的《历史朝代歌》：唐尧舜禹夏商周，春秋战国乱悠悠。秦汉三国晋统一，南朝北朝是对头。隋唐五代又十国，宋元明清帝王休。

(2) 老师介绍一些例子。

唐朝的唐太宗李世民，他名字的意思就是“济世安民”，自身就是一位很有名的政治家、军事家，再加上他有一位贤淑的皇后，身边还有一群能人异士，比如魏征、房玄龄等人的辅佐，又吸取隋朝灭亡的教训，很难不创造一个新纪元，于是就有了“贞观之治”！也为后来全盛的开元盛世奠定了重要的基础，将中国传统农业社会推向鼎盛时期，所谓“大唐盛世”由此开始！

之后的武则天也算是一位难得的明君，但是因为古代“重男轻女”的思想，以及武曌并不是很光明地夺权继位，人们并不是很看好她，但是她确实不枉为明君一位！

清朝的康熙皇帝，八岁登基，试想一个八岁的小孩就要面对天下，确实是一件很有压力的大事情，康熙在位六十一年，收复疆域、平定三藩、平定叛乱、遏制俄国、管理西藏，不仅如此，在经济政治文化等方面也做出极大贡献，可谓是“千古一帝”！

雍正，都说是“康乾盛世”，但是没有雍正在其中勤勤恳恳、任劳任怨，估计后来的乾隆也没那么轻松！

乾隆，不用说了，“康乾盛世”，自封的“十全老人”，但是自己的绯闻也不少，看看还珠格格就知道了！

(3) 老师推荐历史上的君王，因为人物较多，可以安排学生按座号顺序选择一位做准备，介绍他(她)的情况，并对其功过进行点评。

(4) 在课堂上，4～6 人小组讨论自己准备的材料，推荐最佳的故事，向全班同学讲述。

(5) 各组每位同学争取都上台讲述自己找到的帝王故事。

(6) 每个小组推荐一位同学组成评委团，讨论评价标准，对上台讲述的同学进行评价。

(7) 老师总结同学们的发言。

第十五节　演讲题材　来自体验

一、关键词【亲历体验】

心理学上说：自卑或者羞怯感总是或多或少地存在于每个人身上。

与陌生人接触感觉不安，不是我们的独特体验。美国有一个调查表明：在宴会上，与陌生人接触，大约有四分之三的人感到局促不安，由于自卑或羞怯造成演讲或其他说话失败的例子更是屡见不鲜。

这种失败并不是真的天生不如人，而是心理障碍造成的——以为自己不如人。只有克服这种心理，才能正常或超常发挥。

讲述自己的亲身经历，或者自己对人生的看法，从这样的话题开始，相信每个人都会侃侃而谈。来自切身体验的话题，说起来才会活色生香，容易引起共鸣，具有感染力，才会说得更加精彩。

二、课堂活动

活动一：每个人根据自己的人生体验和对问题的看法，拟一个题，在小组交流中，说出自己所拟题目的价值。

(提示：首先，坚信自己提出来的题目是有价值的，因此必须具备坚定的态度，坚信自己能获胜。其次，摒弃消极的念头。不要想象自己可能会犯语法错误，或者中间忽然讲不下去。如果感觉紧张，演讲之前将注意力从自己身上移开，关注别人在讲什么。最后，进行自我激励。任何一个演讲者都有可能对自己的演讲题材产生怀疑，害怕自己无法讲透彻，担心听众没兴趣。应学会给自己鼓劲，告诉自己：这次演讲来自我的经验，来自我对人生的看法，是独一无二的，因此我比任何一个听众都更适合这个演讲，我会尽全力讲到最好，让大家都有收获。这种自我暗示，看起来有点儿假，但却有很好的效果。)

活动二：对活动中自己确定的主题进行深入细致的思考，并广泛地收集素材，做好充分的准备。

（提示：广泛收集素材，深入细致思考，充分的准备之后，你会学到很多原先熟视无睹的知识，完全不了解的知识，你会觉得自己就是一个某方面的“专家”，不仅自己有收获，现在还要将这些知识转授给听讲者。）

活动三：对自己所要讲的内容了然于胸，做一次深呼吸，轻松大步地走上台，站直身体，看观众的眼睛，开始演讲。

恭喜，你战胜了当众说话的恐惧！你唤醒了潜能！这会对将来的人生产生极大的正面的影响。

三、探索与思考

在一次口才预备课上，我要求同学找资料，介绍一处旅游景点，最好是自己去过的。大多数同学都很认真去准备，还做了PPT，一些同学介绍了世界著名景点。我有些疑心：那些地方真的是他们去过的吗？只有一位同学说那是她参加游学团去的国外，所以她讲得很深入，对那些景点记忆深刻，提的问题，她也都能解答出来。其他同学多是在网络上找的图片，百度百科查的资料。认真完成任务的态度是值得肯定的，但因为不是亲身经历，讲起来未免有些干巴巴。

有一个男生，他家境不太好，父母没有带他出门旅游过，又因为他是寄宿生，没有电脑做PPT，但他写了一篇优美的旅游文章——不是任何一处著名景点，只是他家乡的一座山。他涨红着脸，激动地介绍这座山晨昏变化的美丽，春夏秋冬的多姿多彩……同学都被他的气场镇住了，很安静地听他讲，讲完之后，报以最热烈的掌声。

他能够把一座不知名的小山讲得如此吸引人，正是因为那是他最熟悉的风景，那种激情洋溢的演讲是他对小山、对家乡的热爱。热爱的东西比陌生的东西更令人投入，更生动形象，也更容易打动人。

经历过的事，说出来，都比较感性，容易打动人，如果将经历过的事，加入自己的思考，得出一些别人轻易忽略过去，或者未曾想到，或者有感而说不出来的结论，那就深化了内涵。这样的内容会让演讲既有感性的生动又有理性的高度，令人“心有戚戚焉”。

想想看，我们身边的那些“吃货”，谈起吃来，是不是“专家”？有的人知道什么正宗小吃在哪条小巷子里，哪一个犄角旮旯里。有的人谈起怎样做吃的，则滔滔不绝。

那些“驴友”，谈起自由行的经历，绝对比任何导游都精彩。

那些“摄友”，谈起摄影经验，可以写几本书了。

那些“网友”，说起网络游戏来，眉飞色舞。

那些“粉丝”，提到自己喜欢的体育、影视明星，如痴如醉、无所不知。

那些关心国家大事、国际政局的人，谈起热点新闻，如数家珍。

所谓“术业有专攻”，虽然我们未必都要去做学问，但每个人的兴趣所致，会让我们有精彩的言论。

充满说话的激情，具有感召力，而成为一个受欢迎的人是很多人的向往。所以，学讲话的初始阶段，选择自己熟悉的感兴趣的内容，是一个好的开端。

那么，是不是所有有激情的说话都受欢迎呢？也不一定。

有的人以自我为中心，一张嘴就是“我如何如何，我怎样怎样，我知道，我教你……”饱含激情的发表自己的人生见解，但是听者寥寥，因为每个人对每件事都有自己的看法，多数人并不愿意被别人居高临下地“指教”。

所以，高明的演讲者绝不会以自我为中心，而是懂得以听众为中心，以引起共鸣为己任。当讲话训练到较为深入的阶段，要学会寻找听众喜欢的话题。有经验的演讲者是能够做到这一点的。

有一个学生，他只是中职毕业，早年在一家大型外企做推销员、仓管员、搬运工……这样一个人，后来成长为那家外企的地区经理。

有一年，学校举办交流论坛，请一些优秀毕业生回来给学生们开讲座，他是其中之一。其他人都坐着讲，学生们在下面嘀嘀咕咕，开自己的小会，没怎么注意听。他是最后一个讲，我很担心完全没人听。我吃惊地看到，他不像别人那样坐着讲，而是站了起来，开始介绍他自己的经历。我没有想到，他演讲的语言那么流畅，那么生动完美，尤其是关键点，极其生动感人。下面听讲的几近鸦雀无声，学生们的反应和他们的满意度有关，这证明了他演讲的魅力。在这之前，我给他打电话邀请他来参加时，他说：“我就是从他们这条路走出去的，我知道学生最想知道什么。”他讲的就是听众最想听的，自然有足够的吸引力。

演讲完，我问他怎么做到的。他说这算不了什么，在公司，他带着整个团队 100 多位员工(其中不乏重点大学毕业生)集中培训的时候，他一个人要连讲 3 天，没有一句重复的话……就这么锻炼出来了。

我不知这锻炼的过程有多少不易，但是，他成功了，我相信会有更多的人靠着不断的“锻炼”，逐步走向成功。

四、经典言论

马云香港演讲(文字精简版)

(2015 年 2 月 2 日，受全国政协副主席董建华邀请出任香港“团结香港基金会”顾问的马云到港与香港的青年做专场交流，并发表演讲。不得不说，老师出身的马云演讲大分一级棒，创业与年轻人成长的话题早已不新鲜，但马云妙语连珠，现场掌声雷动，笑声连连。商业咨询网站虎嗅网戏称：你会觉得，哪怕这是碗鸡汤，是碗给港青准备的老汤，但它并不难喝，而且，喝过之后值得港青们一番细细体会。)下面是马云演讲的文字精简稿：

大家晚上好！感谢董先生，感谢团结香港基金给了我这么一个机会跟大家交流。我自己觉得我是一个创业 15 年，有很多的经历，更像一个大哥，在创业了十多年，经历了很多挫折以后，跟大家分享一些我的看法。

我数学考过 1 分，大学考过 3 次，初中考重点中学考过 3 次，也没考上。我们那个学校也是当时杭州最差的学校，我考进大学，杭州师范大学，是杭州第四流大学。所有人看来我不具备创业的条件，但是很奇怪，在人们看来几乎没有可能成功的，我们走了 15 年。

我今天很幸运，前面 4 年我创业，从中国黄页做了两年半到三年，到国家的外经贸部做临时工 13 个月，全失败了，没有人看到这些失败。我想跟大家分享，如果你要去创业，多花点时间思考别人为什么失败，不要去思考别人为什么成功，成功有很多原因的。

我们三四年前，大家都认为阿里巴巴很糟糕，商业模式不行、技术不行、服务不行、产品不行，还有很多假货，反正看来都不行。我跟同事讲，我们其实比别人想象的要好。别人说你坏的时候，你也要想想其实我们也还可以了，所以我们就是这样不断调整自己的心态走到今天。

我发现一件事情，几乎所有的成功者碰上麻烦、犯上错误后总是先检查自己，我这个没有做好，我得调一调，我这个不对。真正成功的人一定是改变自己的人，改变别人的事情少做。我以前跟很多年轻人一样也是这么想，我要是总理的话，我肯定是怎么怎么怎么。我要是总统的话，我必须这样这样这样。后来发现根本不是这么一回事情。其实改变世界的事情留给总统、留给总理、留给主席去干，改变自己显得更为重要。

今天下午很多朋友问我：你看我们香港年轻人还需要什么技能才能创业。说心里话，我来香港机会比较多，我跟香港的很多年轻人交流，我们前一段时间有很多香港年轻人到阿里巴巴实习，跟他们交流过程中，我是没有底气的，我觉得他们知识面太广了，其实他们很 knowledgeable，香港所处的地理位置，香港的劣势，香港在全球化所处的位置上金融、法治以及所有大学完善的教育，我认为中国大陆目前具备这样素质的学生并不多。

实事求是地讲，只是香港今天年轻人敢不敢往前跨一步。今天香港有的麻烦，全世界都有。欧洲没有这个麻烦？美国没有这个麻烦？还是日本没有这个麻烦？大陆没有这个麻烦？麻烦都在。我那个时候也有麻烦。我爸有他的麻烦，我爷爷有他的麻烦，每个 generation 都有麻烦。每一个国家和地区都有麻烦。尤其是现在，请问哪个成功的企业家今天敢说他没有麻烦？我前两天麻烦还没有过去呢，对不对？

难道看到麻烦就跑了？看到麻烦你骂谁去呢？还得自己去解决。很多人在抱怨的时候，静下心来思考一下，我该继续抱怨下去？还是该改变自己？香港的机会——我自己觉得，我不是来安慰大家，我也没有这个能力安慰大家——我只是告诉大家，今天一定比我 15 年前有机会，整个社会在发生巨大的变化，整个互联网(Internet)时代、数据时代，仅仅刚刚开始。如果以前是一个制造的年代，那么今天就是一个创造的年代。

我特别喜欢看香港的电视剧，老板什么事都不干，雪茄抽一抽，很气派的样子，我想有一天我也做大了，我或许没有麻烦。现在明白了企业越大、麻烦越多、责任越大，还不如自己在小房间创业的时候。每个阶段都有自己独特的麻烦，但是今天另外来讲，又把自己想明白了，能做阿里巴巴，能够给这么多人服务，能做这样的事情，是一种福报，是修来的。别人想干还干不来，既然做了，就做下去。

这几年很荣幸，我有机会认识了这个世界上很了不起的商界最牛的人。交流过发现有一样事情一定要分享给所有年轻人。第一，他们一定是很乐观地看待未来。第二，他们永远不抱怨，只检查自己的问题。第三，他们有超越常人的坚持。没有这些素质你是走不远的。

最近在中国大陆有一句话很流行，叫作：风来的时候猪都会飞。这个猪，pig，你如果躲在很好的风口，风一来，猪都会飞起来。所以很多人天天在找风。其实风来了，猪都会飞。但是风过去了，摔死的都是猪。这些猪没有改变自己，没有创造猪自己该走的路。

我觉得如果你真的想创业，行动起来！我看了太多年轻人晚上想想千条路，早上起来走原路。百分之九十五的人创业，你是看着他死的。只有百分之一的人能够成功。而这百分之一的成功的人一定有一个很强的团队，他们互相支持、共同努力，他们乐观、他们改变自己，而你，我可以告诉你，你一定必须做那样，否则你会死在百分之九十五没有看见的地方。所以如果你自己不想当老板，那就找一个比较好的老板，比方说阿里巴巴这样的公司。

（选自“观察者”网站，http://www.guancha.cn/Science/2015_02_03_308403_1.shtml 略有删改）

五、反思与总结

据心理学家研究表明，关于记忆，有个学习金字塔效率图如图 2-1 所示。

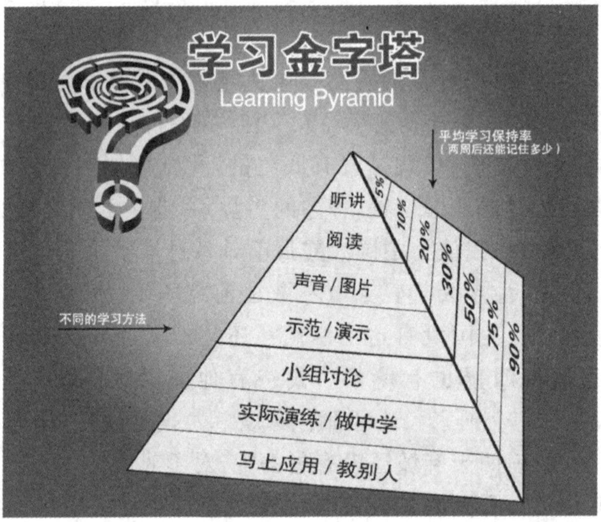

图 2-1 “学习记忆保持率的金字塔”

(1)“听讲”，两周以后学习的内容只能留下 5%。
(2) 通过“阅读”方式学习，保留 10%。
(3) 用“声音/图片”的方式学习，保留 20%。
(4)“示范/演示”，保留 30%。
(5)“小组讨论”，保留 50%的内容。
(6)“做中学”或“实际演练”，可以达到 75%。
(7)“教别人”或者“马上应用”，记住 90%的内容。

由此可见，你的主题演讲，会比单纯学习让你记住更多的知识。

六、拓展延伸

【知识演讲】

贤臣与奸臣

——介绍你熟悉的一位大臣

目的：

“以铜为镜，可以正衣冠；以史为镜，可以知兴替；以人为镜，可以明得失。”

每一个朝代都需要大臣辅佐，每个朝代都有贤臣，也有奸臣，正如我们未来的工作，会遇到形形色色的同事，怎样识别不同的人，怎样做一个受欢迎的、有用的人？通过对各朝代大臣的了解，在一定程度上起借鉴作用。

教学安排：

（1）老师介绍一位名臣。

张居正，明万历一至十年的元辅，实际的宰相，由于皇帝年幼，实际上他当时就是国家的头面人物。他执政之前，大明王朝已经陷入一个下滑的深渊，每况愈下。他执政十年之后，国力上升到明代的最强盛时期，边患尽平，国库充盈。

他整倒了高拱而成为首辅，执政期间父亲病故，而皇帝"夺情"。他生前皇帝给他的尊敬无以复加，可以说，他是明代皇帝最信任最宠爱的首辅。但是他死后，万历皇帝却抄了他的家，他的儿子们没一个得到好下场，生前的"太师"头衔也被褫夺。

（2）老师再列举一些名臣，供选择。

岳飞、诸葛亮、魏征、曹洪、狄仁杰、刘墉、曾国藩、孔融、司马光、伍子胥、李广、张良、韩信、萧何、陆逊、李愬、戚继光，白起、魏征、包龙图、卫青、霍去病、袁崇焕、苏秦、吕不韦、孙武……

（3）在课堂上，4～6人小组讨论自己准备的材料，推荐最佳的故事，向全班同学讲述。

（4）各组每位同学都争取上台讲述自己找到的名臣故事。

（5）同学组成评委会评价。

（6）老师总结同学们的发言。

爱我家乡

——介绍家乡的风景名胜

目的：

爱国爱乡，是海外游子精神的头一条。

祖国，地大物博，了解起来不容易；家乡，与自己密切相关，甚至每日可见，是那么熟悉，家乡的很多风景名胜，可我们却谈不上有多少真正的了解，借着这个话题，去深入地了解一下家乡的某一处景点，到课堂上分享给大家……

教学安排：

（1）课前，确定自己最熟悉的一处家乡风景，上网查找资料，准备解说词。

（2）老师可以推荐一些本地的著名景点供学生参考。

（3）在课堂上，4～6人小组讨论自己准备的材料，推荐最佳，向全班同学讲述。

（4）小组推荐一位同学组成评委团，对讲述故事的同学进行评价。

（5）延伸到小组的每一位同学。

（6）老师评分、总结。

第十六节 模拟交谈 鼓起勇气

一、关键词【鼓起勇气】

与人交谈的难易程度，关键看交谈的对象。如果是自己的亲人、熟人，交谈的话题较为随意，就不会有什么交谈障碍。如果改为自己仰慕的明星、重要人物，或者是决定自己命运的企业人事经理、商业谈判的对象……也许就会出现一些交谈困难。

“知己知彼”才能“百战不殆”。在战场上，没有作战计划的任何出兵，是要付出生命作为代价的。“商场”如“战场”，“商场”上也需要事先做好准备。哪怕是商界成功人士，他们也不可避免会有害羞的心理。

“20世纪最伟大的心灵导师”，美国著名的现代“成人教育之父”，企业家、心理学家、人际关系学家、演讲口才艺术家戴尔·卡耐基曾对说话高手进行过调查，发现几乎所有的人都存在过害羞心理，即使在谈判中，也不能完全驱除紧张的心理。善于社交的钢铁大王安德鲁·卡内基常对人说：自己天性很害羞，但一直努力让自己成为说话高手。

由此可见，说话高手多是后天练习成的，很少有谁是天生的。因此，我们也可以通过练习提高自己的交谈能力，直至成为说话高手。

二、课堂活动

活动一：模仿秀。小组讨论，选出一个公众人物(影视体育明星、商界政界人物)，小组推荐同学角色扮演，模拟一段场景的人物对话，如：记者采访，主持人做访谈节目。

各小组分别选择不同的角色，自行商讨采访的角度、问题。

活动二：模拟商场谈判。内容建议：学校要开展艺术节活动，其中一项是跳蚤市场，各班需要购进一些小商品，这时要跟供货商进行小型谈判。思考会遇到什么问题，该怎么商谈解决。

活动三：与“市长”面对面。思考自己生活的城市里有哪些设施不到位，需要改进的，在市政开放日这天，与市长面对面，提出自己的建议。

活动四：模拟招聘。各小组搜集招聘可能会提的问题，会遇到哪些“陷阱”，思考如何回答。

以上活动，可以每小组完成一个任务，分别开展；也可以每个小组按照次序都进行一遍。

三、探索与思考

有一位作家，辞职离开原先旱涝保收的单位，到北京去，成了“北漂”一族。十多年来，只有中专学历的他靠写稿闯天下，不仅在人才济济的北京立足，而且还在北京、天津各买1套房，将妻子女儿都接到北京，还培养女儿出国留学。

他说自己原先是“社交恐惧症”患者，“做媒体记者时，经常需要出去采访。社交恐惧发作时，不仅不能面采，连打电话都做不到，只好发短信、邮件、微博私信，或用QQ采访(感谢科技发展，让我这样的社交恐惧症患者都能做记者)。由社交恐惧症患者成为优秀的出版培训师，当然在公众演讲方面下过很大工夫……”

现在，他能滔滔不绝三天不带重样儿。别人请他开讲座，一场的酬金是数千，甚至数万元。他总结了一些心得，第一条就是“不打无准备之仗。把要说的内容写下来，模拟场景，反复练习。”他说：“人类对演讲的恐惧仅次于死亡。所以，不是你一个人对演讲恐惧。但是，通过训练，人人都可以成为演讲高手。我这样一个社交恐惧症患者，现在可以滔滔不绝讲三天大课。我能做到，你也能做到。”

“你也能做到!”

那么，为什么我们目前还没做到呢？因为缺乏锻炼机会。如今，学校开设口才课就是提供这样一种难得的锻炼机会，让我们能够一次次练习，为了实现"你也能做到"的目标打下扎实基础，为了将来人际沟通毫无障碍打下扎实基础，为将来甚至可以靠着口才过上富裕的生活打下扎实基础。

一所学校，期末开家长会，请了一位专职培训师来给家长做演讲，仅仅讲了感恩教育，就让台下家长泪泗滂沱，擦湿了一张又一张纸巾，40 分钟演讲结束后，一大群家长跑去报名，让孩子参加他的"创造巅峰状态"封闭式训练。学费，一天 700 元，家长们二话不说，当场掏钱，有的钱带不够，到处借钱，唯恐错过了这次机会。

至于是否真的在一天时间里让孩子"创造巅峰状态"了，结果未知。但是这么短短 40 分钟时间里，除了背景音乐外，没有任何辅助道具，仅靠着一个人一张嘴，说哭几百号人，说动大家争先恐后现场交钱，可见其人口才非凡。

在网络上有一个《史上最感人的感恩教育演讲》视频，演讲者是青少年感恩励志专家一横老师，他用不到一个小时的时间，用慢条斯理的语言，将整个操场几千个学生说得对老师真诚鞠躬致谢，抱住父母痛哭不止，对祖国发自内心的真诚热爱。

今天，我们还做不了气场如此强大的演讲，因为我们还在成长，在学习，我们还缺乏社交经验。但我们可以尝试着进行"模拟交谈"，锻炼我们的思维与口才，提高与人交往的能力。如果有理想、有信心、有决心，将来，有一天，我们一定能够实现心中的目标。

当然，当我们学会有效地当众说话之后，也许一辈子都不会进行一场正式的公开的演讲，但是学好这项技能，可以培养自信，让我们在公众场合有勇气站起来，口齿伶俐、条理清晰地当众说话，这会让我们信心倍增，做任何事情都充满力量。

四、经典言论

俞敏洪演讲实录：我和马云最大的区别就是他盲目自信

（俞敏洪在参加"2015 年中国绿公司年会"时表示，自己跟马云的区别就是盲目自信的区别，马云如此地盲目自信，以至于盲目自信自己的东西变成了现实。所以，"自信，哪怕是盲目的自信，比懦弱和考虑周到要强一百倍"。）

以下是演讲实录：

各位亲爱的朋友们，大家晚上好！

在吴清友先生（诚品书店创办人）后面演讲，这是非常有难度的，因为吴清友先生是一个修炼到家的人，大家马上会发现，一个企业的创始人的气质和他创办的企业有着密切的关系。从吴清友先生的身上就可以看到诚品书店为什么是这样的，先有吴清友先生，再有诚品书店。所以我们看到刘东华的形象，就可以想象他最多能创办正和岛，我的形象只能办新东方。

心术和静气，其实我身上不具备任何静气，大家可以感觉到，不具备吴清友先生的那种气质。但是心术说多了，马上让人想起来心术不正，尤其是如果用静气来做心术不正的生意，这是一件很可怕的事情，我既不讲心术，也不讲静气，因为坦率地说，我没有太多的心术，也没有静气。既然讲到了企业的发展，吴清友先生讲了很多，我讲一讲我和新东方走到今天所感觉的一些要素到底是什么。

我能够走到今天，站在这个舞台上，有一个重要的原因，就是因为我内心有一个比较温和的渴望，这个渴望就是希望明天能比今天更好，希望明年能比今年更好，希望五年以后能比现在的五年更好，跟国家做五年发展计划差不多。因为有了更好的渴望，所以你的生命就会被自动带着前行了。当然，这种渴望到底是什么要弄清楚，有正确的渴望，有错误的渴望。比如说很多政府官员落马，他们也是有渴望的，但不是渴望把自己的官当得更好，不是更好地为人民服务，而是钱越多越渴望，就走偏了。也有很多企业家或者商人希望把自己的企业干好，但是他的渴望是钱越多越好，至于说钱是正道来的还是不是正道来的，最后忘了。我身边出现了几个做企业的人，最后走偏了，进去了。我觉得渴望非常好，它能带动你的生命前行。但是这个渴望原则上至少要有正向的志向才行，保证做的事情、做人不能偏离太多，才能够让自己的生命进行在相对来说比较宽阔的道路上。

我当然希望中国的年轻人都立志高远，从年轻的时候就能够定一个终生目标，比如当伟大的政治家、伟大的商人、伟大的企业家，但是我觉得并不是所有的人，甚至我认为大多数人是不可能把自己一辈子到底想要干什么想清楚的。当然，想清楚的人都特别伟大，我自己的生命就是一步步来的，很难想清楚五年以后怎么样，现在更加想不清楚了，因为互联网时代的到来，我都搞不清楚新东方未来在不在，不需要想清楚未来五年怎么样。但是我在今天必须努力地理解移动互联网时代正在发生什么，并且把我理解的正在发生的事情运用到新东方未来的发展中，新东方未来到底怎么样不再是我关注的事情，关注了也不能怎么样。

我一直比较烦向我探讨的年轻人中，那种好高骛远的、一口吃成胖子的、自己没有任何基础就想做下一个马云的人，甚至他长得还不如马云好看，这样的人我认为成不了。不管现在的社会变迁多么迅速，但是人和事依然是一步一步叠加做上去的。新东方尽管做得不算太大，但是到今天为止，也没有遇到太多的危机和危险，除了商业模式变革给我带来的紧张以外，我觉得原因跟我愿意每天都取得一点进步是有关系的。我还真的每天都写日记，每天都会写今天有多少时间用在进步上的。最近让我比较焦虑，这样的社会活动比较多，结果发现我用在进步上的时间每天一个小时都不到。用在进步上的时间是什么概念呢？就是每天都要读一个小时的书，或者跟某一个高手探讨人生发展间的关键问题。比如今天我到这儿来讲，对我来说没有任何意义，为什么？因为我是没进步的，但是我在进入这个礼堂以前跟吴清友先生一个小时的互相喝茶交流，和半个小时听吴清友先生的演讲，就会把它记录在我人生进步的时间之内，这样的追求会使你的基础慢慢变得好一点。

第二个要素，在我的人生过程中，吴清友先生讲了他的疾病，让我深有感悟，尽管我的病不如他得的厉害，但是我也得病了，得的病不是感冒，是肺结核，大家知道，20 多岁的年轻人得肺结核，意味着他所有的爱情和感情故事必须全部终结，因为没有一个女孩子会找一个得肺结核的男人。让我学会了一个本领，在绝望的时候修炼自己，并且善于等待。当你绝望的时候，所谓的绝望，不是没有钱，不是贫困，有的时候就是人生的一个困境，而这个困境不管是有钱还是有权的人都会有，否则我们就不会发现有政府官员跳楼，也不会有企业家自杀，因为企业家和政府官员都是有权有钱的人。人生困境无处不在，而且有的时候因为自己犯的某一个小错误，还会把你的人生带入某种绝境，在这个时候，修炼自己、善于等待非常重要。所以我非常庆幸得肺结核的那一年，住在医院差不多 365 天，居然读了

300 本书，尽管确实是无聊的，当时没有想到读这些书对我有什么用处，但是却养成了我读书、独立思考，并且从书中寻找自己世界的习惯。吴清友先生讲他的诚品书店，我每次去台湾都会去，特别感动，我本来说今天晚上的演讲我不来，为什么？因为没法跟吴清友先生对阵，第二，讲这个题目对我来说实在太高，但就是渴望有人生的一次机会跟吴清友先生同台，我才站在这里。

什么叫善于等待？我发现很多事情想当场解决是没有用的，有的时候时间会帮你解决，比如我们常常讲的感情的伤痛时间会解决，某种困境时间也会解决，但是光靠时间解决是不够的，还要有主动积极的心态。前两天在我的朋友圈里发了一个小文章，讲了一个小故事，我的司机没事干，就到野河里钓了一堆鲫鱼，都不大，跟我说要做鲫鱼汤喝，我看每条鱼都活蹦乱跳的，我说留下两条，放在我的鱼缸里。那对鱼本来应该把它杀掉，后来想春天的时候不应该杀鱼，尤其不应该杀鲫鱼，因为春天的时候鲫鱼肚子里都是鱼子。我就去上班，下班以后发现我养在鱼缸里的两条鱼自己跳出来了，在地上已经干死了。当然后来我做了正面结论：这两条鱼为了寻求自己的自由，实际上我在想这两条鱼稍微有点耐心，可能就能在鱼缸里活下来，并且某一天我一发善心，就把它放回到大河里去。当我们遇到困境的时候，就像鱼在玻璃缸里根本看不到出路的时候，人最大的能力就是安心等待。如果霍金在只能动一个手指头的时候对生命感到绝望，就没有了霍金，没有写宇宙这么多书。曼德拉在监狱 27 年，如果没有心中的信念以及耐心的等待，并且靠信念支撑的等待，就没有南非人民的民主事业。我的修炼尽管没到家，但是现在真的有了一点感觉，当我遇到任何困境、绝境的时候，会让自己的心情尽可能心平气和下来，让自己学会修炼、学会等待。

在遇到困境和绝境的时候，不能停止生命的运作，必须知道在方寸之中，依然可以增加自己生命的厚度和生命的强度，可以读书，可以锻炼某种技能，只要你觉得修炼方向是正确的，你的生命就一定是不断形成能量的过程，这个能量到最后早晚有一天会爆发出来。我一个朋友由于某种政治问题在监狱里待了四年，把英汉字典全部背出来，出来以后写了好几本有关英文学习的书籍。刚进去的时候英语水平最多是高一的水平，他自己修炼了。

我曾经读过屠格涅夫写的小说，一个穷人跟一个有钱人打赌，这个穷人如果在一个房子里待十年不准出来，富人所有的财富就给这个穷人，他料定这个穷人是出不来的，结果穷人在里面怎么待的呢？认字，开始读各种武侠小说、黄色小说，最后开始读世界名著，最后读历史书籍、宗教书籍，开始练琴、画画，最后什么都不做，静坐，时间就这样过去了。快到十年结束的时候，富人突然发现，如果今天晚上过去了，十年就到了，富人所有的财富都会移到这个人身上去，富人耐不住，拿了一把刀到穷人房间里想把他干掉，进去之后发现这个人已经离开了，留了一个字条，他说我已经修炼悟到了，知道你今天晚上会来，感谢你让我从一个愚昧者变成一个对这个世界了然于心的智者，就算十年不能出来还是可以修炼的。因以家庭矛盾的烦恼、员工的烦恼、商业压力的烦恼，就不修炼了、不精进了，这是对自己进行否定，不仅仅在否定这个世界。实际上，人的生命就像水一样，关键时刻要凝聚力量。

长江三峡是被水冲出来了，黄河九曲十八弯，最重要的原因是要绕开障碍，但是依然目标没变奔向东方，水凝聚到一起就会成为美丽瀑布，但是堤岸被冲垮了就会泛滥，变成灾难。每个人的能量都应该变成有目标的水对待，而不应该变成泛滥的水，让它对自己或者周围的人变成灾难。

人有得有失，得失之间有的人本事毕现。有的人失去以后就会变成特别小家子气的人，有的失去以后，就会变成做大事业的根本。胸怀，就是在得失之间看出来的，一个人老是得到的时候是不需要胸怀的，只有一个人失去的时候胸怀才体现出来。

前两天有新东方的人跟我讨论问题，现在新东方这么多老师，这么多管理者在创业时代都出去创业，你心里怎么想的，你对他们那么好，他们出去创业，甚至有的是做的与新东方差不多的行业，甚至有的为了抬高自己而贬低你，我说了在大海的胸怀里没有污染的河流，在补充大海能量的同时，已经把污染净化掉，做人做到这种感觉的时候，应该是能够把团队或者把事业做得更好的时候，当然我只是这么一说，因为我这个人口才大于心胸，其实我心里还是很不舒服的。

（选自“中商情报网”，http://www.askci.com/bschool/2015/04/21/153316tvps.shtml）

五、反思与总结

美国总统林肯出身于农民家庭，当过雇工、石匠、店员、舵手、伐木工人等，社会地位卑微，但是他从不放松口才的训练。17 岁时他常徒步 30 多英里到镇上，听法院里律师慷慨陈词的辩护，听传教士高亢激昂的布道，听政界人士振振有词的演讲，回来后就精心模仿演练，终于口才日日进步。1830 年，他为准备在伊利诺斯的一次集会上的演讲，面对光秃秃的树桩和成行的玉米，一遍又一遍地试讲。后来他连任两届美国总统，成为世界著名的演说家。

在网络上流传着这么一句话：“当你真心渴望某种东西的时候，整个宇宙都会赶来帮你。”

哈佛大学最卓越的心理学教授威廉·詹姆斯曾写过六句箴言，与此异曲同工。

(1) 不论什么课程，只要你对它充满热情，就可以顺利完成。

(2) 如果你对某件事情足够关注，你就一定会完成它。

(3) 只要你想做好，你就一定能做好。

(4) 如果你渴望致富，你便会拥有财富。

(5) 如果你想学识丰富，你就会学富五车。

(6) 只要做到上面各项事情，你才会真正地渴望这些事情，心无旁骛地一心期盼，而不会白费心思去胡思乱想许多不相干的杂事。

延伸出来一句话，就是：如果你真心想成为演讲高手，也一定能够实现的。

六、拓展延伸

【知识演讲】

美食飘香

——介绍家乡的菜系、小吃

目的：

中国有八大菜系，各地的小吃也名扬天下，大家常吃，但对其历史和制作过程了解得不多，谈谈本地小吃，说说家乡的饮食文化，增加知识，激发爱乡之情。

教学安排：

(1) 课前准备：查找美食的资料，如来源、制作过程、民间俗语、相关的故事等，制作图文并茂的 PPT。

(2) 老师推荐相关资料供参考。

例如：我国八大菜系之一的闽菜，有佛跳墙、鸡汤氽海蚌、淡糟香螺片、荔枝肉、醉糟鸡、香芋鸭、鱼丸、扁肉、八宝芋泥（太极芋泥）、春卷、蛎饼、葱肉饼、光饼、线面（太平面）、鼎边糊、芋粿、九层粿、木金肉丸、拌面扁肉……

(3) 学生在课堂展示自己制作的 PPT，并介绍本地的菜肴及小吃。

(4) 评委团评价同学们的发言。

(5) 老师总结同学们的发言。

(6) 上交 PPT 作业。

江 山 多 娇

——介绍国内一处著名的旅游景点

目的：

余秋雨说："读万卷书不如行万里路。"

行走，才能开阔视野、增长见识，家庭经济条件好的同学出行次数比较多，经济条件不好的，就受到局限。有出行的介绍亲身体验，少出行的查找资料，每人介绍一处，积累起来，互相分享，就有不少的收获。

教学安排：

(1) 老师做好全国所有省份的签。每位同学安排一个省，去过的同学先确定省份，剩下没有去过的，抽签决定余下的省份，然后从该省中选择一处景点做准备，制作 PPT，准备演讲词。

(2) 课堂上，逐个上来介绍自己搜集的资料，进行介绍性演讲。

(3) 评委团评价同学们的发言。

(4) 老师总结同学们的发言。

(5) 上交 PPT 作业。

第十七节　不怕丢脸　抓住机会

一、关键词【抓住机会】

怕说错话而丢脸，怕丢脸而不敢讲话。这种恶性循环是很多人心中难以解开的结。

其实，我们在学骑车、学游泳、学驾驶、学英语、学数学……学任何一项本领的时候，都可能会失败、丢脸，如果因此而放弃，那就没有学会的一天。

学讲话，锻炼口才，提高人际交往能力，就要战胜"怕丢脸"的负面情绪。须知很多名人都有过丢脸的时刻，但他们战胜了这种情绪，不以为耻，而以自己的进步为荣。

案例

著名作家萧伯纳向别人介绍自己提高口才的经验时，说："我借鉴了自己学溜冰的方法——我让自己一个劲地出丑,直到学会为止。”

年轻的萧伯纳是伦敦最胆小的人,当他去找人的时候,常常在走廊徘徊 20 分钟或更长的时间,才敢鼓起勇气敲门。他因为胆小而痛苦,并为之深感羞耻。

后来,他使用了最好、最快、并且最有效的办法来克服羞怯、胆小和恐惧的弱点。他还下决心把这个缺点变成自己最强有力的资本——他参加了辩论学会,只要伦敦有公众讨论的集会,他都要去参加。萧伯纳全身心投入到各种社会运动中,到处发表演讲,终于把自己锻炼成 20 世纪上半叶最出色的演讲家之一。

爱德华·威格恩是美国著名的演说家和心理学家,他中学时对演讲无比恐惧,他说:“当演讲的日子靠近了,我真的病了,只要一想到那可怕的事情,血就直往脑门冲。我的两边脸烧得难受,不得不到学校后边去,把它们贴在冰凉的墙砖上,以减少汹涌而来的潮红,读大学时也是这样。有一次演讲,我只说了一句话:‘亚当斯与杰弗斯已经过世’,就大脑空白,灰溜溜地回到座位,引来了震耳欲聋的哄笑,我当时真想一死了之,之后病了数日。活在这世上,我最不敢奢望的,就是当一个大众演说家。后来我就不断练习,不断克服恐惧,结果,数年以后,我是全世界最感吃惊的人——竟然会把当众演说当成自己吃饭的行业。”

大卫·古德瑞奇是古德瑞奇公司董事长,他说:“我的一生,每到要说话时,没有一次不是惊恐万状的。可是我身为董事长不能不主持会议,我和董事们个个都已相识多年,大家围桌而坐时,我同他们对答如流,一点困难都没有。然而一旦起身说话,我就呆若木鸡,一个字也说不出来,这种糟糕的情况一直得不到改善。所以我也不相信你能够帮助我改善,我的问题太严重了,积重难返。我来参加培训的原因是:公司的会计师,以前非常害羞,每次进我的办公室都是蹑手蹑脚,但最近,他进办公室时抬头挺胸,眼里放光,信心十足,神采奕奕,而且他还走到我的面前说:‘早安,古德瑞奇先生’,我惊讶于他的这种变化。”后来,古德瑞奇参加了卡耐基当众讲话培训,三个月后,能够面对 3000 人讲 10 分钟。

二、课堂活动

活动一:新闻评述。阅读近期的国内外新闻,从中选择一个新闻事件,用自己的话简述新闻,并作点评。

活动二:讲述经典故事。选择一个经典故事,简要讲述,谈谈自己的感悟和收获。

活动三:选择一首喜欢的诗歌,任选其中经典的句子,展开联想,发表自己的感悟。

三、探索与思考

在事实生涯中,我们常常能够看到这样的人,在家谈话从容自若,娓娓而谈,一到大场面,到了正式发言的场合,就瞠目结舌,既然这种害怕在必定场所下才发生,那么我们就应当剖析产生这种情形的起因,并采取恰当办法克服恐怖。战胜这种胆怯的最好方式就是像田中角荣那样,用切实的举动去锤炼自己。

前日本首相田中角荣,是一个口才极佳的人。然而,很多人却不晓得,田中角荣也曾是个笨嘴拙舌的人,那么,他是怎么变成一个拥有好口才的人呢?

田中角荣在《我的履历书》中曾作过记述:他小的时候有过严重的口吃,因为说话困难经常被同窗轻视、捉弄。

“口吃是个巧妙的货色。”田中角荣回想道：“说呓语、唱歌的时候，同妹妹说话时就不口吃，跟自己的狗说话也不口吃。可是一旦同长辈说话就莫名其妙地口吃起来，越紧张越厉害。读了不少改正口吃的书，也没有奏效。”

他发现自己并非绝对的口吃，而是环境变异才诱发他口吃。于是他决心找到矫正自己口吃的突破口，他终于找到了一个机会，那就是演戏。

在当年的学艺会上，田中角荣争夺机会要饰演《辨庆安宅之关》中的辨庆。老师知道他口吃，想要他当“导演”。但他在老师跟前软磨硬泡要饰演辨庆，老师看到他的真诚，终于让他扮演主角“辨庆”。田中角荣得到这个机会，就苦练台词，终于将台词背得滚瓜烂熟。他在回忆录里这样讲：“我为了实现这个主要义务，想出了两个措施，第一是带上调子讲台词；第二是在演戏的时候加上音乐伴奏，使戏和音乐配合起来，因为这样就即是唱歌，唱歌是不可能口吃的。就这样，成功地上演了辨庆角色，使我对克服口吃增加了莫大的信念。”

当天，戏刚一开端，田中角荣拄了金刚杖，装扮成辨庆就上场了。他带着演唱声调开了头，结果意外顺利地说出了头一句台词。由此得到了勇气，难讲的《劝进帐》台词也能顺利地念下去了。戏一停止，全场就发出暴风骤雨般的掌声……

就这样，通过自己有意识地捉住各个机遇锻炼，田中角荣的口才有了突飞猛进的进步。

我们说话的机会很多，不妨主动参加一些活动，做一些需要讲话的工作。在一定场合讲几句话，哪怕只是附和别人的意见也可以，一定不要躲在角落、一声不吭。在学校期间，积极参与社团活动，参与各种竞选，你会发现说话的机会是很多的。你一定会得到很多的锻炼，毕业时，你会发现与刚入学相比，有一个截然不同的自己。

四、经典言论

乔布斯十大经典语录

美国苹果公司 2011 年 10 月 5 日晚宣布，该公司创始人之一及前首席执行官史蒂夫·乔布斯于周三去世，终年 56 岁。过去一年来，乔布斯一直在与胰腺癌及其他病症做斗争。8 月他辞去苹果公司首席执行官职务。乔布斯任职期间，苹果公司成为美国最具价值的企业。他改变了这个世界，让我们的生活因现代科技充满了更多可能，下面是乔布斯广为流传的十大经典语录。

(1) 活着就是为了改变世界，难道还有其他原因吗?

(2) 成为卓越的代名词，很多人并不能适合需要杰出素质的环境。

(3) 领袖和跟风者的区别就在于创新。

(4) 并不是每个人都需要种植自己的粮食，也不是每个人都需要做自己穿的衣服，我们说着别人发明的语言，使用别人发明的数学……我们一直在使用别人的成果。使用人类的已有经验和知识来进行发明创造是一件很了不起的事情。

(5) 佛教中有一句话：初学者的心态；拥有初学者的心态是件了不起的事情。

(6) 我们认为看电视的时候，人的大脑基本停止工作，打开电脑的时候，大脑才开始运转。

(7) 我是我所知道的唯一一个在一年中失去 2.5 亿美元的人……这对我的成长很有帮助。

(8) 我愿意用我所有的科技去换取和苏格拉底相处的一个下午。

(9) 成就一番伟业的唯一途径就是热爱自己的事业。如果你还没能找到让自己热爱的事业,继续寻找,不要放弃。跟随自己的心,总有一天你会找到的。

(10) 你的时间有限,所以不要为别人而活。不要被教条所限,不要活在别人的观念里。不要让别人的意见左右自己内心的声音。最重要的是,勇敢地去追随自己的心灵和直觉,只有自己的心灵和直觉才知道你自己的真实想法,其他一切都是次要。

(选自"励志一生"网站,http://www.lz13.cn/jingdianyulu/4943.html)

五、反思与总结

任何一位说话高手,如果不经常说话,不思考如何更好地说话,是不能取得成功的。而这样的机会,每天都会出现,就看你愿不愿意抓住机会。

不要担心偶尔说错话,天就会塌下来。每个人都会说错话。记住,我们不是外交部发言人,偶尔说错话,会引起外交纷争,会让国家燃起战火;我们不是在进行商务谈判,偶尔说错话,会让公司蒙受损失;我们也不是企业员工,偶尔说错话,会被扣工资扣奖金;我们也不是幼儿园小朋友,偶尔说错话,会被罚站;我们更不是酷刑时代的古人,偶尔说错话,会被打得皮开肉绽……

既然,一切想象中的危险都不存在,我们还担心什么呢?

抓住机会,勇敢说话——这就是我们应该马上实践的。

不要让自己躲在书本后、躲在手机里、躲在电脑中、躲在角落里、躲在别人的影子里……那样,所有讲话的机会都被别人得去,积极发言的人得到一切锻炼、提高自己的机会,而退缩的人,不仅失去一次次的机会,自己与同学之间的差距也会逐渐加大。

同一所学校,同一年级,同一班级,毕业的时候,有同学会说:"感谢老师,感谢学校,这三年,我很有收获。"也有同学会说:"被学校骗了,我什么都没学到。"愿意做前者,还是后者?相信聪明的你会有自己的判断。

初次在公众场合开口说话,也许不是太流畅,也许不是很有条理,更谈不上多么有文采,但是你已经成功地开始了,接下去就是坚持了。坚持之后,你会成为说话流畅、很有逻辑性、很有文采的说话高手,这对于将来从事任何工作都很有好处。

六、拓展延伸

【知识演讲】

中 国 画 家

目的:

画家,屈指能数出几个?画展,有人喜欢看吗?看得懂吗?了解一下中国历代画家、画派、画法,对提高艺术修养大有好处。

教学安排:

(1) 课前准备,老师提供历代画家名字,学生自选,或者学生搜索,制作 PPT,尽量多一些图文资料,让大家能比较全面了解某一位画家:记住姓名,懂得画风,说得出代表作品。

(2) 课堂上,逐个上来介绍自己搜集的资料,进行介绍性演讲。

(3) 评委团评价同学们的发言。

(4) 老师总结同学们的发言。

(5) 上交 PPT 作业。

西 方 画 家

目的：

中西文化对比，介绍了中国的，少不了也要了解西方。西洋画，与中国画风格完全不同，在对比中，了解西方绘画艺术的特点，欣赏油画之美。

教学安排：

(1) 课前准备，老师提供西方画家，学生自选，制作 PPT，尽量多一些图文资料，让大家能全面了解某一位画家：记住姓名，懂得画风，说得出代表作品。

(2) 课堂上，逐个上来介绍自己搜集的资料，进行介绍性演讲。

(3) 评委团评价同学们的发言。

(4) 老师总结同学们的发言。

(5) 上交 PPT 作业。

第十八节 循序渐进 成为黑马

一、关键词【循序渐进】

“黑马”在《现代汉语词典》的注释是：比喻实力难测的竞争者或出人意料的优胜者。

在中考、高考的考场上，在影视娱乐圈，在体育竞赛场上，在股市里……黑马无处不在。

在人生道路上，很多默默无闻的没有显赫背景的人都希望自己能成为一匹“黑马”。有些人做到了，有些人却一直做着“黑马”梦。

有一个小时候戴眼镜、相貌平平的女孩，她热爱学习，有点害羞，从小喜欢写作和讲故事 。因为与丈夫争吵而离婚，作为一个单身母亲，母女俩的生活极其艰辛。她刚开始一部作品的创作时，因为自家的屋子又小又冷，时常到家附近的一间咖啡馆里写作。她的第一本书前后共写了 5 年，故事完成后，她多次寄出书稿均遭到拒绝。不过，最后，在一所小印刷商接下印刷权后，一出版便备受瞩目，好评如潮，其中包括英国国家图书奖儿童小说奖，以及斯马蒂图书金奖章奖，她的努力终于得到了回报，她的生活发生天翻地覆地变化 。

猜猜她是谁？对了，她就是被称为“哈利·波特之母”的 J. K. 罗琳，她以天才的想象力孕育了风靡全球的小魔法师哈利·波特，她也从一个贫困潦倒、默默无闻的“灰姑娘”，一跃成为尽享尊荣、财产超过英国女王的作家首富。

你能概括出成为“黑马”需要哪些条件吗？

在中国自古以来就有许多口才出众的人物，他们的口才并非天生就很出色，也是经过后天不断自觉自愿的练习得来的。

案例

我国早期无产阶级革命家、演讲家萧楚女，靠平时的艰苦训练，练就了非凡的口才。

萧楚女在重庆国立第二女子师范教书时，除了认真备课外，他每天天刚亮就跑到学校后面的山上，找一处僻静的地方，把一面镜子挂在树枝上，对着镜子开始练演讲，从镜子中观察自己的表情和动作，经过这样的刻苦训练，他掌握了高超的演讲艺术，他的教学水平也很快提高了。1926 年，他年方 30，就在毛泽东同志主办的广州农民运动讲习所工作，他的演讲至今受到世人的推崇。

我国著名的数学家华罗庚，不仅有超群的数学才华，而且还是一位不可多得的“辩才”。他从小就注意培养自己的口才，学习普通话，他还背了唐诗四五百首，以此来锻炼自己的“口舌”。

以上两位名人锻炼口才的方式，你学会了吗？想不想尝试一下？

二、课堂活动

活动一：成为“黑马”的条件。

小组为单位，讨论成为“黑马”需要哪些条件，用任意一幅图的形式表达出来。画好后，请两位同学拿着图，一位同学介绍。介绍的过程要简单举例证明。例子来源可以多方面，亲身经历或者看来的故事。

活动二：成语猜猜猜游戏。

两个同学一组，成语竞猜。一个同学看，用语言描述，但不能涉及该成语中的任何一个字，若涉及就算失败，也尽量不要一个字一个字地猜，要整个成语描述。每组 5 分钟。可以参考央视《成语大会》的方式。

三、探索与思考

曾有一个学生，一贯地默默无闻，教了他两年，我仅能记住他的名字，此外，再没有一星半点的印象。而他的出场似乎是为了再次验证我的一个理念：每个人都要相信自己潜力无限。

那次，是最后一轮演讲，他们即将离校。在多次的锤炼中渐渐出色的同学已经各尽所能，充分展示了自己的才华，剩下的少数几个都是懒洋洋没有干劲的，上讲台也说不出什么东西，他就是其中一员，所以，当他说“今天我想演讲”时，我并不抱太大希望，只当他是为了应付我硬性规定的任务而站起来的。

站在讲台上，他手里拿着一叠自己写的讲稿，开始支支吾吾翻来覆去地说自己仅是要表达在学校学习生活两年的感受。我在替他担心，也并不看好——一个沉默两年的中职生，会凭空发生什么变化？不料，他越讲越顺畅，并不怎么看稿地讲述他在校期间的收获、变化，说他对人生的看法、感悟，谈令他深入思考的一些故事、问题。然后，是与同学的互动，他和同学互相交流对彼此的了解、看法，不断有人发出惊呼：“太强了！”“真想不到。”“为什么平时掩藏自己？”也有人发出嘲笑，而他都微笑面对……原定 5 分钟的演讲，他讲了 35 分钟。我请他将最后的 10 分钟留给我，才阻止他继续说下去。

不仅我吃惊，所有的同学都吃惊，原来，他竟也是一个如此认真、如此有深度、如此心胸开阔的男生。似乎，近两年的积累都是为了这一朝的爆发。

我问他：“还记得前年第一次上台的情形吗？”他说：“记得，那时候非常紧张，拿着一本书念，不敢看下面。”有同学说他：“今天脸都不红。”他笑答：“我在进步。”

在这35分钟里，他提到最多的一个词：“进步”，他说的最多的一句话是：“我不断在进步。”他说：“以前读初中，我非常腼腆，都不敢跟人说话，什么也都不懂，来这里后，跟着几个同学不仅学会了玩游戏，还一起聊天，一起进步……”

有同学评论他：“他其实很会控制自己，虽然也会玩游戏，但是不会上瘾，这一点很重要。”

我吃惊，但这让我更加坚信：每个人都有无穷潜力，只要把握机会锻炼自己，就能成为一匹“黑马”。但“黑马”也需要有一个给他们制造机会、用鼓励耐心等待他们成长的伯乐。有伯乐，然后才有黑马横空出世的可能。

四、经典言论

奥巴马当选总统讲演（全文）

中新网11月5日电 据美国有线电视新闻网报道，奥巴马2008年11月4日晚赢得美国总统大选后在伊利诺伊州芝加哥格兰特公园向支持者发表了讲演，以下是他讲演的全文。

Hello，芝加哥。

美国是一个一切皆有可能的地方，如果还有人对这一点心存怀疑，如果还有人怀疑美国奠基者的梦想在我们时代是否还有活力，还有人怀疑我们民主制度的力量，那么，你们今晚正是对那些疑问做出了回答。

在学校和教堂周围所出现的前所未有的长队是答案，这个国家从未见过这么多的人前来投票，人们排三个、四个小时的队来进行有生以来的第一次投票，因为他们相信这一次将会不同，他们发出的声音可能就是那个差别。

这是一个年轻人和年老人、富人和穷人、民主党人和共和党人、黑人、白人、西班牙裔人、亚裔、印第安人、同性恋和异性恋、残障人士和健全人士所作出的回答。美国人向世界发出一个信息：我们从不只是一些个人的累加或者“红色州”和“蓝色州”的累加。

我们是，我们永远是美利坚合众国。

这是一个引导人们的答案，太多的人在很长的时间内给他们说这个答案，以至于他们对此持愤世嫉俗的态度，对我们是否可以再一次把握历史的希望感到担心和怀疑。已经过去了很长时间，但是今晚，由于我们今天在这场选举所采取的行动，在这个决定性的时候，变革来到了美国。

今晚早些时候，我接到来自参议员麦凯恩的一个特别有风度的电话。麦凯恩在这场选战中进行了长期和艰苦的努力，他为这个他所爱的国家战斗了更长的时间，做出了更艰苦的努力。他为美国承受了我们中的大多数人无法想象的牺牲。由于这位勇敢和无私领导人的服务，我们的生活变得更好。

我向他表示祝贺，我向佩林州长表示祝贺，向他们所取得的成果表示祝贺，我盼望与他们共事以继续这个国家在未来岁月的承诺。

我想感谢我在竞选旅程的伙伴，一位用心竞选的男士，一位为和他一起在斯克兰顿街头一同长大的男人和女子代言、经常坐火车回特拉华州的男士，美国当选副总统拜登。

如果没有我过去16年最好的朋友、我们家庭的中坚、我生命中的挚爱，我今天晚上不可能站在这里，美国下一位第一夫人米歇尔·奥巴马。

萨沙和马莉娅，我爱你们，我对你们的爱超出了你们的想象。你们已赢得了新的宠物狗，它将和我们一起前往新的白宫。

尽管她没能和我们在一起，但我知道，我的祖母和养大我的家人在看着我，我今晚很想念他们，我知道我欠他们的东西是无法计量的。我的妹妹马娅、我的姐姐奥玛，我其他的兄弟和姐妹，非常感谢你们对我的支持，我感谢他们。

我的竞选经理大卫·普劳夫，这位竞选活动的无名英雄，他进行了最好的政治竞选活动，我认为这是美国历史上最棒的。我的首席策略师大卫·艾克斯罗德，他一直是追随我的伙伴。你们组建了政治史上最好的竞选团队，是你们成就了今天，我永远感谢你们为此所作出的牺牲。

但最重要的是，我永远不会忘记这场胜利真正属于谁，它属于你们，它属于你们。

我从来不是最有可能获得这一职务的候选人。我们刚开始并没有太多资金，也没有得到许多人的支持。我们的竞选活动并非始自华盛顿的大厅里，而是始于得梅因、康科德、查尔斯顿这些地方的普通民众家中。那些辛勤工作的人们从自己微薄的储蓄中捐出5美元、10美元、20美元。竞选活动因为年轻人的支持而越来越有声势，他们拒绝了他们那一代对政治不感兴趣的神话，他们离开家，从事那些薪水少而且辛苦的工作。竞选活动的声势也来自那些已不再年轻的人们，他们冒着严寒酷暑，敲开陌生人的家门进行竞选宣传；竞选声势也源自数百万的美国民众，他们充当志愿者和组织者，他们证明了在两百多年以后，民有、民治、民享的政府并未从地球上消失，这是你们的胜利。

我知道你们所做的一切并不只是为了赢得选举，我也知道你们做这一切并不是为了我。你们这样做是因为你们明白前面的任务有多么艰巨。即便我们今晚欢呼庆祝，我们也知道明天将面临我们一生之中最艰难的挑战——两场战争：一个面临危险的星球、一个世纪以来最严重的金融危机。

就在我们今晚站在这里的时刻，我们知道勇敢的美国士兵在伊拉克的沙漠里和阿富汗的群山中醒来，他们冒着生命危险来保护着我们的生命。仍有在孩子熟睡后难以入眠的父母，他们担心如何偿还按揭月供、付医药费或是存够钱让孩子上大学。我们需要开发新的能源、创造新的工作岗位，我们需要修建新学校、应对众多威胁、修复与许多国家的盟友关系。

前方的道路将很漫长，我们攀登的脚步会很艰辛。我们可能无法在一年甚至一个任期内实现这些目标，但我从未像今晚这样满怀希望，我们将实现我们的目标，我向你们承诺——我们作为一个整体将会达成目标。

我们会遭遇挫折和不成功的起步。我作为总统所做的每项决定或政策，会有许多人持有异议，我们也知道，政府不能解决所有问题，但我将总是会向你们坦陈我们所面临的挑战。我会听取你们的意见，尤其是存在不同意见的时候。最重要的是，我会请求你们参与重建这个国家，以美国221年来从未改变的唯一方式——一砖一瓦、同心协力。

21个月前在寒冬所开始的一切不应当在今天这个秋夜结束。今天的选举胜利并不是我们所寻求的改变——这只是我们进行改变的机会。如果我们仍然按照过去的方式行事，我们所寻求的改变将不会发生。没有你们，没有服务和牺牲的新精神，就不可能发生改变。

因此，让我们发扬新的爱国和负责精神，所有的人都下定决心参与其中，更加努力地工作，不仅是为自己而是为彼此。让我们记住这一点，如果说这场金融危机教会了我们什么东西的话，那就是我们不可能在金融以外的领域处于困境的同时拥有繁荣兴旺的华尔街。

在这个国家，我们患难与共。让我们抵制重走老路的诱惑，避免重新回到令美国政治长期深受毒害的党派纷争、小题大做、不成熟的表现。让我们记住，是伊利诺伊州的一名男子首次将共和党的旗帜扛到了白宫。共和党是建立在自立、个人自由以及国家团结的价值观之上的。这也是我们所有人共同的价值观。虽然民主党今天晚上赢得了巨大的胜利，但我们是以谦卑的态度和弥合阻碍我们进步的分歧的决心赢得这场胜利的。林肯在向远比我们眼下分歧更大的国家发表讲话时说，我们不是敌人，而是朋友……虽然激情可能会褪去，但这不会割断我们感情上的联系。对于那些现在没有投票给我的美国人，我想说，我可能没有赢得你们的选票，但是我听到了你们的声音，我需要你们的帮助，而且我也将是你们的总统。

对于那些彻夜关注美国大选的海外人士，从国会到皇宫，以及在被遗忘的角落里挤在收音机旁的人们，我们的经历虽然各有不同，但是我们的命运是一样的，新的美国领导层已产生了。

那些想要颠覆这个世界的人们，我们将击败你们。那些追求和平和安全的人们，我们支持你们。那些所有怀疑美国的灯塔能否像以前一样明亮的人们，今天晚上我们再次证明，我们国家真正的力量并非来自我们武器的威力或财富的规模，而是来自我们理想的持久力量：民主、自由、机会、不屈服的希望。

这才是美国真正的精华——美国能够改变。我们的联邦会日渐完美，我们现在已取得的成就为我们将来能够取得和必须取得的成就增添了希望。

这次大选创造了多项第一，也诞生了很多将世代流传的故事。但是今天晚上令我难忘的却是在亚特兰大投票的一名妇女：安·尼克松·库波尔。她和其他数百万排队等待投票的选民没有什么差别，除了一点：她已是106岁的高龄。

她出生的那个时代奴隶制度刚刚结束；那时路上没有汽车，天上也没有飞机。当时像她这样的人由于两个原因不能投票，首先她是女性；其次她是黑人。

今天晚上，我想到了她在美国过去一百年间所经历的种种：心痛和希望；斗争和进步；在那里时代，我们被告知我们办不到，一些人继续坚信着美国的信念——是的，我们能做到。

妇女当时没有投票权，她们的希望被挫败，但是安·尼克松·库波尔活着看到妇女们站了起来，看到她们站出来发表自己的见解，看到她们参加大选投票。是的，我们能做到。

当30年代的沙尘暴和大萧条使人们感到绝望时，她看到一个国家用新政、新的就业机会以及对新目标的共同追求战胜恐慌。是的，我们能做到。

当炸弹袭击了我们的港口、暴政威胁到全世界，她见证了一代美国人的伟大崛起，见证了一个民主国家获得拯救。是的,我们能做到。

她看到蒙哥马利通了公共汽车、伯明翰接上了水管、塞尔马建了桥,一位来自亚特兰大的传教士告诉人们:“我们将克服阻力。”是的,我们能做到。

人类登上月球、柏林墙倒下,世界被我们的科学和想象连接在一起。今年,在这场选举中,她用手指触摸屏幕投下自己的选票,因为在美国生活了106年之后,经历了最好的时光和最黑暗的时刻之后,她知道美国如何能够发生变革。是的,我们能做到。

美国,我们已经走过了一条漫漫长路。我们已经历了很多。但是我们仍有很多事情要做。因此今夜,请让我们自问——如果我们的孩子能够活到下个世纪;如果我的女儿有幸活得和安一样长,她们将会看到怎样的改变?我们将会取得什么样的进步?

现在是我们回答这个问题的机会。这是我们的时刻。

这是我们的时代——让我们的人民重新就业,为我们的后代敞开机会之门,恢复繁荣,推进和平,重新确立“美国梦”,再次证明这样一个基本的真理:我们是一家人;只要一息尚存,我们就有希望;当我们遇到嘲讽和怀疑,当有人说我们办不到的时候,我们要以这个永恒的信条来回应他们:是的,我们能做到。感谢你们,上帝保佑你们,愿上帝保佑美利坚合众国。

(选自中国新闻网,http://www.chinanews.com/gj/xwbj/news/2008/11-05/1438922.shtml)

五、反思与总结

课堂上给35分钟让一个学生讲话,似乎浪费了,但我相信:这35分钟必是他人生的一个重要转折点。

我们舍不舍得“浪费”这个时间呢?

六、拓展延伸

【知识演讲】

中国音乐家

目的:

很多同学喜欢唱歌,喜欢流行音乐,我们不反对流行音乐,但也希望大家能多了解一些高雅音乐,就从我们民族的音乐家开始吧。

教学安排:

(1) 课前准备:搜索历代音乐家姓名,学生选择相对熟悉的人物,收集资料:相关故事、代表作品等。

(2) 课堂上,逐个上来介绍自己搜集的资料,进行介绍性演讲。

(3) 评委团评价同学们的发言。

(4) 老师总结同学们的发言。

书 法 艺 术

目的:

独特的汉字,造就了中国特有的书法艺术。从甲骨文开始,汉字在不断演变,数千年的发展，积累了数不清的书法家和书法作品，来了解一下汉字的演变过程，了解一下历代的书法家及其作品，对提高个人文化修养大有裨益。

教学安排：

（1）课前准备：①书法是一门古老的汉字书写艺术，从甲骨文、石鼓文、金文（钟鼎文）演变而为大篆、小篆、隶书，至定型于东汉、魏、晋的草书、楷书、行书等，书法一直散发着艺术的魅力。分组了解上述各种汉字艺术。制作 PPT。②了解书法家，并作介绍。

（2）课堂上，逐个上来介绍自己搜集的资料，进行介绍性演讲。

（3）评委团评价同学们的发言。

（4）老师总结同学们的发言。

（5）上交 PPT 作业。

第十九节　铭记目标　充满热情

一、关键词【目标 · 热情】

在进行初始训练的时候，不可避免地会遇到挫折、困难。这些困难可能会给人带来不同程度的创伤，会使人信心动摇。在遇到困难的时候，不用去想为什么会有这些问题，因为本来就有这些问题。要知道，世上没有任何东西可以代替毅力和决心。许多人有才能但却失败了，就是因为缺少毅力和决心。我们要相信，最困难的时候，就是离成功不远的时候。成功的秘诀其实很简单，那就是无论何时，我们都要铭记目标、充满热情。

案例

英国政治活动家、小说家爱德华 · 立顿是一个成功者。他一生中走访了很多地方，所见甚广，也积极参与政界活动和各种社会事务；另外，他还出版了 60 本著作，而这些课题都是需要深入研究的。人们很奇怪整日忙碌的他竟然还有时间来做学问，于是问他："你在百忙之中居然还完成了那么多著述，难道你有可以同时完成这么多工作的分身术吗？"

爱德华当然没有分身术，他拥有的是坚强的意志力。他通常每天只花 3 个小时甚至更少的时间来研究、阅读和写作，但是他却充分地利用了这 3 个小时。在这些时间里，他全神贯注地投入到他的学习和研究中，用心极为专一。正是这种坚强的意志力，使他取得了巨大的成就。

在致力于提高自己口才的过程中，我们也需要像爱德华 · 立顿一样心无旁骛地进行训练。因为只有充分利用了自己有限的时间，专心致志地致力于提高自己的口才，才能最终取得成功。

二、课堂活动

活动：与学长对话。

（1）学会打电话给学长，电话内容注意简洁有礼，表述清楚。

（2）听学长谈职业、求学生活的经验、教训，各小组做好记录。

(3) 以小组为单位，讨论自己准备的问题，每组筛选出最佳问题1个，写出来，贴在黑板上，选派代表提问。

(4) 与学长对话：学长回答或学生指定学长回答，同时做好记录。

三、探索与思考

很多年前，我有一个很顽皮的学生，不怎么听老师的话，甚至敢顶撞他的班主任——我。

从中职学校毕业后，他就进了一家大公司做促销员、仓管员，这是很多初出校门的中职生所走的道路，平淡无奇。他很久都没有跟我联系，我忙，学生也多，也没顾得上联系他。

时间一晃就过了七年，那年冬天，市里要求学校举办一届中职校的论坛。其中一项活动是邀请优秀毕业生来与在校生交流，领导让我找一个学生来，我最先想到的一个自主创业，并事业有成的女生。但那位女生说她不怎么会讲话，推荐我请他来，并且很肯定地说他一定会来。

我打电话请他的时候，心里还是很忐忑的，因为对他的印象还停留在那个不听话，会顶撞人的顽劣少年身上，而他一口应承一定会来。

效果会怎样，我很担心——他会不会像其他毕业生那样拿着讲稿念，对下面听众的不耐烦反应不管不顾？

他来了，西装革履，文质彬彬——这还是原来的那个顽皮且懵懂的少年吗？他的讲话比他的外表更令我震撼，语言那么流畅完美，关键的问题都抓住了。学生非常认真地听，没有太多噪声，比以前请来开讲座的那些毕业生效果好多了。互动交流也非常精彩，他的回答条理分明，逻辑性强，既有理论又有实践，对任何一个问题都能透过现象看到本质、条分缕析、入木三分。很自信，又很有礼貌，对别人回答的问题，则不断地点头表示认同，还时不时地提笔记录。

此刻，他已脱胎换骨，再也不是留在我印象中的那个淘气叛逆的男生——这就是我们的学生，中职学校毕业7年，在著名跨国企业的销售部门担任区域经理，干练、豁达、自信、真诚，对学弟学妹们掏心掏肺地言传身教。

而那些学弟学妹们对他也是异常佩服，异常喜欢。论坛结束的时候，大家簇拥而上，围着他拍照要签名——把他当明星追了。

论坛结束时间延迟了15分钟，还有大批学生争先恐后地要求提问，因未能满足他们的要求而感到遗憾。

四、经典言论

我们为什么要上学？

阿文弗吉尼亚州，阿林顿市，2009年9月8日　奥巴马开学演讲稿

嗨，大家好！你们今天过得怎么样？我现在和弗吉尼亚州阿林顿郡韦克菲尔德高中的学生们在一起，全国各地也有从幼儿园到高三的众多学生们通过电视关注这里，我很高兴你们能共同分享这一时刻。

我知道，对你们中的许多人来说，今天是开学的第一天，你们中的有一些刚刚进入幼儿园或升上初高中，对你们来说，这是在新学校的第一天，因此，假如你们感到有些紧张，那也是很正常的。我想也会有许多毕业班的学生们正自信满满地准备最后一年的冲刺。不过，我想无论你有多大、在读哪个年级，许多人都打心底里希望现在还在放暑假，以及今天不用那么早起床。

我可以理解这份心情。小时候，我们家在印度尼西亚住过几年，而我妈妈没钱送我去其他美国孩子们上学的地方去读书，因此她决定自己给我上课——时间是每周一到周五的凌晨4点半。

显然，我不怎么喜欢那么早就爬起来，很多时候，我就这么在厨房的桌子前睡着了。每当我埋怨的时候，我妈总会用同一副表情看着我说："小鬼，你以为教你我就很轻松?"所以，我可以理解你们中的许多人对于开学还需要时间来调整和适应，但今天我站在这里，是为了和你们谈一些重要的事情。我要和你们谈一谈你们每个人的教育，以及在新的学年里，你们应当做些什么。

我做过许多关于教育的讲话，也常常用到"责任"这个词。

我谈到过教师们有责任激励和启迪你们，督促你们学习。

我谈到过家长们有责任看管你们认真学习、完成作业，不要成天只会看电视或打游戏机。

我也很多次谈到过政府有责任设定高标准严要求、协助老师和校长们的工作，改变在有些学校里学生得不到应有的学习机会的现状。

但哪怕这一切都达到最好，哪怕我们有最尽职的教师、最好的家长和最优秀的学校，假如你们不去履行自己的责任的话，那么这一切努力都会白费——除非你每天准时去上学，除非你认真地听老师讲课，除非你把父母、长辈和其他大人们说的话放在心上，除非你肯付出成功所必需的努力，否则这一切都会失去意义。

而这就是我今天讲话的主题：对于自己的教育，你们中每一个人的责任。首先，我想谈谈你们对于自己有什么责任。

你们中的每一个人都会有自己擅长的东西，每一个人都是有用之才，而发现自己的才能是什么，就是你们要对自己担起的责任，教育给你们提供了发现自己才能的机会。

或许你能写出优美的文字——甚至有一天能让那些文字出现在书籍和报刊上——但假如不在英语课上经常练习写作，你不会发现自己有这样的天赋；或许你能成为一个发明家、创造家——甚至设计出像今天的 iPhone 一样流行的产品，或研制出新的药物与疫苗——但假如不在自然科学课程上做上几次实验，你不会知道自己有这样的天赋；或许你能成为一名议员或最高法院法官，但假如你不去加入什么学生会或参加几次辩论赛，你也不会发现自己的才能。

而且，我可以向你保证，不管你将来想要做什么，你都需要相应的教育。你想当名医生，当名教师，或当名警官？你想成为护士、成为建筑设计师、律师或军人？无论你选择哪一种职业，良好的教育都必不可少，这世上不存在不把书念完就能拿到好工作的美梦，任何工作，都需要你的汗水、训练与学习。

不仅仅对于你们个人的未来有重要意义，你们的教育如何也会对这个国家乃至世界的未来产生重要影响。今天你们在学校中学习的内容，将会决定我们整个国家在未来迎接重大挑战时的表现。

你们需要在数理科学课程上学习的知识和技能，去治疗癌症、艾滋那样的疾病，解决我们面临的能源问题与环境问题；你们需要在历史社科课程上培养出的观察力与判断力，来减轻和消除无家可归与贫困、犯罪问题和各种歧视，让这个国家变得更加公平和自由；你们需要在各类课程中逐渐累积和发展出来的创新意识和思维，去创业和建立新的公司与企业，来制造就业机会和推动经济的增长。

我们需要你们中的每一个人都培养和发展自己的天赋、技能和才智，来解决我们所面对的最困难的问题。假如你不这么做——假如你放弃学习——那么你不仅是放弃了自己，也是放弃了你的国家。

当然，我明白，读好书并不总是件容易的事。我知道你们中的许多人在生活中面临着各种各样的问题，很难把精力集中在专心读书之上。

我知道你们的感受。我父亲在我两岁时就离开了家庭，是母亲一人将我们拉扯大，有时她付不起账单，有时我们得不到其他孩子们都有的东西，有时我会想，假如父亲在该多好，有时我会感到孤独无助，与周围的环境格格不入。

因此我并不总是能专心学习，我做过许多自己觉得丢脸的事情，也惹出过许多不该惹的麻烦，我的生活岌岌可危，随时可能急转直下。

但我很幸运。我在许多事上都得到了重来的机会，我得到了去大学读法学院，实现自己梦想的机会。我的妻子——现在得叫她第一夫人米歇尔·奥巴马了——也有着相似的人生故事，她的父母都没读过大学，也没有什么财产，但他们和她都辛勤工作，好让她有机会去这个国家最优秀的学校读书。

你们中有些人可能没有这些有利条件，或许你的生活中没有能为你提供帮助和支持的长辈，或许你的某个家长没有工作、经济拮据，或许你住的社区不那么安全，或许你认识一些会对你产生不良影响的朋友等。

但归根结底，你的生活状况，你的长相、出身、经济条件、家庭氛围，都不是疏忽学业和态度恶劣的借口，这些不是你去跟老师顶嘴、逃课或是辍学的借口，这些不是你不好好读书的借口。

你的未来，并不取决于你现在的生活有多好或多坏。没有人为你编排好你的命运，在美国，你的命运由你自己书写，你的未来由你自己掌握。

而在这片土地上的每个地方，千千万万和你一样的年轻人正是这样在书写着自己的命运。例如德克萨斯州罗马市的贾斯敏·佩雷兹(Jazmin Perez)。刚进学校时，她根本不会说英语，她住的地方几乎没人上过大学，她的父母也没有受过高等教育，但她努力学习，取得了优异的成绩，靠奖学金进入了布朗大学，如今正在攻读公共卫生专业的博士学位。

我还想起了加利福尼亚州洛斯拉图斯市的安多尼·舒尔兹(Andoni Schultz)，他从三岁起就开始与脑癌病魔做斗争，他熬过了一次次治疗与手术——其中一次影响了他的记忆，因此他得花出比常人多几百个小时的时间来完成学业，但他从不曾落下自己的功课。这个秋天，他要开始在大学读书了。

又比如在我的家乡，伊利诺伊州芝加哥市，身为孤儿的香特尔·史蒂夫(Shantell Steve)换过多次收养家庭，从小在治安很差的地区长大，但她努力争取到了在当地保健站工作的机会，发起了一个让青少年远离犯罪团伙的项目，很快，她也将以优异的成绩从中学毕业，去大学深造。

贾斯敏、安多尼和香特尔与你们并没有什么不同。和你们一样，他们也在生活中遭遇各种各样的困难与问题，但他们拒绝放弃，他们选择为自己的教育担起责任、给自己定下奋斗的目标。我希望你们中的每一个人，都能做得到这些。

因此，在今天，我号召你们每一个人都为自己的教育定下一个目标，并在之后，尽自己的一切努力去实现它。你的目标可以很简单，像是完成作业、认真听讲或每天阅读；或许你打算参加一些课外活动，或在社区做些志愿工作；或许你决定为那些因为长相或出身等原因而受嘲弄或欺负的孩子做主，维护他们的权益，因为你和我一样，认为每个孩子都应该能有一个安全的学习环境；或许你认为该学着更好地照顾自己，来为将来的学习做准备……当然，除此之外，我希望你们都多多洗手、感到身体不舒服的时候要多在家休息，免得大家在秋冬感冒高发季节都得流感。

不管你决定做什么，我都希望你能坚持到底，希望你能真的下定决心。我知道有些时候，电视上播放的节目会让你产生这样那样的错觉，似乎你不需要付出多大的努力就能腰缠万贯、功成名就，你会认为只要会唱 RAP，会打篮球或参加个什么真人秀节目就能坐享其成，但现实是，你几乎没有可能走上其中任何一条道路。

因为，成功是件难事。你不可能对要读的每门课程都兴趣盎然，你不可能和每名代课教师都相处顺利，你也不可能每次都遇上看起来和现实生活有关的作业。而且，并不是每件事，你都能在头一次尝试时获得成功。

但那没有关系。因为在这个世界上，最最成功的人们往往也经历过最多的失败。J. K. 罗琳的第一本《哈利·波特》被出版商拒绝了十二次才最终出版；迈克尔·乔丹上高中时被学校的篮球队刷了下来，在他的职业生涯里，他输了几百场比赛、投失过几千次射篮，知道他是怎么说的吗？“我一生不停地失败、失败再失败，这就是我现在成功的原因。”

他们的成功，源于他们明白人不能让失败左右自己，而是要从中吸取经验。从失败中，你可以明白下一次自己可以做出怎样的改变；假如你惹了什么麻烦，那并不说明你就是个捣蛋鬼，而是在提醒你，在将来要对自己有更严格的要求；假如你考了个低分，那并不说明你就比别人笨，而是在告诉你，自己得在学习上花更多的时间。

没有哪一个人一生出来就擅长做什么事情的，只有努力才能培养出技能。任何人都不是在第一次接触一项体育运动时就成为校队的代表，任何人都不是在第一次唱一首歌时就找准每一个音，一切都需要熟能生巧。对于学业也是一样，你或许要反复运算才能解出一道数学题的正确答案，你或许需要读一段文字好几遍才能理解它的意思，你或许得把论文改上好几次才能符合提交的标准，这都是很正常的。

不要害怕提问，不要不敢向他人求助，我每天都在这么做。求助并不是软弱的表现，恰恰相反，它说明你有勇气承认自己的不足，并愿意去学习新的知识。所以，有不懂时，就向大人们求助吧——找个你信得过的对象，例如父母、长辈、老师、教练或辅导员，让他们帮助你向目标前进。

你要记住，哪怕你表现不好、哪怕你失去信心、哪怕你觉得身边的人都已经放弃了你——永远不要自己放弃自己。因为当你放弃自己的时候，你也放弃了自己的国家。

美国不是一个人们遭遇困难就轻易放弃的国度，在这个国家，人们坚持到底，人们加倍努力，为了他们所热爱的国度，每一个人都尽着自己最大的努力，不会给自己留任何余地。250 年前，有一群和你们一样的学生，他们之后奋起努力，用一场革命最终造就了这个国家；75 年前，有一群和你们一样的学生，他们之后战胜了大萧条，赢得了第二次世界大战；就在 20 年前，和你们一样的学生们，他们后来创立了 Google、Twitter 和 Facebook，改变了我们人与人之间沟通的方式。

因此，今天我想要问你们，你们会做出什么样的贡献？你们将解决什么样的难题？你们能发现什么样的事物？二十、五十或百年之后，假如那时的美国总统也来做一次开学演讲的话，他会怎样描述你们对这个国家所做的一切？

你们的家长、你们的老师和我，每一个人都在尽最大的努力，确保你们都能得到应有的教育来回答这些问题。例如我正在努力为你们提供更安全的教室，更多的书籍，更先进的设施与计算机。但你们也要担起自己的责任。因此我要求你们在今年能够认真起来，我要求你们尽心地去做自己着手的每一件事，我要求你们每一个人都有所成就。请不要让我们失望——不要让你的家人、你的国家和你自己失望。你们要成为我们骄傲，我知道，你们一定可以做到。

谢谢大家，上帝保佑你们，上帝保佑美国。

（选自《考试(理论实践)》2014 年 12 期）

五、反思与总结

短短七年，从一个中职毕业的叛逆少年到跨国企业地区销售部的经理，他的道路绝非一帆风顺。他自言手下有百人团队，他每个月有几天要对他的团队成员做全封闭的演讲培训，那几天，他的讲座一句话都不重复。

无须去问他是如何做到的，但记住：没有一例成功是偶然所得。努力了未必会成功，但不努力是绝对不会成功的。

时刻铭记自己的目标，对一切事情充满热情，就会不断进步，直至成功。

六、拓展延伸

【知识演讲】

儿时“宝物”

目的：

还记得小时候自己珍藏的那些鸡零狗碎吗？在大人眼里，一文不值，但在自己眼里，确实是“宝物”，说说你曾经收藏过的，或者亲手制作的宝物，跟大家一起分享。

教学安排：

(1) 回忆小时候收藏的，现在自己动手制作的“宝物”，说说来历、故事。

可以有：扇子、风筝、鱼竿、风车、木板车、呼啦圈、毽子、滚圈、水枪、弹弓、陀螺、秋千、弓箭、不倒翁、降落伞、竹蜻蜓、十字绣……

(2) 评委点评同学们的发言。

(3) 老师总结同学们的发言。

家乡特产

目的：

家乡特产不仅制造价值，也值得我们骄傲，让我们通过自主学习，搜寻资料，来深入地了解。

教学安排：

(1) 每个小组负责一个主题。

(2) 了解这些特产的历史沿革、工艺流程、传说故事等，查找图片，制作 PPT。

(3) 分组上来介绍各个主题。

(4) 评委点评同学们的发言。

(5) 老师总结同学们的发言。

第二十节 破釜沉舟 奋勇直前

一、关键词【奋勇直前】

人的思想千差万别，然而，追寻伟人的踪迹，却会奇妙地发现他们之间有相似的智慧，在历史上留下跨越时空的惊人交叠。

公元前 208 年，在河北省的巨鹿，作战天才项羽发动了给予大秦帝国最沉重一击，在历史上留下浓墨重彩一笔的以少胜多的巨鹿之战。

这场战役源于赵国都城邯郸被秦国大将章邯攻占，各国率兵相救，但畏惧秦军而不敢出战，赵王又遣使求救于楚军。楚怀王派出的上将军宋义另怀心思、停滞不前，项羽当机立断，杀了宋义，挥师北上救赵。

项羽率军进抵漳河南岸与秦军隔岸对峙。他先派英布、蒲将军带领二万精兵渡河，切断秦军运粮通道，随后亲率主力渡河，凿沉船只、毁坏炊具、烧掉营舍，每人只带三天口粮……项羽成就了两千年来无数次被提及的，充满了豪气的成语“破釜沉舟”。

在战斗中，项羽亲自冲锋陷阵，楚军个个勇猛无比，九战九捷，大败秦军，俘获秦将王离，杀死秦副将苏角，迫使秦副将涉间自杀，解了巨鹿之围，项羽也因此成了诸侯军的统帅。

在巨鹿之战过去 105 年之后(即公元前 58 年)，欧洲的恺撒大帝被授予总督，管理山北高卢(今法国南部)和伊利里亚(今巴尔干半岛亚得里亚海沿岸地区)五年(公元前 58 年至公元前 53 年)的权力。刚到任，恺撒便发动了高卢战争(公元前 58 年至公元前 49 年)。

作战 9 年，这位罗马的贵族夺取了整个高卢地区，使之成为罗马的行省，然后越过海峡进攻英格兰。

他在不列颠取胜的办法与项羽如出一辙，他把军队带到了多佛海峡的白岩石悬崖上，让士兵们望着位于自己脚底 200 英尺的海面上燃烧的船只。士兵们知道，他们与欧洲大陆的最后联系已经断绝，唯一可做的事情就是前进、征服、胜利。后来，恺撒和他的军队成功了。

在那个年代，恺撒和项羽完全没有交流的可能，也很难想象有人将项羽的“破釜沉舟”法传授给恺撒。那么，套用托尔斯泰在《安娜·卡列尼娜》里的一句名言：伟人的思想有相似的智慧，庸人的思想各有各的平庸，是不是有一定的道理呢？

把恐惧、消极与被凿沉、焚毁的船只一起沉入河海之中，退路斩断，犹豫的大门关闭，然后奋勇向前，直至胜利，这是中外历史上两个作战天才的选择。

二、课堂活动

活动一：阅读并讲述上面的两个名人故事，回顾在口才训练中，我是如何做到破釜沉舟、奋勇直前的。

活动二：学会搜索资料，说说古今中外历史上的那些英雄故事，尝试着找出其中一些人的相似之处。

活动三：说说生活中那些积少成多的故事。

活动四：讲一讲上面所提到的那些积少成多的成语故事的由来，我们生活中还有哪些表达积少成多的成语故事，说出来跟大家分享。

三、探索与思考

从前有一个村子，有个老人临走前交代两个孝顺的儿子，每次做饭都要留一勺子大米到他预备的小口子的大缸里面。两个儿子一直遵循父亲临终前的话。过了很多年的某一年，突然天降天灾，村子里面的人为了不饿死，都出去外面谋生，但是，出去的人也没有几个真正活下来。两兄弟看到村子里面已经没人，在村子里面也待不住了，也准备出去拼生路。就在要出去的时候，他们看到父亲留下的唯一缸子，过去一看，全部都是大米。于是，两兄弟靠着这些米，终于熬过了这次灾难，同时，若有感悟。这件事代代相传，而他们的后代也从此生生不息，繁衍下去。

看完这个故事，大家谈谈自己的感悟。

四、经典言论

北大校长王恩哥的十七句经典名言

本报北京3月30日电(记者王庆环)近日，北京大学校长王恩哥鼓励学生“在大学里多学些‘没用’的东西”等17句话在北大学子的微信圈热传。据了解，这17句话是近日王恩哥在参加北大“教授茶座”时，与青年学生讨论学习和成长话题的谈天内容，被学生总结而成。

这17句话是：

科学是漫长的路，不是靠聪明就能高人一筹，需要忍耐；

小班课教学期待在讨论中解决问题，讨论有助于学习知识，更有助于同学完善自我；

通识教育能让同学们广泛涉猎、横跨文理，同学们要用一些时间广泛阅读，多读经典，对人生有一次宽泛的思考；

我们要学习的不只是知识，很多东西在课堂之外；

那些看似“没用”的知识往往可以丰富人生，给自己无穷的后劲，同学们要抓紧时间在大学里多学些“没用”的东西，走上社会后那些“有用”的东西往往一学就会；

改变做事情的态度更重要；

同学们要学会欣赏，在课堂上欣赏老师和同学的长处；

一个人的谈吐不是一个老师教出来的，要自己观察学习，我从老师身上学到了很多人生哲学；

一些北大人毕业后并不从事所学专业，但是他们依然可以成就一番事业，这是北大的独到之处和魅力所在；

人一生的吃苦和享福是平衡的，小时候吃过苦以后才能有乐，有的人后来觉得苦，可能是因为他先前享了福；

理想与现实会有冲突，要把想法放到现实中才会心平气和；

同学们未来将要与世界打交道，出国是开阔眼界、了解世界的一个途径，年轻时要多走多看、多长见识；

同学们要学会调节，不要觉得变化就意味着失望，要去适应，人生是一个圈儿，到什么阶段就做什么阶段该做的事情；

同学们不要总想去走安排好的一条路，人的一生磕磕碰碰，就该去尝试闯荡；

最重要的是要自己利用好时间，无论做什么事情，路始终都是在自己的脚下；

学校努力增加老师和同学们多接触的机会，也鼓励同学们多和父母沟通，随着年龄的增长你们会逐渐感受到这有多重要；

要相信自身价值会翻番，因为每个人都无法估计自己的潜力，同学们把握好现在，未来就会向你们敞开。

（选自《光明日报》2014 年 3 月 31 日）

五、反思与总结

我们不是英雄，也无须作战，但生活中会遇到困难，也常有消极、犹豫、恐惧的心理，我们可以向天才学习他们的战术，以取得生活上的一个个小胜利，最终取得大的成就，口才的练习也是如此。胖子不是一天吃成的，大演说家也不是一天练出来的。

聚沙成塔、集腋成裘、水滴石穿、冰冻三尺非一日之寒……众多的成语告诉我们：在中国历史上有许多这样积少成多的智慧故事。

六、拓展延伸

【知识演讲】

四大国石

目的：

四大国石，不仅是有钱的玩家如数家珍的宝物，也该是走入寻常百姓家，为大家所熟悉、了解的石文化。

教学安排：

(1) 分组了解四大国石的名称，来源（福州寿山石、浙江昌化石、浙江青田石、内蒙古巴林石）。

(2) 查找资料、图片，制作 PPT，说说各石种的异同点和历史渊源，历史上著名的雕刻家、代表作品、估价等。

(3) 课堂上解说有关石文化的知识。

(4) 点评和总结有关石文化的知识。

玉与翡翠

目的：

孔子曰："君子比德于玉焉，温润而泽仁也。"在他看来，玉具有仁、智、义、礼、乐、忠、信、天、地、德、道等十一种品性和象征。

在中国古代玉是君子的品德象征。传统的玉，不是翡翠，了解二者的区别有助于了解中国人对玉的喜爱之情的发展过程；了解玉文化有助于加深自己的修养。

教学安排：

(1) 了解中国传统的玉石有哪些品种，产地、特点。玉石是怎样分类的？其品质是怎样划分的？什么样的玉才是好……查找资料、图片，制作 PPT。

(2) 以小组为单位，分配任务、分工合作、汇总资料，因内容多，每人至少完成十页以上的 PPT。全组上台介绍，每位同学介绍自己收集的那部分知识。

(3) 点评与总结有关玉文化的知识。

第二十一节　用心专一　成效显著

一、关键词【用心专一】

我们都学过荀子的名篇《劝学》，记得里面的一句话是这么说的："蚓无爪牙之利，筋骨之强，上食埃土，下饮黄泉，用心一也……"

案例

我们也都听过那些名人用心专一的故事。

爱迪生常常通宵达旦地工作。有一次，他的助手将早饭给他送了进来，并提醒他注意身体。他答应了一声后就再也没有吱声，直到助手吃完了早餐也不见他动动。助手想要捉弄他，便将他的早餐也吃了精光。当爱迪生完成了工作后，看到桌上的香肠壳、面包渣和空牛奶杯，还很高兴地告诉助手自己今天早上吃了顿即时饭呢。

波兰有个叫玛丽的小姑娘，学习非常专心。不管周围怎么吵闹，都分散不了她的注意力。一次，玛丽在做功课，她姐姐和同学在她面前唱歌、跳舞、做游戏。玛丽就像没看见一样，在一旁专心地看书。姐姐和同学想试探她一下。她们悄悄地在玛丽身后搭起几张凳子，只要玛丽一动，凳子就会倒下来。时间一分一秒地过去了，玛丽读完了一本书，凳子仍然竖在那儿。从此姐姐和同学再也不逗她了，而且像她一样专心读书、认真学习。玛丽长大以后，成为一个伟大的科学家，她就是居里夫人。

那些为人类的发展做出过杰出贡献的名人故事，我们听过不少，但是否有一种距离自己比较远的感觉？是否觉得他们是"异数"，而自己只是凡人？

二、课堂活动

活动一：以"坚持与放弃"为题，写提纲进行演讲，说说记忆中坚持下来的那些事，还有放弃掉的那些事，再谈谈“坚持”与“放弃”带给你的感悟。

活动二：思考你曾经和现在的兴趣、爱好，以“梦想照我前行”为主题，说说为自己的兴趣爱好做过哪些努力。

三、探索与思考

你是否听说过“1万小时定律”？作家葛拉威尔在《异数》一书中指出：“人们眼中的天才之所以卓越非凡，并非天资超人一等，而是付出了持续不断的努力。只要经过1万小时的锤炼，任何人都能从平凡变成超凡。”就是说要成为某个领域的专家，需要1万小时，按比例计算就是：如果每天工作四个小时，一周工作五天，那么成为一个领域的专家至少需要十年。这就是所谓的“1万小时定律”。

英国神经学家 Daniel Levitin 认为，人类脑部确实需要这么长的时间，去理解和吸收一种知识或者技能，然后才能达到大师级水平。顶尖的运动员、音乐家、棋手，需要花1万小时，才能让一项技艺至臻完美。美国游泳好手麦克·菲尔普斯，除了手脚特长的天赋异禀，他每天练习八小时，全年无休，这样持续五六年，方能缔造一人独得八枚金牌的奥运奇迹。

1万小时定律的成功代表——大画家达·芬奇，当初从师学艺就是从练习画一只只鸡蛋开始的。他日复一日，年复一年，变换着不同角度、不同光线进行绘画，打下扎实的基础，从最简单最枯燥的重复中掌握了达到最高深艺术境界的途径。这才有了后来的世界名画《蒙娜丽莎》《最后的晚餐》。

还有，股神巴菲特、微软创办人比尔·盖茨、苹果的乔布斯，在他们的专业领域，投注都超过1万小时以上，他们专注地阅读、思考、研究、实践，才有后来的成就。

另有一个“夜晚两小时”的著名理论是这么说的：人的差别在于业余时间。晚上8点到10点之间的两小时，你在做什么，决定了未来你会成为什么样的人。每晚抽出两个小时，专注地进行某方面的阅读、进修、思考、健身，或参加有意义的事，你会发现你的人生逐渐发生变化。

不能指望“夜晚两小时”会帮助我们成为某领域的领军人物，但合理利用这时间，一定会让我们成为健康的人、有用的人、有成就感的人。

四、经典言论

行大学之道 成君子之风

——在清华大学2014级本科生开学典礼上的讲话

（2014年8月28日）

校长陈吉宁

亲爱的同学们：

今天，你们实现了长久以来的憧憬，正式成为清华园的新主人。首先，请允许我代表全校师生员工，向你们表示热烈的欢迎！同时也向精心培养你们的老师和家长致以诚挚的感谢！

大学生活即将拉开帷幕。你们一定很好奇，大学阶段同以往的教育有何不同，清华会给你们带来什么样的改变？我想有一点可以肯定，如同刚才你们学长所说的，不只是男女生比例的不同，也不只是发型的改变。爱因斯坦曾经说过："使学生成为人格健全、个性和谐的人，而不是'专家'，应始终成为学校的目标。"他还认为，"教育就是忘记了在学校中所学的一切之后剩下的东西。"在清华，你们将接受价值塑造、能力培养、知识传授"三位一体"的教育，学会做人，学会洞悉自然、人生和社会，为成就美好的未来做好准备。当你们离开清华以后，伴随你们的将是勤学、修德、明辨、笃实，还有历久弥新的清华精神。

同学们，一百年前，1914 年 11 月 5 日，梁启超先生来到清华以《君子》为题发表演讲。他引用《周易》中"乾""坤"两卦的象辞，"天行健，君子以自强不息"，"地势坤，君子以厚德载物"，讲解如何成为"真君子"。此后，"自强不息，厚德载物"就成为清华的校训。今天，在这里，我也想谈谈如何成为一个真正的清华人。

做清华人，首先要养成独立的人格。独立人格，是做人的核心品性，它来自于独立的思考、大胆的质疑和批判性思维。同学们，你们都是以高分考进来的，但这并不意味着你们所熟知的知识和认知都是对的。从现在起，你们要学会质疑，要善于质疑，要勇于挑战。"破山中贼易，破心中贼难"。敢于质疑和挑战，就迈出了"不唯书、不唯上、不从众"的第一步。人文学院王步高教授一次课上讲到岳飞《满江红》的真伪问题，一位学生提出"河南话里没有入声韵"，岳飞是河南人，《满江红》是押入声韵的，所以这首《满江红》值得怀疑。王老师虽然不同意这名同学的观点，但高度肯定了他的质疑精神。在大学里什么是"好学生"？好学生不再是像过去那样把已有的知识烂熟于心，而是能够独立思考、敢于质疑，能够自己去发现问题、提出问题和解决问题。这是一个人的心智走向成熟、走向独立的过程。当你们今后进入了社会，在面对他人的质疑和指责，不被理解、不被欣赏的时候，你只有具备了独立人格，才能始终坚持心中的理想追求，充满信心地去迎接挑战，始终把命运掌握在自己的手里。

做清华人，就是要有积极主动的态度。坦率地讲，你们以往的高分，大多来自应试教育环境中对于特定问题所寻找的标准答案，而大学需要的是自己主动去寻找问题。文小刚教授对我说，清华学生找老师往往是因为学习、生活上遇到了困难，而不是因为有了好的想法或者有意思的问题。兴趣是最好的老师，积极主动才能发现问题，消极被动只能让生命慢慢耗尽。王小勤教授也跟我说，中美两国学生最大的区别就是主动性和激情，他见过的最好的学生都是会主动提问的学生。这种主动性不仅体现在学习上，也体现在人生的态度上。只有充满激情地去探索、去思考，积极主动地投入和行动，你的大学生活乃至人生才会更加精彩。在清华，按部就班、三点一线的生活是远远不够的，必须积极、热情、专注，主动地去做一些有挑战性的事情，自己去发现一些活跃的思想、领域和团体。这也是清华努力为每位学生成长所提供的土壤和文化。在清华，课堂上有大师授课，有丰厚的教学资源，课外还有很多等着你们去体验。清华有全国最好的创新创业平台，X-Lab 已经吸引了 250 多个项目申请、50 多个创业团队入驻，很多已经获得了外部投资；这里有全国最好的创客项目，国内外顶级创客会与你们分享经验、携手合作，帮助你们把创意变为现实；这里还有 200 多家社团协会，涵盖文化、艺术、科创、体育、公益和素质拓展等方方面面。你们要学会选择，主动接触课内外的东西，发现和培养自己的兴趣，体验别样的挑战和乐趣，赋予大学生活全新的意义和价值。

做清华人，还要学会包容和欣赏。对于你们而言，有了高分，更要懂得尊重别人，理解别人的情感，学会与人沟通。独立并不难，从众更易，既善独立又能合作，才是最难的。前些天我参加苏世民学者项目的夏令营，西门子基础设施与城市业务首席执行官博乐仁(Roland Busch)先生谈到，没有一个人是完美的，但一个团队却有可能做到完美。我参观过校友创办的很多公司，他们说创业最大的困难往往不是技术，不是资金，而是创建一个同舟共济的团队。所以，你们要在集体中深刻理解团队的重要性，学会与同学们相互了解和理解，包容彼此的不同，学会欣赏多样性。清华也会为你们的团队协作提供平台。去年，学校推出了极限挑战课程，将选课的学生分成 8 个组，每组有 9～10 个来自不同院系的队员，由同学们在 80 个小时内通过自主学习，实现机器人巡线、航拍等技术攻关，并草拟出具有实践意义的商业策划书。这个过程不仅需要技术攻坚，也需要工艺设计、人文探索、团队组织，只有彼此尊重、包容和欣赏，才能做好项目规划、时间管理和跨学科知识学习，并最终通过答辩，获得风险投资人的认可。

同学们，现在你们对清华园充满了好奇和新鲜，总想在一步一景中感悟它的宁静与美好。当一切渐渐归于平静，你们难免会发现有很多不满意，发现各种各样的问题。今天，你们已是清华园的主人。希望你们不要习惯于从这些问题旁边溜走，不要放之任之，而是要敢于提出问题；不仅要敢于提出问题，还要学会提出解决这些问题的建设性方案；不仅要提出解决问题的建设性方案，更要敢于担当，作为一个领导者、参与者，主动参与问题的解决。今天，只有以这种态度对待身边的每一个问题，你们才能更好地面对未来的国家、社会和人类的大问题。

同学们，在一百年前的那次演讲中，梁启超先生说："今日之清华学子，将来即为社会之表率，语默作止，皆为国民所仿效。深愿及此时机，崇德修学，勉为真君子，异日出膺大任，足以挽既倒之狂澜，作中流之砥柱。"希望你们像梁启超先生所期盼的那样，像家庭、社会和学校所期盼的那样，经过大学生活的砥砺，修君子之德，成君子之风，在清华园放飞人生的梦想，今后能为国家富强、民族复兴和人类进步做出自己的贡献。

谢谢大家！

（选自"清华大学新闻网"，http://news.tsinghua.edu.cn）

五、反思与总结

世界著名的心灵导师，美国现代"成人教育之父"，演讲口才艺术家戴尔·卡耐基说："只有极少数人是真正的天才，大部分人都是跟你我一样的普通人，但是，由于他们肯坚持，他们也同样获得了成功。至于较特殊的人，则有时会气馁，没有坚持下来，结果反倒庸庸碌碌。只要有胆识、有目标，走到路的尽头时，往往也就到了事业成功的顶端。"

很多演说大师都不是天生的好口才，他们中有的人甚至是比普通人都差劲的具有先天语言障碍的口吃。

古代希腊演说家德谟斯蒂尼斯就是这样的人，他从小口吃，讲话讲不清楚，也非常害怕当众讲话，但他立志成为一名演说家。为矫正口吃，使口齿清楚，他将小石头含在嘴里不断地练习说话。他曾经把自己关在一个黑屋子里练习，为了避免别人打搅，竟把头发剃去一半，成了阴阳头，硬逼着自己专心致志地练习口才。经过 12 年刻苦磨炼，终于走上成功之路。

六、拓展延伸

【知识演讲】

缤 纷 彩 宝

目的：

宝石品种繁多，要逐个认清楚不容易，通过一个个介绍、鉴别，对提高鉴赏识别能力大有帮助。

教学安排：

(1) 了解彩色宝石大致有哪些品种，它们的分类、产地、特点。查找资料、图片，制作 PPT。

(2) 以小组为单位，分配任务，汇总资料，因内容多，每人至少完成十页以上的 PPT。全组上台介绍，每位同学介绍自己收集的那部分知识。

(3) 点评与总结宝石的相关知识。

走近奢侈品

目的：

随着与国际接轨，中国人追赶时尚潮流的脚步越来越快，了解名牌，对从事服务性行业有一定意义。

教学安排：

(1) 了解中国流行的名牌包有哪些，起源、图片、特点、真伪辨别，制作 PPT。

(2) 以小组为单位，分配任务，汇总资料，因内容多，每人至少完成十页以上的 PPT，每位同学介绍自己收集的那部分知识。

(3) 点评与总结同学们的发言。

第二十二节　换位思考　尊重他人

一、关键词【尊重他人】

每个人都是在犯错、纠错中成长、成熟起来的。

犯错，伴随着我们一生。

然而，伸出手来，我们往往会将食指指向他人，而将大拇指留给自己，因为很多人都有很强的自信，认为自己是最优秀的。

案例

美国最杰出的总统林肯，他就曾经有过这样的经历。在他年轻的时候，他总认为别人很差劲，经常写信讽刺那些人，在散步的时候，他就把信件丢在路上，有意要让过路的人捡到。他还老在报纸上发表文章抨击那些反对者。直到 1842 年秋天，他经历了一件令他永世难忘的事：他匿名在报纸上攻击一位政客，并使那位政客受到全镇人的嘲笑，那位政客愤怒不已、全力追查，最后查到是林肯干的，他要求跟林肯决斗。林肯内疚而自责，不得不找人教他剑术。后来，有人出面阻止了这场决斗。

此后，林肯再遇到不顺心的事，也尽量克制自己，多考虑别人的难处，不随意批评别人。

甚至在南北战争中，他的一位将军面对已经溃败的敌军，竟然选择逃避，不去进攻。林肯非常愤怒，写了一封信去指责。但最后，他没有莽撞地将那封信寄出去，因为他想：自己坐在白宫，可以指挥若定，而在战场上的将军看到那么多因伤痛而号哭的士兵，还有成千上万的尸骨，他会做出畏缩的选择。这封信如果寄出，不仅使他与自己反目，还会断送这位将军的前途，

正因为设身处地为别人着想，他成为受人尊重的宽容大度的伟人。

二、课堂活动

活动一：夸奖别人。

选一位同学，找出他的优点至少三点，说出来。

将大家所夸奖的内容汇总，设计美观的版面，张贴出来。

活动二：想想你身边，人缘好的人在批评别人的时候，是怎样说的？说出来，与大家分享。

活动三：你接受怎样的批评？你会怎样"批评"别人？

归纳出以上提到的几种批评的方式。小组成员一起来集思广益。拿出两张纸，一张纸上，以"树"的形式将上述批评方式和每位成员能想到的被批评的方式画出来。另一张纸上，以"盆花"的形式，画出批评别人的方式。

活动四：情景对话。

设计简单的情景对话：关于犯错和善意的提醒、严厉的批评。

三、探索与思考

曾有一个学生，为人老实纯朴，遵守学校一切规章制度，虽然不够聪明，但较为努力，可是班上没有一个同学喜欢他。不仅如此，他还经常会受到同学嘲讽。究其原因，在于他自身。每一次上课，每一个同学回答问题，他总是很认真地找出同学的细微缺点，给出"差评"。哪怕老师提醒：说说同学的优点吧，他也依然如故。这一点，让所有同学都反感他，他一直没有朋友，直至毕业。

在家庭教育中，家长对孩子更应该以尊重换理解。

很多时候，家长需要面对孩子爱玩电脑、手机，或者拿起一本课外书不肯放下，不爱做功课等。孩子成绩不理想，家长会变得焦虑，会对孩子横加干涉，而孩子会变本加厉，恶性循环，造成亲子关系紧张。

这时候，多考虑一下孩子为什么会不听家长的话。他没有按照家长的要求立即停止的原因，或者是因为他要把书的某一章节看完，或者是他想把一个游戏环节玩完，保存好再关机，等 1～2 分钟，他就能做完自己想做的事，所以，对家长来说，用 1～2 分钟的耐心，消化矛盾冲突，融洽亲子关系是值得的。

有一个爸爸自己抽烟，当他看到青春期的孩子也学他抽烟时，他知道是自己树立了不好的榜样。他并没有严厉地批评孩子，禁止他抽烟，而是告诉孩子，自己就是在他这么大的

时候开始抽烟的，由于意志薄弱，自己被尼古丁战胜了，现在咳嗽很厉害，而且因为抽烟的异味，让他并不受人欢迎。这位爸爸还找了科学图片给孩子看不抽烟的健康的肺部和抽烟之后的病变的肺的对比。孩子看完后，对爸爸说：在成年之前不抽烟。这位爸爸在谈话之后，也决定戒烟，并且戒烟成功。

想一想，如果这位爸爸一开始就批评孩子抽烟，那么孩子会怎样反驳他呢？

人们总喜欢看到听到别人犯了什么错，而对自己犯的错误并不关心，甚至很难接受，所以先说出自己的错误，容易吸引对方的兴趣，这是一种平衡心理在起作用。

将来工作中，如果因为下属的错误使自己蒙受损失，不得不批评他/她的时候，尽量将心比心，换位思考：对方为什么会出现这种错误？不要急急忙忙地去批评人家。然后，尽量轻描淡写地提醒对方犯了错误。

人们在犯了错误时，喜欢为自己找理由。你也可以先替他找理由，比如："我听说你最近遇到一些不愉快的事情，心情不好，因此工作上/学习上出了一些问题……"

这样，他会乐意跟你沟通他遇到的困难，并且表示以后不会再将生活中的情绪带到工作/学习中来。

你的目的达到了。这是用轻描淡写的方式达到的，而不是严厉批评的方式。

用赞扬来开头也是很好的方式。比如，可以说："你一直都很优秀……"这是对他一贯表现的肯定，听了会很受用，再提出意见，对方知道错误是自己一时不慎造成的，不是他故意的，也不是一直都在犯错——这是对他能力的否定，谁也不愿意接受。

或者说："这个做得很完美，如果……就更完美无瑕了。"这样提建议的方式也比用粗暴的态度，强硬地命令对方更容易被接受。

聪明的人会在暗示中得到信息，自觉纠正错误，不那么聪明的人，怎么严厉批评都没用，还会造成对抗，甚至仇恨的恶果。

想说服别人，一定不要伤害别人的内心，否则，一旦因此引起别人的反感，后面说再多的话，做再多的事都于事无补。

四、经典言论

（李嘉诚多年来一直是华人首富，华商的代表人物，他累计捐资 20 亿港币帮助汕头大学的建设和发展，多年来，汕头大学毕业典礼都邀请他致辞。他在致辞中融入自己对世界的看法，对人生的经验，篇篇不同，绝不重复。他真诚的言语值得聆听。）下面全文选录 2004 年到 2014 年的致辞。

李嘉诚 11 年来在汕头大学毕业典礼上的致辞（2004—2014 年）

【2004 Are you ready】

各位校董、各位校领导、各位嘉宾、老师们、同学们：

这一刻肯定是你们感到兴奋的时刻，你们认真学习，完成了人生一个重要阶段，要踏上一个新的台阶，这几个晚上，我在校园里，都能感受到你们的雀跃，你们是幸运的一代，我很替你们高兴，我谨代表校董会、每一位校董和顾问，向你们致以衷心的祝贺。

每当我们要展开新的一页，追求一个新的梦想，编织一个新的希望，都是我们需要思考时，Are you ready? Do you have what it takes?

当你们梦想伟大成功的时候，你有没有刻苦的准备？

当你们有野心做领袖的时候，你有没有服务于人的谦恭？

我们常常都想有所获得，但我们有没有付出的情操？

我们都希望别人听到自己的说话，我们有没有耐性聆听别人？

每一个人都希望自己快乐，我们对失落、悲伤的人有没有怜悯？

每一个人都希望站在人前，但我们是否知道什么时候甘为人后？

你们都知道自己追求什么，你们知道自己需要什么吗？

我们常常只希望改变别人，我们知道什么时候改变自己吗？

每一个人都懂得批判别人，但不是每一个人都知道怎样自我反省。

大家都看重面子，but do you know honor?

大家都希望拥有财富，但你知道财富的意义吗？

各位同学，相信你们都有各种激情，但你知不知道什么是爱？

这些问题，没有人可以为你回答，只有你自己才知道你将会怎样活出答案。这四年来你得来的知识，可助你在社会谋生，但未必可以令你懂得如何处世。只有你知道，你将会怎样运用脑袋内的知识素材，转化为做人的智慧。生长与变化是一切生命的定律，昨天的答案未必适用于今天的问题，只有你的原则才是你生命导航的坐标，只有你的情操才是你鼓舞生命的力量。没有人可以为你打造未来，只有你才知道怎样去掌握。各位同学，Are you ready ?

谢谢大家。

2004 年 6 月 29 日

【2005 内心的天空】

尊敬的各位校董、各位校领导、各位嘉宾、各位家长、老师们、同学们：

首先容许我代表校董会同人，欢迎各位家长到临汕头大学，今天我们大家共聚一堂，分享你们儿女努力的成绩，我谨代表校董会向你们衷心祝贺。也容许我代表校董会向校长及全体老师致谢，是你们不懈的努力，更新求进，为汕头大学更取佳绩。昨天晚上，我翻阅了汕头大学 2004 年的年报，虽然只是一段段简单的文字，却清楚写出“不一样学习经验”的意义，不仅是为了传授知识，更为着培养你们的毅力和心力。

谁都知道人力资源在全球竞赛中很重要，为了创造更丰盛的生活和更大的成就，大家都沉溺在竞争中。在一片追求财富、成功的声浪中，我们要活得出色快乐，毅力和心力同样不可或缺。如果你认为毅力是每分每秒的“艰苦忍耐”式的奋斗，我觉得这是很不足的心理状态，毅力是一种心态，毅力不是一种生活。真正有毅力的人清楚自己人生的目标，且愿意承担责任，有颗坚强又充满着希望的心。知道什么是原则、事实与正义，有极大的勇气和谨慎。

心力是理性和理智心灵的发展，通过终生的思索和追求学问的人一定不会掉进时间的迷宫，在营营役役中黯然失去生命的光彩。善于学习的人能领会和掌握未来，好学的人懂得把观察、经验和知识转化为智慧并使用得当，不仅能把梦想持之以恒，更懂得如何事半功倍。

各位同学，你们将走入人生另一阶段，我相信你们都有雄心壮志投入社会创造成就，请你们不要忘记，凭仗自己的本事你会受人尊重，凭仗自己的贡献你更会感动别人，让我们永远不会忘记回馈社会和民族的信念。我记得法国文豪雨果有这一句话：世界间有一种比海洋更大的景象，那便是天空；有一种比天空更大的景象，那便是你内心的天空。

在这里预祝大家活出精彩、快乐、成功。

谢谢大家。

【2006 打倒差不多先生】

尊敬的各位领导、各位嘉宾、各位家长：

今天很高兴地代表各位校董、校领导和老师，欢迎你们到临汕头大学，和毕业的同学们共度重要和难忘的一刻。

我最近重读了胡适先生 1924 年所写的文章《差不多先生》，“差不多先生”若真有其人，他早应是不在人世。

我认为胡先生笔下对中国人夸张的描绘虽不全面但发人深省，然而这家传户晓的人物，这有一双眼睛，但看得不是很清楚；有两只耳朵，但听得不很分明；有脑袋但缺乏洞察力和没有层次思维的先生却依然活着，而且可能有特强的繁殖力。

现代科学至今还未找到人不死的灵丹妙方，何以独是差不多先生能成功存活于世？

也许胡适的差不多先生已变异为病毒，通过其散播，感染越来越多人。病毒强烈的僵化力使脑筋本质聪敏的人思想停滞不前，神志昏沉，虚度其既漫无目的也无所期待的庸碌日子。

也许他还有发白日梦的本事，但缺乏追求梦想的意志，发酸地堕入无底的借口世界以哄慰自己，种种似是而非的理由还在蔓延，慢慢侵蚀我们的社会、价值观、体系、技术和经济。

当我重读这篇名著，令我惊骇的不仅是差不多先生可怜的愚昧，更糟的是旁人接受如此荒谬的存在方式，还企图自圆开脱，这种扭曲式的浪费智慧行为足以令人哭泣。

医生常常说准确断症是痊愈的起点，差不多是一种折损人灵魂的病，令人闲散；要知道人的生命光辉需凭仗自我驰骋超越。

各位同学，如若你不愿被命运扣上枷锁，你必须谨记，活着是一种参与，你要勇于思考、尊重科学、尊重原则，能感受、有追求、能关心，敢于积极，能经得起考验，骨中有节、心中有慈、心中有爱。

你们都知道我生长在离汕大约 45 分钟车程的地方，当年为了战乱，离乡别井的时刻我并不知道命运前景将会如何，我只知道在理性误区中是不可能建造信念或希望。

终我一生，我将毫不含糊和不变地活出我精神力量的华彩和我血肉热切之心。

我绝不会成为差不多先生，你们呢？

谢谢大家。

【2007 活出你的故事】

尊敬的各位校董、各位校领导、各位嘉宾、各位家长、老师们、同学们：

首先让我代表校董会，祝贺各位毕业的同学，和你们的家人一样，我们衷心祝愿你们一生快乐、如意、健康和顺利。

快乐，因为你懂得如何有理性地管理自己；如意，因为你有争取理想的能力；健康，因为你知道珍惜；顺利，因为你能辨善恶及有勇气有尊严地面对挑战。

汕头大学的校领导和每一位老师都付出了很大的努力为你们打造基础。

这几年来，汕大推行的改革取得的重要成就，不仅以优秀成绩和高度的评价通过了教育部的评估，不仅在毕业生就业率连续为全省第一位，不仅是医学院连续九年以来全部以第一志愿收生，不仅在外语系同学于今年全国高校英语考试中达百分之九十九通过率的优异成绩，最重要的成就是他们努力实行学分制，让你们得以对自己的未来有选择，他们以新的教学模式，让你们能发现和发挥自己的潜能追求卓越，这一切都是为了你们，这时候我希望你们能和我一起向各位校领导和老师们致以最崇高的敬意。

一切都是为了你们，但世界不仅是你和我的。一个人通过自身的努力，为自己和家庭，争取成就，建立幸福是非常重要的。然而，“取得成就”和“真正成功”是有天壤之别的。要做一个比成功更成功的人，拥有专长、技能、学历、人际网络或经验只是基本功，更重要的是确立你与众不同的特质和看世界的角度。思维单一的人也许只终生追求财富和满足于拥有权力，但人生意义是狭隘和失诸平衡，一个一生能够肩负理想、承担抱负、以爱心为原则、热诚投入及活出价值观的人，他们的生命是无亡无尽的。

你们要做个造梦者，也要做个脚踏实地的人。你们要结合现实依据和实际经验来不断测试和强化自己的梦想。如果你有崇高的抱负为指引明灯，人生的目标便清晰明确；如果你一生以思驭动，你一定可从容不迫和充满活力地生活；如果你的价值观不是空洞口号，而能历久弥新，你一生会有定力去应付现实社会复杂、多元和变幻莫测的挑战；如果你真正深爱你的社会，深爱你的民族，深爱这个世界和深爱活着，那你必须参与和无惧承担，我们民族传统智慧有很多高贵的境界，如若你能拈出“好谋而成、分段治事、不疾而速、无为而治”的精髓，生命是可以如此的好，各位同学，好好活出你一生的精彩和为世界谱上一段一段丰盛乐章。

谢谢大家。

【2008 自负指数】

尊敬的宋海主席、尊敬的航天英雄杨利伟先生、各位校董、校领导、老师、各位嘉宾、家长们、同学们：

首先让我代表校董会，祝贺各位毕业的同学，在今天这个令人兴奋的早上，正好是思考未来的美好时刻。

在过去几年的校园生活中，你们投入了大量的时间和精力，取得学位。顾佩华执行校长向我表示，汕大的核心理念是培育你们成为慎思明辨、有原则、能独立思考的人。大学致力扩阔你们的智慧领域，令你们领会人世间多元契机和其永恒的挑战，也重视建立你们的“自觉力”，因为认识自己的兴趣和能力是一件非常重要的事。

你们每一个都是果敢、与众不同、具思考和独立性的人，有能力做到一些别人只能梦想的事情；你们永远抱着好奇和追求真理的心，有坚定的信念敢于挑战你们不认同的“所谓真理”、阐述你们的观点，和在适当时刻挺身而出，揭破“皇帝的新衣”。你们有成功的决心，但成功内涵还有更多关键。

在今天，我想和大家分享我的一项秘诀，那是终生指引我能凭仗情感和智慧，超越感受和本能的导航器。

要活出有意义的非凡生命，需要有能超乎“匹夫”的英雄特质，一个英雄所具备的品德不单要有勇气、有胜不骄的度量和败不馁的懿行，更要知道生命并不仅仅是连连胜利的短暂欢欣或失败的挫折。希腊哲学家对“卓越”与“自负”有一个非常发人深省的观念，他们相信每一个人都有责任把自己的潜能发挥得淋漓尽致，但同时，人的内心应有一戒条，不能自欺地认为自己具有超越实际的能力，系统性扩大变而自我膨胀幻象，如陷两难深渊，你会被动地、不自觉地，步往失败之宿命。

在“卓越”与“自负”之间取得最佳平衡并不容易，因为有信心，“勇敢无畏”也是品德，但沉醉于过往和眼前成就，与生俱来的地位或财富的傲慢自信，其实是一种能力的溃疡。我们要谨记传统智慧，老子的八字真言：“知人者智，自知者明”。

我想和大家分享的诀窍是什么？我称它为“自负指数”，那是一套衡量检讨自我意识、态度和行为的简单心法。我常常问问自己，我有否过分骄傲和自大？我有否拒绝接纳逆耳的忠言？我有否不愿意承担自己言行所带来的后果？我有否缺乏预视问题、结果和解决办法的周详计划？

我深信“谦虚的心是知识之源”是通往成长、启悟、责任和快乐之路。在卓越与自负之间，智者会亲前者而远后者。背道而驰的结果，可能是一生净成就得之极少，而懊悔却巨大，成为你发挥最佳潜能的障碍，减弱你主控人生处境的能力。在现今无限可能的电脑时代，大家对“重新启动”按钮相当熟悉。然而，在生命这场永无休止的竞争过程中，我们未必有很多“重新启动”的机会，我相信，给你这个机会，也没有人期望过着一个不断要“重新启动”的人生。

同学们，你们绝对是最幸福的幸运儿，你们生于一个充满机会和希望的黄金时代，你们都很棒，而且雄心壮志、准备就绪。有巩固的根基应付未来的挑战和机遇。不够，请大家谨记，迈向成功要通过层层考验和淬炼。当你们走出小渊，踏进人生这真正的大学堂，请坚守常思考、常反思的守则，并怀着奉献和关怀的心态处事。只知撷取而不懂付出的人，他的人生仅是个虚影，只有能活出原则，真正懂得如何奉献国家民族及世界的人，才是真英雄。应如庄子所说：“势为天子，未必贵也；穷为匹夫，未必贱也；贵贱之分，在行之美恶。”如果你们愿意这样做，并谨记常常检讨自己的诀窍，那么你们定能攀登高峰后再达巅峰。各位同学，我衷心祝福你们一生快乐成功，请放胆迈步活出精彩，今天你以汕大为荣，我深深相信，明天汕大将以你为荣。

谢谢各位。

2008 年 6 月 26 日

【2009 汕大人要活出超越梦想的人生】

尊敬的各位领导、余华先生、各位校董、校领导、各位嘉宾、家长们、同学们：

非常高兴能在毕业礼中，庆祝和分享你们走进社会，迎接锦绣前程的兴奋与喜悦。我代表校董会向每一位年轻同学道贺：做得好！做得真好！

你们在现实人生中已胜出漂亮的一仗。我深信汕大的毕业生，纵然面对人生起伏与经济盛衰，也能无惧挑战，追求卓越，达到成功！因为在校园的日子里，培育锻炼了你们的意志胸襟和心智态度，你们有终身学习的醒觉、克己律行的守养、追寻真理的激情、仁民惜物的决心。

我知道你们将会把在这里学习的一切恒存在心，日后身处任何环境，汕大人都会平衡良知与理性，规划最高期望；凭仗能力与心力面对人生，追求梦想。尽管世道无常，矛盾错杂，游戏规则也每每有不公平和不公正，汕大人仍会坚持以原则与价值观走在康庄大道上。在你们灵魂深处，充满着反省的活力与仁心的朝气，大家能以果敢的人格与诚信活出精彩。

你们的抱负不仅仅是建筑工程师、治病的医生、作报道的新闻工作者、政府的公务员、善辩的律师，做研究的科学家、一个唯美的艺术家或营造财富的企业家等。

你们都知道权力、财富与责任相连的绝对性；你们都知道有同情心、相互尊重和兼容不同，是和谐社会真正的支柱；你们意识到排斥、歧视、贫穷和屈辱等形形色色的不公平无处不在，你们永远不会把这种不公平加诸别人；你们会乐于参与社会，勇于承担责任，我们怀着助人的热忱，必能对抗消极与彷徨。

我仍记得三十年前，当年这里是一片稻田，今天看到大家灿烂的笑容与自信的脸孔，告诉我当年的决定是正确的，教育是掌握未来的关键，命运与坚持让我和国家共创汕大，但承传发扬汕大精神的重责在你们身上。若我们坚信万物凝聚有始、长江不择细流、汇聚百川，如浩瀚宇宙、点点银河繁星，那你们必须谨记，建立自我能让个人梦想成真，追求无我能让更大的理想成真，汕大人要活出超越梦想的人生。

2008 年 8 月 8 日，我在北京参加奥运会开幕礼，眼前是各国的运动员抖擞出场，脑海中是一幕幕民族和个人经历的回忆。同学们，你们置身民族兴盛之年，携着你们的热望与知识和不屈的精神出线。祝愿你们旅程中有无尽一展所长的机遇，挑战中充满欢欣，寻得及珍惜良师益友，我会永远与大家共勉。

谢谢各位。

2009 年 6 月 19 日

（选自凤凰网财经，http://finance.ifeng.com/a/20140627/12618679_0.shtml）

五、反思与总结

懂得尊重他人，遇事多思考，不轻易指责别人的人，也就不那么轻易为自己的冒失而后悔。人缘好、身心健康，在人际关系上，会形成良性循环。

成年人需要尊重，少年人彼此之间也需要。

换位思考，尊重他人，在任何时候，对任何人都是必要的。

因为每个人都在成长中形成自己的观念和习惯，而人与人之间的差异是普遍存在的。对异于自己的观念和做法，我们往往会觉得可笑，如果直接给出第一反应，随意进行评价，而不是去理解这种差异的由来的话，很容易就伤害到对方。我们自己的判断就一定是正确的吗？如果不能确信自己的判断是真理的话，又有什么资格去对他人指手画脚呢？

当然，我们不能任由错误发生，而毫无纠错的意思。当不得不提出批评建议的时候，可以先承认自己也会犯错，甚至比对方更严重，然后再指出对方存在的问题。或者先赞扬对方的优点，再提出批评意见，这样比较容易被接受。

六、拓展延伸

【知识演讲】

世 界 名 犬

目的：

狗，是人类的好朋友，世界范围内，有多种多样的狗，名贵的狗身价不菲。了解狗的品种，提高鉴别狗的水平。

教学安排：

(1) 了解世界名犬的种类，来源、图片、特点，制作PPT。

(2) 以小组为单位，分配任务，汇总资料，因内容多，每人至少完成2种狗类介绍。

(3) 点评与总结狗类方面的知识。

一生必去的50个地方

目的：

世界多姿多彩，用脚步丈量她，必将让人生充实而多彩。或许这一生去不了那些宛若仙境的地方，但我们可以借助网络加以了解。

教学安排：

(1) 每位同学安排2个地点，搜集资料，准备PPT。

(2) 以小组为单位，分配任务，汇总资料，因内容多，每人至少完成十页以上的PPT，每位同学介绍自己收集的那部分知识。

(3) 学生评委点评，老师总结。

能力提升

第二十三节　勇于认错　获得谅解

一、关键词【勇于认错】

旧版《小学生守则》最后一条是："诚实勇敢，不说谎话，有错就改。"新版《小学生守则》第九条是："诚实守信，言行一致，知错就改，有责任心。"

《中学生守则》第十条是："谦虚诚实，有错就改。"

二、课堂活动

活动一：表扬勇于认错。

说说自己遇到的那些勇于认错的事例，正能量给人以良好的激励。

活动二：说真话。

回忆自己曾经对亲人、同学、朋友犯过的错误，尤其是用谎言试图遮盖过去，后来成为心灵沉重负担的错误。说出来，让我们从此摆脱这些错误带来的负面影响。

三、探索与思考

在我们的童年和幼年时，老师和家长都教育我们要勇于认错，做错事，要说"对不起"，收到这句话的那一方，要学会说"没关系"。儿时天大的错事，都是小事，比如，互相之间不小心的碰撞，或者拿错了别人的文具……

教科书里有列宁因为和表哥表姐们一起玩"捉人"游戏，碰摔了花瓶，勇于认错的故事；也有华盛顿不懂事，用父亲送给他的小斧头砍倒了父亲新种植的品种上佳的樱桃树，后来承认错误，获得父亲原谅的故事；还有廉颇瞧不起蔺相如，后来知道蔺相如不是胆小怕事，而是希望他们之间不要起争端，以免被敌人钻了空子之后，他毅然决然地"负荆请罪"。

这些故事，我们耳熟能详，但在实际生活中，很多人慢慢地学会了自我保护，为了自尊，拒绝承认错误，并将这行为变成下意识的习惯，即使认错并不会带来任何损失。

随着年龄的增长，可能会犯的错也水涨船高，有可能不是一句"对不起"就能解决的，但由于自尊心也越来越强，连最简单的"对不起"式的道歉都做不到，导致严重的沟通障碍。

小到个人，大至国家，因为缺少必要的道歉，以致各种误会、矛盾、纠纷、争执、打击报复……

最著名的例子就是中日之间关于“抗日战争”的问题，因为日本千方百计抵赖，不认罪、不悔改，学鸵鸟，将头埋起来，以为能掩盖过去，日本领导人还不断去参拜靖国神社，不断激怒中国人。至今，不要说赔偿，就连一句诚恳的道歉都没有，不仅如此，连教科书都要将这段历史删掉，以致日本新生代全然不知祖辈对亚洲人民的残暴罪行。或许，在日本政客眼里，拒绝认错是一种下意识的自我保护，在日本人眼里，他们不能理解为什么亚洲人民不断提起那段被侵害的历史。他们不知道他们的绝不认错加重了对被侵害国家和民族人民的伤害，是不会得到原谅的行为。

对比起来，德国对待本国发动二战给全世界带来的灾难的问题，因为整个国家多数德国人都有着强烈的忏悔意识，而得到了世人的肯定和原谅。

第二次世界大战结束以后，德国人在经历了很短的感情反复之后，就对本民族应该承担的责任有了比较客观和清醒的认识。联邦德国的历任总统和总理奥多尔·豪斯、阿登纳、赫尔佐克、约翰内斯、科尔、谢尔等人都在不同的场合和时机代表德国人民进行了反思、道歉和忏悔。

联邦德国首任总理阿登纳上任后所做的第一件事，就是向“宿敌”法国真诚道歉，因此赢得了法国的宽容，为法德和解奠定了基础，也为欧洲和平做出了贡献。

更有两任德国总理真情跪倒：

1970 年联邦德国总理勃兰特访问波兰，跪倒在华沙犹太人殉难者纪念碑前，他面对的是 600 万犹太人的亡灵，他是“替所有必须这样做而没有这样做的人下跪了”。

1995 年 6 月，科尔总理继勃兰特之后，再次双膝跪倒在以色列的犹太人受难者纪念碑前，重申国家的歉意。

在世人眼里，懂得道歉的德国人比绝不认错的日本人高尚得多，更值得信任。

四、经典言论

李嘉诚 11 年来在汕头大学毕业典礼上的致辞(2010—2014 年)。

【2010 80 后问卷】

尊敬的宋海主席，尊敬的各位领导、校董、老师、各位嘉宾、家长们、同学们：

今天我很高兴代表校董会，欢迎各位光临汕头大学，分享各位毕业同学的喜悦。你们经历过数年的努力，完成了人生一个重要的阶段，我首先向同学们致以衷心的祝贺！恭喜你们！

各位同学，你们知道吗？我和你们一样也是“80 后”，所以今天想和大家互动一下：

在座的有多少同学认为在汕大的岁月可以为你日后的成功奠下基础？请举手。

有多少同学认为自己具备充沛的精神与力量、矫健的体魄，以及所有必需的重要元素来实现抱负和目标？请举手。

有多少同学希望自己不甘心光是活着，而是能攀登理想的高峰，创出非凡成就？请举手。

有哪些同学相信自己仍有很多需要学习的空间？

有哪些同学知道什么障碍令你却步？

现在进入一个比较难以回答的问题：有多少同学可肯定自己必会一直坚持原则，拒绝自欺欺人，拒绝把走捷径视为正途？

各位同学，我们都知道空抱宏愿并无太大意义；漫无计划地急于求成徒然令自己身心疲惫。人生必须立志，必须以热切的努力来追寻自己的梦想。如何追求个人快乐与满足不一定能在课本中找到答案，只有在你积极实践与心灵共鸣的行为时，富具意义的体验才可以驱赶心灵的空虚，让你享受富足人生的滋味。

你对自己有多少信心？你有没有不屈不挠的精神，知道如何正视和克服成长过程中将不断出现的挫折和障碍？你是否愿意信赖自己？面临选择时无惧接受考验？逆境求存的你，能否在磨炼中孕育更强的生命力？你是否懂得承担责任的意义，有坚持公平公正的公义心，为自己和社会追求进步？你是否懂得珍惜有选择的福分，有耐心成为后辈的良师益友，有奉献心，为国家、民族当中流砥柱的角色，在天地间寻找和活出恒久的价值观？

以下是我今天对你们最后一个问题：你有没有知遇感恩的胸怀，有没有在这快乐一刻中想起在你成长路上一直给予无怨扶持的父母和悉心善导的老师而心灵有所触动？

各位同学，在准备今天的讲稿时，我的同事们建议说到这里最好来一下引经据典，以强化学富五车的感觉，我不同意这个观点，前人的启发固然重要，但如何让哲理里历久常新更需要你们的思考和提炼；若你能尽你的忠诚，努力在责任的道路上活出丰盛、快乐和充满尊严的人生，日后能成就大业者，能出类拔萃者，能出尘不染者，舍你其谁？你就是精彩，你就是经典。今天你以汕大为荣，明天汕大以你为荣。

谢谢大家。

2010 年 6 月 30 日

【2011 柠檬汁人生观】

尊敬的郝平副部长、林海帆教授、尊敬的各位领导、校董、老师们，各位嘉宾、家长们、同学们：

大家好！欢迎各位到临汕头大学，与我们一起共度同学们这快乐的一刻！各位同学，你们从小学至大学毕业，寒窗努力十六载，今天踏上新的一段，衷心祝愿你们能振翼乘风、成就志向、追求梦想。

你们知道吗？我以为活到这年纪，早看尽太阳底下的事，想不到令人莫名其妙的事还是不少的。近期媒体在热炒年轻人应否成为李嘉诚，观点之多，煞有介事的炒作令人费解发笑。对我而言这议题本身挺空洞，每一个人各有不同的独特天赋、经验，并按自己的选择踏上命途，虽然没有人应附人骥尾，盲目模仿他人，但从他人经验悟出心得，也是不错的成长教材。

坦白地对大家说，我爱当我自己！

但这句话不意味着我未曾梦想当一名内科医生，或是科学家。一点痴性，人人可有，不太久之前，我还希望自己是高球（高尔夫球）高手。人生的价值不仅需要重视结果，奋斗过程也同样重要。

东坡先生曾说："食无肉，病无药，居无室……"生活所需全部欠缺，我小时候比苏东坡这句话的生活条件更苦，在这艰难阶段中，我还能在品格、个性、能力、情感与志趣的探索里找得快乐的滋味。

这边闹哄哄要不要当李嘉诚的炒作，反而促使我对自己的旅程反思，如果一切有机会从头再来，我的命运会如何不同？人生充满着很多"如果"，转捩点比比皆是，往往也不由我们控制。如果战争没有摧毁我的童年，如果父亲没有在我童年时去世，如果我有机会继续升学，我的一生将如何改写？我对医学知识如此热诚，我会不会成为一个医生？我对推理与新发现充满兴趣，我会不会成为一个科学家？

这一切永远没有答案，因为命运没有给我另类的选择，我成为今日的我。

人生的过程中尽管不无遗憾，但我学到最价值连城的一课——逆境和挑战只要能激发起生命的力度，我们的成就是可以超乎自己所想象的。

我成长的年代，香港社会的艰苦，是残酷而悲凉的。那时候没有什么社会安全网，饥饿与疾病的恐惧强烈迫人。求学的机会不是每一个人的权利，贫穷常常像一种无期徒刑。今天社会前行，新的富足为大部分人带来相对的缓冲保障，贫穷不一定是缺乏金钱，而是对希望及机遇憧憬破灭的挫败感。很多人害怕可上升的空间越来越窄，一辈子也无法冲破匮乏与弱势的局限。我理解这些恐惧，因我曾经一一身受。没有人愿意贫穷，但出路在哪里？

70年前这问题每一个晚上都在我心头，当年十四岁时已需要照顾一家人，没有接受教育的机会，没有可以依靠的人脉网络，我很怀疑只凭刻苦耐劳和一股毅力，是否足以让我渡过难关？我们一家人的命运是否早已注定？纵使我能糊口存活，但我有否出人头地的一天？

我迅速发现没有什么必然的成功方程式，首要专注的是，把能掌控的因素区分出来。若果成功是我的目标，驾驭一些我能力内可控制的事情是扭转逆境十分重要的关键。我要认清楚什么是贫穷的枷锁——我一定要有摆脱疾病、愚昧、依赖和惰性的方法。

比方说，当我发觉染上肺结核病，在全无医疗照顾之下，我便下定决心，对饮食只求营养不求喜恶，适当地运动及注重整洁卫生，捍卫健康和活力。此外，我要拒绝愚昧，要持之以恒地终身追求知识，经常保持好奇心和紧贴时势增长智慧，避免不学无术。在过去七十多年间，我每天工作十二小时，下班后我必定学习，告诉你们一个秘密，在过去一年，我费很大的力气，努力理解进化论算法里错综复杂的道理，因为我希望了解人工智能的发展，以及它对未来的意义。

无论在言谈、许诺及设定目标各方面，我都慎思和严守纪律，一定不能给人嚣惰脆弱和倚赖的印象。这个思维模式不但是对成就的投资，更可建立诚信；你的魅力，表现在你的自律、克己和谦逊中。

所有这些元素连接在一起功效非凡：它能渐渐凝聚与塑造一个成功基础，帮助你应付控制范畴以外的环境。当机遇一现，你已整装待发，有本领和勇气踏上前路。纵使没有人能告诉你前路是什么一道风景，生命长河将流往何方，然而，在这过程中，你会领悟到丘吉尔多年的名言："只要克服困难就是赢得机会。一点点的态度，但却能造成大大的改变。"

生命抛来一颗柠檬，你是可以把它转榨为柠檬汁的人。要描绘自己独特的心灵地图，你才可发现热爱生命的你，有思维、有能力、有承担，建立自我的你；有原则、有理想，追求无我的你。各位同学，再次恭喜你们，我深深相信，今天你以汕大为荣，明天汕大将以你为荣。

谢谢大家。

2011年6月29日

【2012 我很在乎未来】

Dr. Carlson、尊敬的各位领导、校董、校领导、各位嘉宾、家长们、同学们：

大家好！非常高兴大家莅临汕大，一同分享毕业同学们这快乐的一刻。上星期听到校领导介绍汕头大学十年改革的种种成果和未来五年的计划，实在令人兴奋。我谨代表校董会同仁向汕头大学每一位老师和工作人员，对你们至诚推动中国教育事业的改革和前进——不畏艰辛、不畏阻力的决心表示尊敬和感谢，我对汕头大学的未来充满信心。

我从来都不太明白，为什么大家常常说以前总比今日好。是因为往日和现实有很巨大的差异令人无奈，难以适应？还是我们能在昔日痛苦和难过的回忆中，总能找到点滴温馨，转化为今天新的动力？

我 1928 年在潮安出生，如果你认为今天的汕头还不算很先进，那么 84 年前潮安县的景象就更加可想而知。在家乡这十二年，我有太多甜酸苦辣的回忆。

还记得我六岁那年的夏天，晚饭后一家人陪伴祖母在家里的小院子纳凉聊天，叔叔告诉我们城中的老板如何富有，人们估计他有二十万枚龙银(以古董价计算，今天约值人民币三亿元)的总资产，祖母低沉地自说："不知我们哪一代的子孙，才可能像别人那样。"一个老百姓期求安逸的平常盼望。

我心爱的祖母早已离逝，长埋在她最爱的韩江岸旁，78 年过去，我也曾在扫墓时倚在祖母的墓上，低声地向她说："我们已经做到了。"

如果你认为一个失去求学机会，没有任何资源，穷得只剩下希望的小伙子对"命运"巨碾从未惧怕，那我要告诉你事实并非如此。对贫穷的人，忧虑是一个体验至深的折磨。

也许你们都听过我如何挣扎求存，奋抗命运变幻无常的故事，但你们可能不知道，我在你们同龄的时候，多次拒绝放弃理想以换取"无发展空间"的眼前安逸，我一直深信，如果世界上有任何"成功秘方"，其中最关键的元素必定是你对成功的欲望远远大于对失败的恐惧。这心态像是刀锋——锐化你对什么是"可能的"触觉和激发你的梦想；这心态像是预警系统，令你对自满情绪和停滞时刻警惕，令你审慎律己、敢爱、敢说实话、敢当万绿丛中那点红。

当你在我的年龄，你不会想带着后悔和遗憾地感慨，曾经是开朗、热情、自信的你，却选择无梦和无理想地过了一辈子，你曾经正直无畏，真诚和至诚烙印在你那颗赤子心上，但面对生活冷酷的考验，你选择放弃原则和目标，在道德路上迷失了你的灵魂、你的谦卑和爱贡献的心。

各位亲爱的同学，人生命运必然是你一生做出选择的总结，懂得如何选择和承担后果是谱写自己命运的入门法。

爱因斯坦在普林斯顿大学的办公室门上挂着这句话："不是所有可以计算的东西都是重要的，也不是所有重要的东西都可以被计算。"

那你问我当年订立的目标是什么。我的答案你们早就知道："建立自我，追求无我"，希望你们与命运也许下承诺，凭仗智慧和勇气，实现你的梦想及贡献我们心爱的祖国大地，和我们彼此共存的世界。我再次向你们表达衷心的祝贺，今天你以汕大为荣，明天汕大将以你为荣。

2012 年 6 月

【2013 现实的造梦者】

尊敬的陈云贤主席、徐冰教授、各位领导、老师们、同学们：

今天是我们 2599 名同学毕业的大日子，很高兴，与大家一起分享这快乐时刻。

最近，我因为急性胆囊炎，进行了手术，我已完全康复，依然积极向前。

在医院期间，我静静思考，世界改变的步伐不断加快，虽然过往经验是人生无价之宝，但传统应对困难与挑战的智慧和观点，今天是否依然适用？古书古语，劝人苦心志、劳筋骨、坚毅奋斗，这些励志的话语，是否足够提升我们的韧力？如何迎战改变，是世界上每一个人要思考的问题。

很多道理，说者容易，听者难。血肉之躯，在人生中波涛翻滚，个中的滋味，你能体会？你愿意替代尝尝吗？你关心社会上的困难境况吗？你懂得体谅无助无奈者的叹息吗？或者你是那些曲尽心思、有万万千千借口的人，只会说："不公义与不公平是人生必然之理"或"对不起，我不能施以援手。何为富？何为贫？我自己也是受害者。"

也许，你们这一代，面对的最大的挑战，是社会不平等的恶化。解决此问题的方案，将主导社会未来的改变。需要每个人和政府，积极、主动地克服这挑战。每人有不同的能力和道德标准，恻隐足以为仁，但仁不止于恻隐。有能力的人，要主动积极，推进社会的幸福、改善和进步，这是我们的任务。不仅是对社会的投资，帮助和激励别人同时能丰富自己的人生。

政府要鼓舞民志，要在发展企业精神、创造机会的大前提下，制定和推行明智知远兼正当有效的政策。政府要鼓舞民智，要投放更多的资源，在教育范畴推动更大的改革。教育是防范社会出现持续不公平现象的可靠卫士。今天在逆境中奋斗的人，不要让内心的愤怒燃烧，而影响你解决问题的能力。

在医院期间，我非常感激医生与护士们，专业与悉心的照顾，手术的伤口没有任何痛楚，凄楚的是心上的回忆。这个小指头是我第一个疤痕。这疤痕是我 14 岁的时候，愤怒的印记。那年，一个寒风透骨的冬天下午，我单独在舞台外，忙了一整天，要把堆得高高的皮带切割，为明天生产工序做好准备。从窗框中，看见高层他们，坐在暖暖的室内，悠闲地品茗。我默然感到很孤独、很怨愤，我错手割伤自己，深可见骨，我还记得血从伤口由红变黑，当时心中只有一个念头——自己一定不再成为那可怜的人。

我知道，只有怨愤而欠缺思维，只会令你更软弱、更惶恐，使你付出更大的代价和承受更大的痛苦。我要把愤怒转为对自己更高的要求，和更专注解决问题的动力。只有能面对现实的人才可征服现实，只有更加勤奋、更具观察力和韧力的人，才可改变困境、创造机会和缔造希望。

各位同学，在过去数十年，别人给我的昵称是"华人首富"，这是一个很复杂的滋味。我的一生充满了竞争与挑战，历程是很不容易的。常常要有智慧、要有远见、要有创新，怎不令人身心劳累，四方风风雨雨中，我还是不断在学习笑对人生，作为一个人、一个爱自己民族的中国人、一个企业家，我不断在各种责任矛盾中，尽了一切所能服务社会。

各位同学，你具备卓越的专业知识与才干，迎接人生的各种挑战，你们的前途成就可比我更光明，为社会缔造明天，舍你其谁？你一生谨守正知、正行、正念，路漫漫其修远，你对社会永远的关怀和参与，这一份坚持，就是解决不公平问题的最实际方案。我知道今天的你以汕大为荣，明天汕大将会以你为荣。

再次祝贺大家！

【2014 无心睡眠】

尊敬的刘明康教授、各位领导、各位嘉宾、老师们，同学们：

每年六月，能参加毕业典礼，分享同学们完成人生阶段里程碑的快乐时刻，我内心的欣喜，犹如自己毕业一样。我谨代表校董会全人恭喜每一位同学，祝愿你们在天空海阔的人生大道上能实现理想，走出自己的宽坦大路。

可能因为网络上的许多讨论，最近很多朋友，不约而同地积极向我推荐各种酣眠良方，有气功的、有食疗的、有中西各种灵方妙药——希望我可以在晚上睡得好一点：朋友关怀那份浓厚情谊令我感动，但大家讨论我长夜未能成眠的热切……对我却是一番鼓舞。我今年85岁，世态间，各种个人得失，早被风风雨雨冲淡，还有何忧心？

我忧心，在全球化、知识经济的时代，各人智商、能力和努力程度不一样——机会失衡成为“新常态”。

我忧心，国家资源局局限成未来发展的难题。眼前，我们需要把困难变成机遇；眼前，我们急需科技拓展创新。

政府要有灵活方略，处理价值世界和实际世界间的微妙关系，特别是再分配的调节机制，不要让“贫富悬殊的愤怒”和“高福利负担”一事的两面现象，持续让社会停滞和不安；政府必须率先纳新求变、开拓思维；政府必须深切推行教育改革，我一直认为投资教育失当是对未来严重的罪行。

我忧心，人与人之间欠缺互信；信任是凝聚理性社会一个重要的环节，当它未能成为润泽社会的“正能量”，当大家总觉得一切在变味，对一切存疑，认为公平公正公义被腐蚀时，政经生态均会走向恶性循环的大滑坡，构建社会信任——是民族最好的无形资产。

各位同学，今天你们毕业了，在新大门的真理钟敲响之时，你对未来的许诺是什么？每天晨光初现时，你可曾对社会的问题有所记挂？你会是视而不见、无动于衷，还是渊深邃密、锲而不舍？一个有真能力的人，总会自觉地把“推动社会进步”视为己任。

不可言诠的世界，她的未来需要你们年轻人的承担、需要你们正面的价值观、需要你们的关怀、需要你们的耐心，也需要你们解决问题的能力。尽其心者知其性，有你们推动社会进步的决心和坚持，就是你我在变动不居的世局中最好的酣眠良方！

再次祝愿各位同学在责任之路上活出成功、丰盛、快乐和充满尊严的人生。

今天你以汕大为荣，明天汕大必以你为荣。

谢谢各位！

2014年6月27日

(选自凤凰网财经，http://finance.ifeng.com/a/20140627/12618679_0.shtml)

五、反思与总结

须知，人与人交往中，逃避、抵赖、隐瞒、说谎、欺骗，只是自己认为能够掩盖真相，自认为能解决问题，实际上并不能解决任何问题，而且对方是很容易看穿这些虚伪的做法，反而会让对方认为你把他(她)当“傻瓜”愚弄,自尊受到伤害的他(她)会想办法让你尴尬。看似想解决问题,结果却把事情弄得更糟。

俗话说,退一步海阔天空。当我们犯了错误时,责怪自己,就能让对方的自尊得到维护,而能增加他自尊的方法是他表现出宽宏大度的原谅。

有一位老师工作不久,有一次误判当天下午可以提早一节课放学生回家,当学生都离校之后,他才醒悟自己错了。他赶紧去找分管领导,承认自己的错误,让领导处罚。不料,领导说:“谁都有失误的时候,以后注意就是了。”他还是有些担心会被扣工资,等到发工资的时候,他发现一文钱不少,知道领导是真的原谅了自己。

如果当时他隐瞒不报,领导巡视马上就能发现,他再争辩是由于别人通知不当等原因导致放走了学生,结果会怎样呢?

掩饰和辩解不仅毫无用处,反而会给他人留下愚蠢和人品差的印象,给自己留下做贼心虚的惴惴不安,进而影响健康;坦白和道歉,带给我们的不仅是被人谅解,心情舒畅,还有被人认可的谦恭高尚的好品格,以及更多未知的东西。

如果责备不可避免,那么,自己责备自己好受呢,还是被他人责备好受?趋利避害是人的本性,这样一比较,相信你能做出正确的选择。

六、拓展延伸

【知识演讲】

保存人类历史的地方

——世界五大博物馆

目的:

博物馆,是保存人类历史的地方,想了解一座城市的历史,一定要看看这座城市的博物馆。

5月18日是国际博物馆日。法国的卢浮宫、英国的大不列颠博物馆(大英博物馆)、美国的大都会博物馆、俄罗斯的埃米塔什博物馆(冬宫)、中国的故宫博物院是世界五大博物馆。其中前四个是世界公认的具有世界性文物收藏的博物馆。

世界五大博物馆,收藏的不仅是国家的历史,还有世界的历史,让我们“走近”五大博物馆,了解世界。

教学安排:

(1) 课前布置任务:分5个小组,每组一家博物馆,收集相关资料:外观、内部构造、藏品、安保措施等,制作PPT。

(2) 亦可增加介绍自己身边的省市博物馆和专题收藏博物馆。

(3) 学生评委点评,老师总结。

历史遗迹

目的:

不论中国,还是世界,这个地球留下了诸多历史遗迹。追溯历史,搜索那些令人惊叹的遗迹和背后的故事,丰富我们的知识,让我们更了解历史,更清醒地认识现在,更好地开拓未来。

教学安排：

（1）课前准备：中国的，如紫禁城、长城、故宫、丝绸之路、马王堆、十三陵……世界十大神秘遗迹：秘鲁的马丘比丘古城、哥斯达黎加的石球遗址、埃及的吉萨金字塔和狮身人面像、墨西哥的奇琴伊察遗址、日本的水下遗址、智利的复活节岛、玻利维亚的蒂亚瓦纳科遗址、秘鲁的纳斯卡线遗址、英国的巨石阵、黎巴嫩的巴尔贝克……

（2）制作 PPT 上台演讲。

（3）学生评委点评，老师总结。

第二十四节　避免争论　加分为主

一、关键词【避免争论】

在我们日常生活中，争吵是伤感情的，不论是夫妻之间、朋友之间、子女与父母之间，和睦的氛围则总是让人心情愉悦、身体健康、延年益寿。

在社会生活和工作中，我们常会遇到听人讲话的机会，在思维和语言表达这样复杂的大脑迅速转换过程中，出现记忆失误或口误，都是难以避免的。有些讲话是为了应景，有些讲话仅仅是出于自己表达的需要，在这样的情况下，发现对方讲错话，是否要认真地指出来并予以纠正呢？

也许有人会讲出来，以证明自己知识渊博、证明自己的优越，但对于当事人来说，当场的纠正会让他感到在大众面前丢脸，他不会因为对错而与你争辩，却会因为自尊受到伤害而固执己见，引起大的波澜；即使他表面接受，不与你争辩，过后也容易耿耿于怀。要知道，在公众场合，在他已经做好准备的情况下，他并不想征求别人的意见，也不在意他人的看法。美国有一位研究莎士比亚的著名的学者加蒙说："永远不要和他人发生正面冲突。"

二、课堂活动

活动一：避免争论。

回忆自己曾经成功地避免争论的一件事，与大家分享，共获经验。

活动二：表扬他人。

在你的同班同学中找两位，一位是你的好朋友，另一位是关系较为疏远、甚至有些矛盾的同学，你尝试着写出这两位同学的优点，站起来，在大家面前勇敢地说出来。

三、探索与思考

也许有人觉得：为了他好，过后私底下再跟他讲。这种事后的纠正也无必要，因为讲话具有一过性，他说过的话也许自己很快就忘记了，此时再去纠正，容易引发反感，日后相见，难免尴尬。

有一家企业，每隔一段时间都会对客户进行访问，让客户完成对员工的测评。起先做测评的负责人将结果全部公布出来，其初衷是好的，就是起一个激励先进、促进后进的作用，虽不与绩效挂钩，但那也是令几家欢乐几家愁。继任是一位情商很高的负责人，做完测评从来都不公布，只悄悄告诉团队负责人，要求跟存在问题比较严重的员工交流一下。

交流是很委婉地进行的，年轻员工多半能接受，但是有一定资历的员工就难以接受，有的团队负责人本着："我没有恶意，我是善意想帮助你，我如果不告诉你，你就不知道，也无从改进"的想法跟一些员工沟通，结果却造成被沟通的员工严重嫌弃提意见的客户，后面工作效果极差。对于这样的员工，团队负责人要注意言语措辞、考虑周全。

每个人都希望得到赞扬，对任何人来说，都是批评不如赞扬。若不涉及原则性的问题，多鼓励优点，也许他(她)会更有信心把工作做好。

四、经典言论

北大之精神

马寅初

（1927 年）

今日为母校二十九周年纪念，令人发生深切之印象。现学校既受军阀之摧残而暂时消灭，但今天之纪念会，仍能在杭州举行，聚昔日师友同学至二百数十人之多，可见吾北大形质暂时虽去，而北大之精神则依然存在。

回忆母校自蔡先生执掌校务以来，力图改革。五四运动，打倒卖国贼，作人民思想之先导。此种虽斧钺加身毫无顾忌之精神，国家可灭亡，而此精神当永久不死。然既有精神，必有主义，所谓北大主义者，即牺牲主义也。服务于国家社会，不顾一己之私利，勇敢直前，以达其至高之鹄的。

苟有北大之牺牲精神，无论举办何事，则结果之良好，俱可期而待。今以浙江一省而论之，如以北大牺牲精神，移办政府与党务，则不出一年，必可为全国之模范省。盖浙江现时之地位，较他省优良之点甚多。财政之统一，一也：浙江之财政厅，尚能统辖全省财政，较之江苏、安徽、福建等省，俱远过之。江苏因为孙传芳之战事未了，所统一者仅长江以南之一部分；安徽在前数月间虽征收税吏，俱归二三军队首领所委派；福建即菜担妓女，亦俱贴印花，其财政上之紊乱，可以想见；至湖广江西等省，更无须深论矣。金融之平稳，二也：全省无滥发纸币，引起金融之扰乱。军队之统一，三也。教育之优良完全，四也。此次革命军兴，全省所受之损失不大，五也。既具此五种之优点，苟政治能上轨道，办事人员俱抱北大精神而徐图改革，则将来之浙江，必较今日可以远胜万倍。

虽然，欲图改革，必须自环境之改造入手。重心不在表面，而在人心。今日国家社会之所以每况愈下，根本原因，在于吏治之不良，道德之堕落。如寅初回浙未久，而请寅初代谋统捐局长者，不知凡几，且有欲寅初推荐往禁烟局者。彼辈之心理，以为寅初现正在反对禁烟局，则寅初推荐之人员，禁烟局不敢不留用。际此生活困难之时，在政界谋事，果属生活问题，情尚可原。然来寅初处谋事之人，甚至预先说价，必须月薪至若干元以上，或有其他不正当之收益者而后可。是故中国大半人民，虽其私人道德亦有甚好者，但脑筋中实无一"公"字之印象。故公家观念之薄弱，已达极点，而对一己之升官发财，譬诸厕所之苍蝇，群相骛集。故无论何界，苟有一人稍有地位，则其亲戚朋友，全体连带而为其属下，家庭观念之深切，世无其右。当知吾人对于国家社会之义务，应以人民之幸福为前提，不当以个人弥补亏空或物质享受为目的。北大昔日既为群众之导师，今而后当如何引导人民，打破家庭观念，而易以团体观点；打破家庭主义，而易以国家主义，恢复人生固有之牺牲精神。否则，若仅有表面之革命，恐虽经千百次，于国家于社会仍无补于事也。

且中国人民之心理，对公家事，若不相干，可以不负责任。如寅初此次反对鸦片，时有人以“在此种社会何必做恶人”之语来相劝勉。若寅初家中妇女如作此语，寅初本可不加深责，然此种浅薄之语，竟发诸现在之官吏与夫东西留学生之。呜呼！一人公正之勇气能有几何？今不以努力助鼓励，而反以冷水浇头，人心至此，可深浩叹！中国人以“不”字为道德，如不嫖不赌，不饮酒，不吸烟，果属静止之道德，然缺乏相当之努力，与夫牺牲之精神，以尽人生应有之义务。虽方趾圆颅，实类似腐尸。西人谓 life is activity，否则，反不如截发入山，做和尚之为愈，何必在世上扰扰哉。

是故以北大之精神，牺牲于社会，对于全国，或以范围过大，尚须相当时以若仅浙江一省，则改造之目的，诚可立而待也。欲使人民养成国家观念，牺牲个人而尽力于公，此北大之使命，亦即吾人之使命也。举凡战胜环境，改造人心，驱除此等奄奄待毙不负责任之习俗，诸君当与寅初共勉之！

（商务印书馆 1928 年版《马寅初演讲集》第四集）

五、反思与总结

记得我曾写过一篇后来被多处转载，并收入一些文本的教学随笔——《扣分不如加分》。

为了对付后进生在课堂上开小差，我像唐僧一样苦口婆心的说教，但是每次说教都以失效而告终。为了解决难题，我不得不绞尽脑汁另辟蹊径，想出一招来对付他们——扣分，谁要是在课堂上耍花招，我就在期末考的总分上按情节轻重扣分。

自从纪律宣布以后，课堂面貌有了较大的改观，没有人再随便走动，我很为自己的妙招感到高兴，但是不听课者照旧。如何让他们对我上课的内容感兴趣？我又在讲课内容上想了很多办法，可收效依然甚微。

一天，教《再别康桥》时，我让学生按照书中描述的意境编写电视脚本，此举在好班大受欢迎，并收获了很多构思独到的创意，我满意，学生也很有成就感。但是，在差班，同样的要求，除了个别学生外，再无人埋会。无奈，只好降低要求，让大家朗读这首诗歌，还是没有几个人理睬。有学生问：“老师，读了加分吗？”我信口答应：“好，只要你读了，可以给你加分。”

于是，有一个学生起来读了，接着两个、三个、四个……终于，班上绝大部分学生都起来了，包括平时极为懒散、叛逆心理极强、总是跟老师顶嘴的学生都在我的邀请之下站起来读书了，有学生吃惊：“她也会读书啊！”读完之后，我表扬了他们。他们或面有喜色，或面露羞涩，这些神情真让我吃惊，有一个学生对同学说：“这是我第一次得到老师的表扬。”

原来，对素质高的学生，可以提出较高的要求，以更好地开发他们的智力与能力，但对差生来说，高标准、严要求不如降低标准，因材施教。

很多时候，批评不如鼓励，扣分不如加分，这一点，对好生、对差生、对任何人都是一样的。

六、拓展延伸

【知识演讲】

建 筑 奇 观

目的：

建筑，是人类智慧的结晶，从古至今，建筑师们留下了许多的宏伟作品。一起来寻找，来听建筑的诉说。

教学安排：

(1) 课前老师布置任务：自行搜索历史上的世界十大建筑奇观、现代世界十大建筑、中国十大建筑、美国十大建筑、北京十大建筑、上海十大建筑、迪拜十大建筑等。

(2) 制作 PPT 上台演讲。

(3) 点评与总结同学们的发言。

生 命 之 谜

目的：

生命，是我们最熟悉的，但又有那么多已知和未知的东西，一起来了解我们的生命吧。

教学安排：

(1) 课前准备：小组为单位，自行寻找感兴趣的生命现象，追本溯源进行介绍。

(2) 制作 PPT 上台演讲。

(3) 点评与总结同学们的发言。

第二十五节　耐心倾听　让对方说

一、关键词【耐心倾听】

在成年人的世界里，有一种特别受大家欢迎的人，他们在听对方谈话时，无论对方的地位怎样，总是耐心地、专注地倾听，说者感觉受到重视，自然也就说得畅快淋漓。

反之，会耽误很重要的事情，会失去重要的机会。

美国有一所著名大学叫哈佛大学，美国还有一所大学叫斯坦福大学，在加州。

相传有一天一对中年夫妻，穿着非常的朴素，来到哈佛大学。秘书一看他，就迅速做出了判断：他不会跟我们哈佛有任何业务往来的。然后秘书婉拒说，我们校长太忙了，时刻都在忙。中年夫妻就说，没有关系，我可以等他，然后就没人理他们。秘书就想，我们冷淡了他们，他们一定会迅速地离开。但是没想到他们一直在等，后来这位秘书没有办法，就跟校长说，你就见一见他们吧，没准见了马上就走了。校长非常不情愿地见了他们。这对夫妻对校长说，我们的儿子非常喜欢这所学校，但是很不幸，一年前由于染病去世了，我们想给学校捐一个纪念物。校长说，如果每一个喜欢哈佛大学的人去世了我们都建设一个纪念碑的话，我们哈佛大学岂不成墓地了吗？这对夫妇说，我们不是要建纪念碑，我们要捐一个建筑物。校长不但没有被感动，反倒觉得很好笑，反问他们：你知道哈佛大学的一栋楼多少钱吗，我们的建筑总价值达到了七百五十万美元。这对中年夫妻沉默了，这个校长心想，我终于可以把你们赶走了。

在回去的路上，妻子转过头跟丈夫说，七百五十万就可以建一所大学，那么何不建一所大学来纪念我们的儿子呢？他们就去了加州建立一所新的大学，也就是后来的斯坦福大学。

这对夫妇，丈夫是当时的加州铁路大王、曾担任加州州长的老利兰·斯坦福。

哈佛大学的校长由于没有倾听别人的全部信息，主观做出判断，使哈佛大学失去了一个非常好的发展机会。这个故事说明：不能主观臆断，要善于倾听全部的信息。

二、课堂活动

活动一：提供话题。

组成小组，每个成员根据自己的生活学习体验和兴趣爱好，在纸上写出若干话题，小组讨论、筛选出有价值的话题5个，作为小组共同的成果。用纸条写出来，拿磁贴贴在黑板上。

每个同学选择一个话题，写提纲，做准备。

活动二：引导别人说话。

提出话题的同学站出来，将自己的话题用对话的形式说出来，邀请对这个话题做好准备的同学来谈谈。

评价：本着鼓励的原则，其他同学对这两个同学给予表扬。

三、探索与思考

善于倾听，在心理治疗中的作用是显著的。不少有心理疾病的人不是缺乏被劝解的机会，而是缺少倾诉的机会。每个人都有表达欲，都想倾诉，而不想倾听，这是人性的特点。当一个人有很多意见要发表的时候，他绝不会注意别人的观点，这种时候，说任何反对的意见都是白费工夫，只会让对方反感，造成不好的结果。好的心理医生是引导倾诉、善于倾听的专家。

与孩子的沟通中，善于倾听的家长往往比善于讲道理的家长更受孩子的欢迎。很多时候，孩子做了一些事，在大人们看来是“犯错”，会遭到批评。而批评的结果是，从此以后，孩子再也不愿意跟家长讲了，亲子关系越来越紧张。寻找话题，让孩子倾诉。倾诉完了，家长或许就会明白孩子做的那些事是有自己的理由的。

曾有一个妈妈在孩子玩电脑游戏的时候给孩子设定时间，超过时间，她就会唠叨、批评，但是孩子并没有因为她的责备而守时，依然每次都超时，于是家庭气氛极为紧张。有一次，妈妈坐在孩子身后，不作声，看孩子要延时多久，过不久，孩子就关机了。妈妈询问原因，孩子说：每次规定的时间到时，游戏都还没保存，要再花一点时间保存。知道这一点，妈妈不再为孩子拖延一会儿关机而唠叨了，与孩子的关系渐渐好转。

愿意倾听的人，是一个高素质的人，如果还会寻找话题让对方说，不仅素质高，还拥有高超的沟通技巧。善于引导对方谈论他们自己的兴趣、事业、成绩、成就，这样的人即使自己话不多，也因善解人意而被人认为是很好的谈话对象，有可能得到别人无所不谈的真诚对待。

反之，如果不考虑别人的倾诉愿望，那么，会很容易发现对方的烦躁不安，恨不得马上离开的各种小动作、小暗示。这种情况下，就会失去你想获得的机会。

在一些场合，把说话的机会让给别人，有时候会得到意想不到的好处。在美国，有一家汽车公司的经理，有一次和商业对手一起参加一个竞争活动，他本人患严重的咽炎，不能说话，他很努力说，却发不出声音，大家都看到他的窘境，他在纸上写自己因为咽炎不能说话。这时候，竞争对手的经理自告奋勇替他说。将他的产品做了全面细致的介绍，甚至比他自己说的还好。于是，他获得了一份大合同。这次经历让他发现：让别人多说话，对自己未必有害，或许还有很大的益处。

在生活和工作中，常有一些人霸占着说话的机会，他心里或者会为自己的口才洋洋自得，但在周围人眼里未必都佩服他，嫌弃他啰唆唠叨的人不在少数。中国领导人常说："我们不称霸。"在国际社会称霸，让各国厌恶，会成为众矢之的；在日常生活或工作中称霸，会让同学、同事、朋友厌烦。谦虚，是获得良好人际关系的前提。

也有一些人很骄傲，喜欢宣扬自己芝麻绿豆大的成绩，即便是"死马"也当"活马"吹。开始时，也许大家会觉得他很自信、很豁达。可听多了，了解情况了，也就厌烦了。等到"落马"的时候，大家对照他先前的高调，只能发出鄙夷的嘲笑。

四、经典言论

在剑桥凯尔斯学院的讲演

霍　金

（1992 年 5 月）

这篇文章不是关于我信仰上帝与否。我将讨论我如何理解宇宙的方法：作为"万物理论"的大统一理论的现状和意义。这里存在一个真正的问题。研究和争论这些问题应该是哲学家的天职，可惜他们多半不具备足够的数学背景，以赶上现代理论物理进展的节拍。还有一种科学哲学家的子族，他们的背景本应更强一些，但是，他们中的许多人是失败的物理学家，他们知道自己无能力发现新理论，所以专业写作物理哲学。他们仍然为 20 世纪初的科学理论，诸如相对论和量子力学而喋喋不休，他们实际和物理学的当代前沿相脱节。

也许我对哲学家们过于苛刻一些，但是他们对我也不友善。我的方法被描述成天真的和头脑简单的。我在不同的场合曾被称为唯名论者、工具注意者、实证主义者、实在主义者以及其他好几种主义者。其手段似乎是借助污蔑来证伪：只要对我的方法贴上标签就可以了，不必指出何处出错。无人不知这些主义的致命错误。在实际推动理论物理进展的人们并不认同于哲学家和科学史家为他们发明的范畴。我敢断定，爱因斯坦、海森堡和狄拉克对于他们是否为实证主义者或者工具主义者根本不在乎。他们只是关心现存的物理理论能不能互相协调。在发展理论物理中，寻求逻辑自洽总比实验结果更重要。优雅而美丽的理论会因为不和观测相符而被否决，但是我从未看到任何仅仅基于实验而发展的主要理论。首先是需求优雅而协调的数学模型提出理论，然后理论提出可被观测验证的语言。如果观测和预言一致，这并未证明该理论；只不过该理论存活以作进一步的预言，新预言又要由观测来验证。如果观测和预言不符，即抛弃该理论。或者不如说，这是应当这么发生的。但在实际中，人们非常犹豫放弃他们以投注大量时间和心血的理论。通常他们首先质疑观测的精度。如果找不出毛病的话，就以想当然的方式来修正理论。该理论最终就会变成丑陋的庞然大物。然后某人提出一种新理论，所有古怪的观测都优雅而自然地在新理论中得到解释。1887 年进行的麦克尔逊-莫雷实验即是一个例子，它指出不管光源还是观测者如何运动，光速总是相同的。这简直莫名其妙。人们原先以为，朝着光运动比顺着光运动一定会测量出更高的光速，然而实验的结果是，两者测量出完全一样的光速。在接着的18 年间，像亨得利克、洛伦兹和乔治、费兹杰朗德等人试图把这一观测归纳到当时被接受的时间和空间的框架中。他们引进的想当然的假设，诸如物体在高速运动时被缩短，物理学的整个框架变得既笨拙又丑陋。之后，爱因斯坦在 1905 年提出了一种极为迷人的观点，时间自身不能是完全独立的。相反地，它和空间结合成称为时空的四维的东西。爱因斯坦之所以得到这个思想，与其说是由于实验的结果，不如说是由于需要把理论的两个部分合并成一个协调的整体。这两部分便是制约电磁场的，以及制约物体运动的两套定律。

我认为，无论是爱因斯坦还是别的什么人在 1905 年都会意识到，相对性的这种新理论是多么的简单而优雅。它完全变革了我们关于时间和空间的概念。这个例子很好地阐明了，在科学的哲学方面很难成为实在主义者，因为我们认为实在的是以我们所采用的理论为前提。我能肯定，洛伦兹和费兹杰朗德在按照牛顿的绝对空间和绝对时间观念来解释光速实验时都自认为是实在主义者。这种时间和空间的概念似乎和常识及实在相对应。然而今天仍有极少数的熟悉相对论的人持有不同的观点。我们必须不断告诉人们，对诸如空间和时间的基本概念的现代理解。

如果我们认为，是在依我们的理论而定，怎么可以用它作为我们哲学的基础呢？在我认为存在一个有待人们去研究和理解的宇宙的意义上，我愿承认自己是个实在主义者。我把唯我主义者的立场认为是在浪费时间，他们认为任何事物都是我们想象的创造物。没人基于那个基础行事。但是没有理论我们关于宇宙就不能说什么是实在的。因此，我采取这样的被描述为头脑简单或天真的观点，即物理理论不过是我们用以描写观察结果的数学模型。如果该理论是优雅的模型，它能描写大量的观测，并能预言新观测的结果，则它就是一个好理论。除此之外，问它是否和实在相对应就没有任何意义，因为我们不知道什么与理论无关的实在。

这种科学理论观点可能使我成为一个工具主义者或实证主义者——正如我在上面提及的，他们是这么称呼我的。称我为实证主义者的那边进一步说道，人所共知，实证主义已经过时了——这是用污蔑来证伪的又一例证。它在过去的知识界时兴过一阵，就这一点而言的确是过时了。但我所概括的实证主义似乎是人们为描写宇宙而寻找新定律新方法的仅有的可能的立场。因为我们没有和实在概念无关的模型，所以求助于实在将毫无用处。依我的意见，对与模型无关的实在的隐含的信仰是科学哲学家们在对付量子力学和不确定原理时遭遇到困难的基本原因。有一个称为薛定谔猫的理想实验。一只猫被置于一个密封的盒子中，有一杆枪瞄准着猫，如果一颗放射性核子衰变就开枪，发生此事的概率是百分之五十。（今天没人敢提这样的动议，哪怕仅仅是一个理想实验，但是在薛定谔时代，人们没听说过什么动物解放之类的话。）如果人们开启盒子，就会发现该猫非死即生。但是在此事之前，猫的量子态应是死猫状态和活猫状态的混合。有些科学哲学觉得这很难接受。猫不能一半被杀死另一半没被杀死，他们断言，正如没人处于半怀孕状态一样。使他们为难的原因在于，他们隐含地利用了实在的一个经典概念，一个对象只能有一个单独确定的历史。量子力学的全部要点是，它对实在有不同的观点。根据这种观点，一个对象不仅有单独的历史，而且有所有可能的历史。在大多数情况下，具有特定历史的概率会和具有稍微不同历史的概率相抵消；但是在一定情形下，邻近历史的概率会相互加强。我们正是从相互加强的历史中的一个观察到了该对象的历史。在薛定谔猫的情形，存在两种被加强的历史。猫在一种历史中被杀死，在另一种中存活。两种可能性可在量子理论中共存。因为有些哲学家隐含地假定猫只能有一个历史，所以他们就陷入了这个死结而无可自拔。

时间的性质是我们物理理论确定我们实在概念的又一例子。不管发生了什么，时间总是勇往直前被认为是显而易见的。但是相对论把时间和空间结合在一起，而且告知我们这两者都能被宇宙中的物质和能量所卷曲或畸变。这样，我们对时间性质的认识就从与宇宙无关改变成由宇宙赋予形态。这样，在某一点以前时间根本没有意义就变成可以理解的了；当人们往过去回溯，就会遭遇到一个不可逾越的障碍，即奇点，他不能超越奇点。如果情形果真如此，去询问何人或何物引起或创造大爆炸便毫无意义。谈论归因或创生即隐含地假设在大爆炸奇点之前存在时间。爱因斯坦的广义相对论预言，时间在一百五十亿年前的奇点处必须有一个开端，我们知道这一点已经二十五年了。但是哲学家们还没有掌握这个思想。他们仍然在为六十五年前发现的量子力学的基础忧虑。他们没有意思到物理学的前沿已经前进了。

更糟糕的是虚时间的数学概念。詹姆·哈特尔和我提出，宇宙在虚时间里既没有开端也没有终结。我因为谈论虚时间受到一位科学哲学家的猛烈攻击。他说：像虚时间这样的一种数学技巧和实在宇宙有什么相关呢？我认为，这位哲学家把专业数学术语实的以及虚的数和在日常语言中的实在的以及想象的使用方式弄混淆了。这刚好阐述了我的要点：如果某物与我们用以解释它的理论或模型无关，何以知道它是实在的？我用了相对论和量子力学中的例子来显示，人们在试图赋予宇宙意义时所面临的问题。你是否理解相对论和量子力学，或者这些理论甚至是错误的，实际上都无关紧要。我所希望显示的是，至少对于一名理论物理学家而言，把理论视作一种模型的实证主义的方法，是理解宇宙的仅有手段。我对我们找到描述宇宙中的万物的一套协调模型满怀信心。如果我们达到这个目标，那将是人类真正的胜利。

注：1992 年 5 月在剑桥凯尔斯学院的讲演。

（选自“学术论文研究院的博客”，http://blog.sina.com.cn/s/blog_50be1c2e01009gpz.html）

五、反思与总结

如果你想让别人羡慕嫉妒恨，很简单，为人高调就做到了；如果你想得到真诚的朋友，那么放低身段，谦虚谨慎。

在国外，曾有一个年轻人去一家报社求职。面谈的时候，他对老板说：“听说您在创设这家报社的时候，是白手起家的，除了一张桌子，一间办公室，一个速记员之外，什么都没有，这是真的吗？”老板很高兴地跟他谈自己如何靠着几百美元起家，创业阶段每天工作十几个小时，从来没有休过假，终于有了现在的成就。

说完自己奋斗的经历，老板简单问问年轻人的经历，马上录用了他。

每个成功的人，都喜欢谈自己奋斗的过程；每个有经历的人，都喜欢谈自己战胜过的那些困难。这是人性的特点。在与人交谈中，敏锐地发现对方的个性特点，找到对方的兴趣爱好，从而用适合的话题引导对方说出乐意说的话，这是较高层次的沟通能力。

要培养自己更高的沟通能力，少不了多学习、多看书、多了解各方面的热点。

我有一个做名车销售的学生，她回学校与学弟学妹们交流时说，她每天早晨起床的第一件事是打开电视看新闻，她了解的事物包罗万象，这样她面对不同客户的时候，能听得懂对方说什么，能用不同的话题引导不同的客户打开话匣子，畅所欲言，与她成为朋友。这是一个中职毕业生在毕业几年后能做到国际著名品牌汽车销售企业的金牌讲师的原因之一吧。

六、拓展延伸

【知识演讲】

探 索 太 空

目的：

太空，永远是一个谜，人类对它充满了好奇，从近到远，不断地探索着……

教学安排：

(1) 课前准备：分小组准备中国的航天历史，世界的航天历史，航天员们，UFO，太阳系、银河系、河外星系，飞向太空的航天器，航天生活，牛顿、爱因斯坦与霍金，火星任务，探测器，太空武器……

(2) 制作 PPT 上台演讲。

(3) 点评与总结同学们的发言。

自 然 之 谜

目的：

这个地球本身就有很多的谜团，有的解开了，还有很多未解，一起来找找这些谜和解法。

教学安排：

(1) 课前准备：自行寻找未解之谜(因为太多，老师无法给出确定的谜)，每位同学一则。

(2) 制作 PPT 上台演讲。

(3) 点评与总结同学们的发言。

第二十六节　引导对方　肯定回答

一、关键词【引导回答】

在谈论工作的事情时，如果一再否定对方，对方会感觉自尊心受到严重伤害，这时候，再有建设性的意见，他也不会接受。会变成两个人各说各的，谁也不接受谁的想法，谈崩的可能性大增。

同样，人际交往中，在谈话的最初阶段，你涉及的问题如果使对方生出抵触情绪，那么，后续的谈话基本上很难进行下去。

二、课堂活动

活动一：想一想，被哪些老师、长辈批评，你的抵触情绪最强？而被哪些师长批评，你是愿意接受的？说说那些受欢迎的老师、长辈，他们是怎样说理让人信服的。而那些不受欢迎的人批评别人时，有哪些让人无法接受的特点？

活动二：设计情境，例如：做市场调查，做电话营销，问路……设计一些问题，问其他组的同学，让其他同学也愿意说：是。

活动三：小组为单位，设计语言交流小品：在与客户、团队成员或者陌生人沟通时，提一些问题，能让对方一开口就说："是"。

三、探索与思考

曾经有一家企业的产品经理和设计师争执，一个讲运营的事情，一个讲设计规范的事情，都在尝试着告诉对方，从自己的专业角度来看，这个事情应该怎么做。讨论几乎无法进行下去，因为谁也不肯让步。这种沟通是失败的，双方不是站在同一个层面讲问题，设计师不懂运营，产品经理不懂设计。

这种情况在新入职的员工身上很常见，因为新员工经验不足，了解的东西有限，有的仅仅知道自己工作范围内的事情。

这是很正常的，每个团队的每个成员掌握的信息都是不对称的，而解决方案往往是综合了这些信息之后做出的判断。所以不管是谁提出来的方案，随着讨论的深入，都有可能被证明是错的，或者有更优的解决方案。

关于沟通的过程和效果，有这么一张"沟通漏斗"图，如图 3-1 所示。

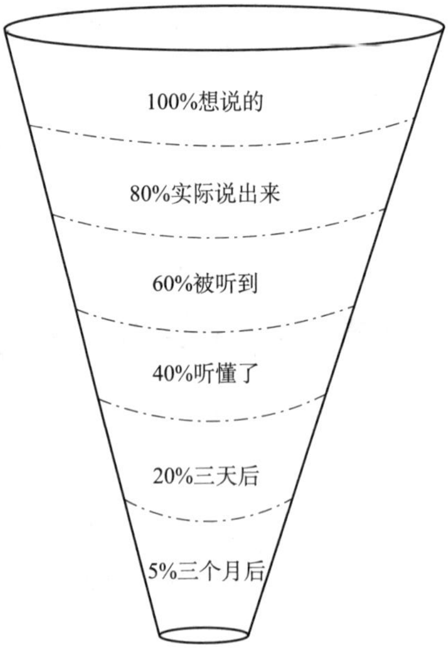

图 3-1 "沟通漏斗"图

所以，不要认为已经把自己100%的想法说出来了，别人也已经100%地听见了、听懂了、接受了、记住了。要记得，面对考试，我们背诵十几二十遍，还未必能准确记住答案的每一个字，怎能要求别人听一遍就记住你说的话的100%？

四、经典言论

马云创业经典语录

1. 马云：我最遗憾的错误

2001年，我犯了一个错误，我告诉我的18位共同创业同仁，他们只能做小组经理，而所有的副总裁都得从外面聘请。

现在十年过去了，我从外面聘请的人才都走了，而我之前曾怀疑过其能力的人都成了副总或董事。

我相信两个信条：态度比能力重要，选择同样也比能力重要！

2. 马云：不能统一人的思想，但可以统一人的目标

千万不要相信你能统一人的思想，那是不可能的。

30%的人永远不可能相信你，不要让你的同事为你干活，而让他们为我们的共同目标干活。

团结在一个共同的目标下，要比团结在一个人周围容易得多。

3. 马云提醒：细节好的人格局一般都差

(1) 有人觉得我牛，6分钟说服了孙正义，其实是他说服了我。见孙正义之前，我在硅谷至少被拒绝了40次。

(2) 做企业赢在细节，输在格局。

(3) 格局，“格”是人格，“局”是胸怀，细节好的人格局一般都差，格局好的人从来不重细节，两个都干好，那叫太有才！

4. 马云：领导比员工多什么？

领导永远不要跟下属比技能，下属肯定比你强；如果不比你强，说明你请错人了。

(1) 要比眼光：比他看得远。

(2) 要比胸怀：领导的胸怀是委屈撑大的，要能容人所不容。

(3) 要比实力：抗失败的能力比他强；一个优秀的领导人的素质就是眼光、胸怀和实力。

5. 马云：中国商人千万别在“红道”上混

(1) 人一辈子要明白钱和权两个东西是绝对不要碰在一起，当了官永远不要想有钱，当了商人千万别想权。

(2) 钱和权这两个东西碰在一起就是炸药和雷管碰在一起，必然要爆炸。

(3) 胡雪岩的悲哀就在于他是红顶商人。

(4) 中国商人千万别在“红道”上混。

6. 马云：年轻人必须思考的4大问题

(1) 什么是失败？放弃就是最大的失败。

(2) 什么叫坚强？经历许多磨难、委屈、不爽，你才知道什么叫坚强。

(3) 你的职责是什么？比别人多勤奋一点、多努力一点、多一点理想，这就是你的职责。

(4) 傻瓜用嘴讲话，聪明人用脑袋讲话，智者用心讲话。

7. 马云：人生在世在做人，不是做事

我跟自己讲我们到这个世界上不是来工作的，我们是来享受人生的，我们是来做人不是做事。

如果一辈子都做事的话，忘了做人，将来一定会后悔。

不管事业多成功、多伟大、多了不起，记住我们到这个世界就是享受经历这个人生的体验。

忙着做事一定会后悔。

8. 马云：高手的竞争论

(1) 一定要争得你死我活的商战，是最愚蠢的。

(2) 眼睛中全是敌人，外面就全是敌人。

(3) 竞争的时候不要带仇恨，带仇恨一定失败。

(4) 竞争乐趣就像下棋一样，你输了，我们再来过，两个棋手不能打架。

(5) 真正做企业是没有仇人的，心中无敌，天下无敌。

9. 马云：别把抱怨当习惯

人是退化最严重的动物。跟兽比人很"弱肢"，和狗比人很"闻盲"，但人类"进化"了抱怨。

偶尔为之无大碍，但当抱怨成习惯，就如喝海水，喝的越多渴得越厉害。

最后发现，走在成功路上的，都是些不抱怨的"傻子们"。

世界不会记得你说了什么，但一定不会忘记你做了什么！

10. 马云给初创企业者的忠告

(1) 大家看不清的机会，才是真正的机会。

(2) 让员工笑着干活。

(3) 客户第一、员工第二、股东第三。

(4) 抢在变化之前先变。

(5) 忘掉 money，忘掉赚钱。

(6) 小聪明不如傻坚持。

(7) 心态决定姿态，姿态决定状态。

11. 马云谈创业

(1) 一个好的东西往往是说不清楚的，说得清楚的往往不是好东西！

(2) 创业要找最合适的人，不一定要找最成功的人。

(3) 这世界最不可靠的东西就是关系。

(4) 免费是世界上最昂贵的东西。

(5) 今天很残酷，明天更残酷，后天很美好。

12. 马云"四不"创业智慧

(1) 创业最怕就是看不见,看不起,看不懂,跟不上。

(2) 看不见对手在哪里,看不起对手,看不懂对手为什么可以变得那么强,然后就跟不上了。

(3) 即使对手很弱小,也一定要把对方看得很强大,即使对手很强大,也不一定要把自己看得很弱小。

13. 马云:当你决定要创业时

便意味着:

①没有了稳定的收入;②没有了请假的权利;③没有了得红包的机会。

然而却更意味着:

①收入不再受限制;②时间运用更有效;③手心向下不求人。

想法若不同,结果便不同;选择不一样,生活才变样。

14. 马云谈机会

如果一个方案有 90%的人说"好"的话,我一定要把它扔到垃圾桶里去。

因为这么多人说好的方案,必然有很多人在做了,机会肯定不会是我们的了。

(选自阅读时间网,http://www.timetimetime.net/yulu/14814.html)

五、反思与总结

在讨论中,每个人都会有自己的赞成或反对的观点。有的人显得特别固执己见,甚至刚愎自用,非常激动地维护自己的观点,和别人大吵。这时的问题不是因为讨论方案,而是为了维护自己的面子。

每个人都想维护自己的面子。同一件事,当你出于维护对方面子的角度来思考、讲话,你就很可能得到认可,达到你的目的;当你出于维护自己面子,过分直接、实诚地批评指责对方,并认为我这么做,都是"为你好",这时候,你会很奇怪地发现为什么对方不肯接受你的"好意"。想一想,被哪些长辈批评,你的抵触情绪最强?而被哪些长辈批评,你是愿意接受的?那么,就学做那个愿意让你接受批评的人吧。

愿意被人接受的"好意",是建立在高度的"共情心"的基础上的。此处的"共情"是指设身处地为他人着想,对他人的难处感同身受。

出于"共情心"的引导比较容易被人接受。要站在对方的立场上去看问题,要设法在一开始就让对方说"是",这才是迈向成功的办法。

举个例子,网络时代,我们常常需要注册账号,出于自我保护,避免个人信息泄露,我们会犹豫有些信息要不要填写,需不需要填个假信息。有时候,纠结起来,干脆就不注册了,直接关闭注册的网页。但是当我们使用较久的账号被人盗用,好不容易申诉成功,要回来之后,我们会迫不及待地想办法完善资料,也愿意捆绑手机号码了……这种转变是因为我们自己的需要。所以要尽量让对方感觉你这么做,不是为了你自己考虑,而是在帮他,在做对他有益的事。

交流中,要避免庸俗的"一团和气",要想靠言语消除所有的分歧是不现实的。更要避免开启对方的"自我保护模式",也许你希望别人认同你的观点,当别人不认可时,你会想尽办法反驳对方，期望对方理解、接受。但是效果适得其反，你会发现对方一点都没听进去，因为站在自己角度强迫对方接受的任何话语在别人听起来都是别扭的，不中听的，也根本听不进去。

与团队成员或者客户沟通之前，先想一想，有哪些问题可能会造成分歧，让对方生出防备之心，说“不”。真正沟通开始时，要尽量避免讨论这个问题，更要避免争论。要用语言巧妙地引导对方说：“是”“是”“是”。他说的“是”越多，你距离成功越近。

著名的“苏格拉底辩证法”指的是：以对方肯定的答复作为这种方法的辩论基础。他使自己提的每一个问题都得到别人的赞同，他连续不断地发问，到最后，他的反对者会发现，自己几分钟前还在反对的结论，现在竟然完全赞同。

六、拓展延伸

【知识演讲】

介绍：“中国四大……”

目的：

(1) 作为中国人，自己民族的自豪应该要植根于内心深处，更要明白：只有民族的才是世界的。

(2) 让学生了解更多有关中国文化的知识，扩大知识面，提高文化素养。

(3) 通过让学生上网查资料，使学生逐渐养成从网络上获取有用知识的技能，为合理、有效地利用网络提供可靠的角度。

教学安排：

(1) 根据参考资料，选择一个项目进行准备。如：中国四大……（名人、名著、名案、名曲、名佛、名都、名镇、名菜、名吃、名剧、名氏、名族、名玩、名山、名刹、名院、名观、名城……）

(2) 具体、清楚地介绍相关知识的特点或特征。

(3) 同学点评、老师总结。

汉语、汉字

目的：

(1) 了解汉语、汉字的历史，培养学生热爱汉语、汉字的情感，增强民族自豪感和爱国情怀，培养学生准确使用汉语、汉字的习惯。

(2) 扭转生活中爱用网络语言，对规范的汉语、汉字的有一定的隔膜的不良习惯。

教学安排：

(1) 分组布置任务，课前准备，收集资料、制作 PPT。

汉语：可以从汉语的分布、方言、分支、演变、使用地区、使用人数、语系、语言标准、使用的民族、拼写系统等方面进行介绍。

汉字：可以从汉字起源、造字原理、结构、字体、发展、特点与魅力、演变以及对周边国家的影响等方面进行介绍。

(2) 介绍，讲述，普及汉语、汉字相关知识。

(3) 同学点评，老师总结。

第二十七节 良性建议 委婉打动

一、关键词【委婉打动】

著名心理学家陈默教授曾讲过一个例子。

一个男生的班主任跟这个男生的妈妈打电话说："你儿子在体育课上跟同学打架，把羽毛球拍都打断了，现在教务处要处分他，我给你打个电话，你今晚好好问问他！"

男生放学回家，妈妈叫住他，说："过来，过来，你今天在体育课上干嘛了？"男生说："没干嘛！"妈妈说："没干嘛？老师都打电话来了，你把羽毛球拍都打断了……为什么好事轮不到你，坏事样样轮到你！"男生说："好了吧，坏事样样轮到我，我就这样，打人又怎么样？！"

如果换一种问法，效果就大不一样了。陈默教授示范——当妈妈的可以这么问："儿子诶，今天遇到什么麻烦没有？"儿子说："没有啊！"妈妈说："我告诉你啊，不管你在外面遇到什么麻烦，只要爸爸妈妈在，都别害怕。"这不是给犯错的孩子壮胆，而是孩子遇到麻烦一定怕。接下来，当妈妈的可以这么说："假如遇到什么不可以告诉别人的事，老妈一定为你保密。"面对通情达理的母亲，儿子会比较容易说出来打架的原因。

父母教育孩子的时候，如果一开口就指出孩子是错的，教育孩子不能这样不能那样，或是跟孩子谈经验，分析孩子错在哪里……这样的谈话，孩子是不愿意听的。

同理，在跟任何人讲话的时候，一定要表达出对别人情绪的理解，才能够打开别人的那扇心门。如果是直截了当地指出别人的错误，任何人都难以接受，如果是在公众场合，就会引爆"自我防卫"的"炸弹"，轻则不作声、默默对抗，重则当场翻脸，让批评者下不来台，以后再见，彼此都尴尬。所以千万不要以"我是直性子、直肠子，我是为你好，我是出于公心，我没有坏心眼"等托词来自我宽宥，要知道你原谅了自己，而别人不会原谅你，更不会感激你，有的人甚至会记恨一辈子。

不要责怪别人心眼小，容不下批评。心理学家认为，面对直截了当的批评而产生的强大的反抗力是出于自我认同感，每个人都相信自己经验、教养所形成的观念是正确的，当这种东西被怀疑和否定之后，会产生极强的焦虑感、危机感、自尊受损感，以致本能地抗拒——即便他知道你说的是对的。

良性引导，委婉地打动别人是说服别人的最好办法。

二、课堂活动

活动一：回忆自己是否被人直接批评过？是否直接批评过别人？说出来，与大家分享，记住不合适的言论，以后避免再犯。

活动二：根据上文所述，那些被老板分发雪茄的工人会存在什么样的心理呢？将来他们会怎么做？

活动三：对来家中服务，没有经验的小保姆，或者钟点工，设计一个情境，说说你是怎样与她沟通交流，让她愉快地提供服务，愿意不断学习进步，并长期做下去。

三、探索与思考

在网络传播的视频上，我们看到过内地游客在香港地铁里给孩子吃东西，引来香港人的干涉指责。视频流传出来，大家都很愤怒，认为是香港人歧视内地人。但到实地考察，就会发现香港人是非常遵守在公交上、地铁上不吃东西的约定，因为在香港，在禁止吃东西的场合违约的话，会有千元，甚至数千元的重罚。香港人在重罚之下，已经习惯保持干净，看到有人违背约定，破坏环境卫生，本能地生出反感，进行批评。在批评的时候，未必一定因为对方是内地游客。但这直接的批评是难以奏效的，必定会引起对方的反抗，争吵就不可避免了。有人又别有用心地将视频发到网上，把舆论引导到香港人瞧不起内地人的层面去。这不仅无济于解决问题，还掀起轩然大波，引起两地的论战，伤害彼此之间的感情。

那么，怎样劝导才有效呢？

在外国有一家工厂，工作时间为了防止意外，禁止在厂区抽烟，一天，老板经过那里，发现几个工人聚在一起抽烟。他没有大发雷霆，也没有指着“禁止抽烟”的牌子给他们看。而是走上前去，给每个工人发一支雪茄，说：“我们到外面去抽。”工人们当然不会跟着老板到外面去抽烟，而是为自己的行为道歉，并马上回到工作岗位去。大家思考一下，这时候，犯错的工人们会存在什么样的心理呢？将来他们会怎么做？

每个人做错事，他（她）自己都会有所察觉，但又不愿意被人直接批评。中国有句老话说得好：己所不欲勿施于人。如果，你不愿意自己被人这样批评，那么，从现在开始，你也要学会委婉地讲话。

曾有一个雇主，跟她请来的保姆都合不来，一两个月就要换一个保姆，其中固然有保姆本身存在的问题，也有雇主太苛刻的原因。其中一个十几岁的小保姆，因为家境困难，出来做家政。她常挨雇主批评：“你怎么连煤气灶都不会用？”“你怎么连洗衣机都不会用？”“你怎么什么都不会？有你这么笨的人吗？！”小保姆来自农村，没有经过家政培训（家政中介一般只管介绍，不管培训），原先是父母的宝贝，现在首次来到有钱人家，本来就心里发慌，不知所措，这么一批评，更是觉得自己太笨，什么都做不好，不久就辞职了。

如果雇主好好教她，或许她还是可造之材，那些家用电器并不难使用，也许一两次就学会了。如果每次再鼓励她的进步，估计她会很愿意将事情做好。毕竟小保姆很单纯，不同于某些见多识广、挑肥拣瘦的老油条保姆。

让每个人看到自己的进步，认识到自己的潜力，他（她）会更愿意进步，更多潜力被发掘出来的。

四、经典言论

美国总统布什赴清华大学演讲并答学生提问（节选）

（2002 年 2 月 22 日）

胡副主席，非常感谢您的欢迎致辞，非常感谢您在这里接待我和我的夫人劳拉。我也看到我的助理赖斯女士，她曾经是斯坦福大学的校长，因此她回到校园是最适合不过的了。非常感谢各位对我的热情的接待，很荣幸能够来到中国，甚至是世界最伟大的一座学府之一，这所大学恰好是在美国的支持下成立的，成立的目标是为了推动我们两国间的关系。我也知道清华这所大学对于副主席先生有着十分重要的意义，他不仅在这里获得了学位，而且是在这里与他优雅的夫人相识的。我想同时，也感谢在座的各位学生给我这个机会跟大家见面，谈一谈我自己的国家，并且回答大家的一些问题。

清华大学的治学标准和名声闻名于世，我也知道能考入这所大学本身是一个很大的成就，祝贺你们。

我和我的太太有两个女儿，像你们一样正在上大学，有一个女儿上的是德州大学，一个女儿上的是耶鲁大学，她们是双胞胎。我们对我们的两个女儿倍感骄傲，我想你们的父母对你们的成就也是同样的引以为荣的。我这次访华恰逢一个重要的周年纪念日，副主席刚才也谈到了，三十年前这一周，一个美国的总统来到了中国，他的访华之旅目的是为了结束长达数十年的隔阂，和长达数百年的相互猜疑，本着相互利益、相互尊重的精神站在一起。那天他们离开机场的时候，周恩来总理对尼克松总统说了这样一番话，他说，你与我的握手越过了世界上最为辽阔的海洋，这个海洋就是互不交往的 25 年。自从那时以来，美国和中国已经握过多次的友谊之手和商业之手。

随着我们两国间接触的日益频繁，我们两国的国民也逐渐地加深了对彼此的了解，这是非常非常重要的。曾经一度，美国人只知道中国是一个历史悠久的一个伟大的国家，有伟大的文明。今天，我们仍然看到中国奉行着重视家庭、学业和荣誉的优良的传统，同时，我们所看到的中国正日益成为世界上一个最富活力和最富创造力的社会之一，这一点最佳的验证便是在座诸位所具备的知识和潜力。

中国正走在一个发展的道路上，而美国欢迎一个强大、和平与繁荣的中国的出现。我同美国人在更进一步了解中国的同时，也担心中国人不一定总是能够很清楚地看到我的国家的真实面貌，这里面有多种原因，其中有一些是我们自己造成的。我们的电影，还有电视节目，往往并没有全面反映出美国。我们成功的企业显示了美国商业的力量。但是我们的精神、我们的社区精神，还有我们相互对彼此的贡献往往并不像我们金钱方面的成功那样的显而易见。

更为重要的是，我们许多的公民主动捐出自己的金钱、自己的时间来帮助有需求的人士。美国的同情心，同时也远远超越了我们自己的国界，在人道主义援助方面，我们居于世界首位，援助世界各地的人们。至于联邦调查局和执法界的工作人员，他们自己就是劳动人民的一员，他们献身于打击犯罪、打击腐败。

我们有一部宪法，已经有二百年的历史，它限制并且平衡三个部门之间的权利，这三个部门就是司法、立法和行政机构，我是行政机构的一员，指导我们的很多的价值观是在家庭中陶冶形成的，就像在中国一样，美国的妈妈们、爸爸们疼爱他们的孩子，为他们辛勤地劳动，做出牺牲，因为我们相信，下一代的生活总会更好，在我们的家庭中，我们可以找到关爱，可以学习如何负起责任，如何陶冶人格。很多美国人都抽出时间为其他人服务，成年中的一半人每周都拿出时间，使得他们的社区办得更好，他们辅导儿童、探访病人、照顾老人，并且帮助做许许多多数不胜数的事情，这就是我的国家的一大优点。我们主动承担起责任，帮助他们，他们的原动力就是善良的心，还有他们的信仰。

如果你去美国旅行的话，你会见到来自不同种族背景，有着不同信仰的人。我们是一个多元化、多姿多彩的国家，在那里有230万华人，他们在那里繁衍生息。在我们大公司的办公室里有华人工作，在美国政府中有华人工作，在奥林匹克比赛中代表美国参加滑冰比赛的也有华人。

诸位，重视个人和家庭责任的古老道德传统将使诸位受益匪浅。在中国如今经济成功的背后，有着有活力的人才。在不久的将来，这些人无论是男是女，将在这个政府中发挥积极和全面的作用。清华大学它不仅在培养专家，它也是在培育公民。公民在他们国家的事务中不是袖手旁观者，他们是建设未来的参与者。

所有的这些变化，将导致中国更加强大、更加有自信，这个中国将使世界瞩目，也使世界更加丰富。这个中国就是诸位这一代人所帮助创立的中国，现在在中国的历史上是一个非常令人振奋的时刻。此时此刻，就连最宏伟的梦想也似乎唾手可得。

我的国度，对中国提出尊敬和友谊，再过六年，来自美国和世界的运动员将到贵国来参加奥林匹克比赛，我坚信，他们能够见到的中国将是正在变成一个大国的中国，一个走在世界前沿的国家，一个与其人民无争，与世界和平相处的中国，谢谢诸位让我到此来演讲。

以下是布什总统答学生提问：

清华学生用英文提问：昨天您和江主席进行了谈话，并且开了联合发布会，您在这个会上没有清楚地回答一个问题，那就是战区导弹防御系统是否会包含台湾在内？另外，我还想问，谈到台湾问题的时候，您说和平解决，您对和平统一是怎样的看法？

布什：非常好的问题，首先，我很赞赏你的英文，非常好！讲到台湾问题，很重要的一点就是美国的政府在讲到如何和平解决台湾问题的时候，总是说到和平、对话，我们强调和平这个字，我们指的是双方都要以和平的方式来解决，任何一方都不可以进行任何挑衅的行为。

我跟中国的领导人有过多次的谈话，每一次我们都强调我是支持一个中国的政策，而且这是长期一贯的政策，到目前为止没有改变。

至于有关导弹防御系统，我已经说得非常清楚，这是一个防御性的系统，是要帮助我们的盟友和其他一些国家来保护他们免受无赖国家的攻击，这些国家是希望发展大规模杀伤性武器的，我想制定这一点，对和平是非常重要的，我昨天也非常清楚地说明这是事实。我们目前正在发展导弹防御系统的过程中，目前还不知道可行不可行，但是我觉得对全世界的和平会带来贡献。

还有一点，我觉得对中国人来说，对美国人来说这一点必须要知道，美国政府希望能够以和平的方式解决发生在全世界的许多问题，那因为美国现在处理的问题非常多，比如中东的问题，你们从新闻上看到以后知道了，这是一个非常危险的时代，我们正在努力地致力于和平，我们希望克什米尔的问题也能够和平解决，这对中国也非常重要的。我来中国以前，我到了韩国，我也明确表示，我希望以和平的方式解决朝鲜半岛的问题。

清华大学传播系学生：很遗憾，您刚才还是没有明确的回答，您总是说和平解决，而没有说和平统一。三天前您在日本访问时，在议会发表演讲说，美国将牢记对台湾的承诺，我想问总统先生这样一个问题，美国是否还牢记他对十三亿中国人民的承诺呢？那就是遵守《中美三个联合公报》和"三不"政策。

布什：感谢您，我想台湾问题是全世界都关心的问题。我想，就台湾的问题，我已经再明确不过了，就是我急切地看到，希望台湾的问题能够得到和解，这就是我为什么说到需要和平对话的原因，我也希望这件事情能够在我有生之年，或者你有生之年能够成就，这将是一个重要的里程碑。

清华大学经管学院学生：总统先生，欢迎您这次来访，感谢您刚才精彩的演讲。我们可以预见到，中美两国的学术文化交流活动前景是非常广阔的，那么，刚才在您精彩的演讲当中，我也看得出来，您对我们清华大学给予了很高的评价。那么现在我的问题就是，如果将来您的两个宝贝女儿有机会继续深造的话，您愿意让您的女儿来我们清华大学吗？

布什：但是她们已经不再听话了。我想，你知道我的意思吧，首先我希望她们能够来清华，因为这是一个非常奇妙的国家。我第一次来中国的时候，是 1975 年，跟现在相比，我实在很难用言语来形容中国发生的翻天覆地的变化。我当了总统以后第一次来中国是到的上海。她们跟美国的很多学生一样，都希望到中国来看一看。所以我觉得我们两国之间，进行学术，或是学生交流是非常必要的。而且，我也觉得美国应该欢迎中国的学生到美国去学习。因为我觉得这样子对中国的留学生来说是有好处的，对美国的学生本身也是非常有好处的。我想，很重要的一点就是我们必须了解，我们两国的人民必须了解我们都是人，我们都是有七情六欲的，都是有我们的烦恼的，都是有我们的快乐的。连年纪比较大的公民，像我们的副总统也是一样的。因为我们如果一起交流，我们一起有时间在一起的话，我们能够双方更加了解，这是对我们有利的。因为，在我们双边的关系中，我们的的确确有一些问题是不能够百分之百地达成一致的意见。但是，当你能够跟一个人有更多的理解、更多的了解的话，你可能就这些分歧进行更好地讨论，毕竟我们是人，是有血有肉的人。

我觉得非常重要的有一点，我们知道我们毕竟是血肉之躯，我们毕竟是人，所以有一些事情，比如我提到了家人，我认为家庭在社会中是不可分割的，也是一个非常重要的组成部分。中国在历史上、文化上，有敬老爱幼、尊重家人的传统，我希望美国也有这样的传统，这个概念不只是给某一个国家的，这是全球性的概念。当两国的学生聚在一起、一起学习的时候，我们能够更加理解对方的价值观，我想这样就能更加贡献于世界的和平。

清华大学传播系学生：去年圣诞节前，您的弟弟曾经访问过我们清华大学，他来的时候讲，在美国有很多人，特别是政界对中国有很多的误解，刚才副主席和您提到，两国都想促进两国之间的关系健康发展和人员之间的交流，我的问题是作为美国总统，您打算采取哪些具体的措施促进我们人员之间在各个层面的交流？

布什：首先，我想来到中国访问，来到清华大学就是回答你的问题。因为美国人现在非常注意我访华的整个行程。那我想大家应该有兴趣知道，我上回先到上海，在很短的时间内，在冬天来到了北京，在很短的时间内两次访华，这一点可以向您说明，我如何看重我们双边的关系。很重要的就是让美国政界的领导人能够访问中国，很多已经来过了，还有许多人还要来。能够来看一看，我们回去向他们形容中国的时候，会比较准确，我回到美国以后，我会告诉他们中国是一个伟大的国家，有非常悠久、优秀的历史，但是不止如此，还有非常美好的未来。

很多美国人对中国非常感兴趣，不只是来看非常漂亮的中国，而且对中国人，对中国文化有更进一步的了解，我想我们两个国家都必须继续鼓励双边的人民相互访问。

我想可以在很大程度上改变全世界对中国印象的一个机会就是当你们举办奥林匹克运动会的时候，这将是一个太好的机会了。所以，到时候全世界的人都要来到中国，不只是看运动会，还可以看到中国现代化的发展，不只来的人可以看到，全世界的人通过电视转播都可以看到，所以，奥委会让北京得到2008年奥运会的主办权是有道理的。

提问：您1975年来过中国，到现在20多年过去了，您刚才也提到中国发生了很多变化，您有没有发现除了经济以外的中国社会的一些进步？

布什：我想，我来中国发现最凸显的一个现象，当然是稍微跟经济有关的，但是总的来说就是整个人民的态度的改变。因为在1975年的时候，我来的时候，每个人的服装都是一样的，现在你们高兴穿什么就穿什么。你看你们第一排的，全都是不一样的服装，因为你觉得这是我喜欢的，我要这么穿。当你要套上漂亮的羊毛上衣的时候，你说这是我做的决定。当你主动地做出这样的决定的时候，别的人看了，他们也要做出自己的决定。因此，一个产品的需求就影响了整个的生产，而不是由生产来影响产品的需求。如果你能够认识到在市场上的每一个人的这种需要，这就是自由社会的一个现象之一，这就是我们解释自由的其中一个意义。

所以，我来到这里，我看见的不只是高楼大厦，我觉得最明显的就是每个人现在可以自由地做出他自己的选择了。有了做个人选择的自由，你就可以有其他的自由，你可以自由地做其他的事情。所以，您就知道为什么1975年跟现在相比，我这么惊叹中国这么大的变化，但是我觉得还要加上一句，就是这个变化是朝更好的方向发展的。我只能再回答一个问题，然后我跟你们的主席吃饭去了。

提问：谢谢您给我提最后这个问题的机会。我以前有幸读过您的一本自传，您提到美国社会存在的一些社会问题，校园犯罪、青年暴力、贫困儿童问题。据我所知，我们清华一位校友去年在美国就学期间被枪杀了，这种问题现在还在愈演愈烈。作为美国的总统，您对解决目前美国的人权状况有何打算呢？

布什：首先要告诉你们的是，现在暴力犯罪率在美国已经开始下降了，但是只要有一起犯罪案就算太多了。只要一个人对他的邻居会施行暴力，那就是不能接受的。在美国的确有很多人还处在贫困当中，美国政府花了很大笔金钱来帮助处于贫困中的人，希望他们以后能够自力更生。当我们竞选的时候，我们最大的一个讨论，或是一个辩论的题目就是如何帮助别人自力更生。当然，对美国总统来说，在选举的时候，外交问题也是一个重要的课题。但是，美国的选民他们更注意的是国内政治局势，他们比较关注国内的问题。所以，当经济出现疲软的时候，就像美国目前的情形，他们就想要知道现在应该怎么样拯救经济。如果经济情况好的话，他们根本不谈经济。我们常常在竞选的时候谈到两个主要的关键问题，第一个就是我们的社会保障制度的结构问题，就是如何来帮助美国的这些需要社会福利的人，帮助他们有一个条件，就是不能让他们过度地，或是长期地依赖政府。另外一个常常讨论的问题就是教育。这个问题在竞选的时候可能不是那么重要，但是你当选了以后就非常重要了。当我还是当德克萨斯州州长的时候，我常常说一句话，如果你能够给一个儿童非常好的教育，你就能够避免他以后出去犯罪。

当了总统以后，我跟两党的议员们都希望制订一个计划，就是帮助学龄前的儿童能够有一个非常好的开始，还没有到学校，就可以开始学习了。现在美国比较令人悲伤的一个事实，就是现在在美国有一些四年级的小学生，没有办法达到他们那个年级的阅读能力。

如果你想想四年级还不能阅读的话，那他到了初二的时候就更不能阅读了，他毕业了以后，根本无法继续上大学。所以如果这种情形继续下去的话，对美国来说是一条死路。所以，在去年的时候，我就向国会呈上了一个议案，我们在国会中经过了很多的讨论，今年，我也希望州一级和地方一级的立法机关，就这个问题，继续推动这些倡议。我想我们的重点是放在教导他们的阅读方面。今年我的夫人和我也要继续推动一个计划，就是学龄前的儿童能够得到教育。我会慢慢地回答你的问题。教育就是反犯罪的一个最好的途径，执法是很重要的。让人们因自己的行为而受到惩罚，或者负担起责任，这是重要的。但是我们坚持我们政策的一致，也是非常重要的，也就是说，你如果犯罪了，就必须受刑罚。

所以，最符合美国的利益的，最能够长期解决这个问题的，就是让每个人都有受教育的机会，我想这对我们的未来是非常好的。谢谢大家。

（选自新浪网新闻中心，http://news.sina.com.cn/z/bushqh/）

五、反思与总结

在入学的时候，大多数学校规定不许留长发，男生头发必须短到多少厘米。有的学校没得商量，硬性规定：你要么自己剪短，要么学校拿推子直接推，推得不好看不要怨学校，谁让你不自觉！听到这样威胁的话，谁都不乐意，即便心里明白要将头发理短，也还是会骂学校没有人情。

如果换一种方式：组织男生们看看这个社会主流人物发型，如：各国领导人、部队战士以及一些成功人士，再比较“非主流”发型，然后在学生中开展讨论：哪种发型看起来让人更精神，更有范儿？如果愿意，学校可以推荐好的理发店去理发。效果是不是更好？

六、拓展延伸

【知识演讲】

我的姓氏我的骄傲

目的：

(1) 培养学生的自信心，增强自豪感。

(2) 让学生学会与家人交流、沟通，了解自己家族的历史。

(3) 学会从网络上查找知识，并懂得整理。

教学安排：

(1) 了解族谱，学会与家人正常交流、沟通。

(2) 从网络上查找姓氏的由来，了解祖先曾经生活的地域。

(3) 了解本姓氏中的历史名人，以及他们值得后人骄傲的成就。

(4) 注意讲述的条理性。

(5) 同学点评，老师总结。

母　亲　节

目的：

五月的第二个星期天是母亲节，这个母亲节由国外传入。中国也有自己的母亲节，却很少有了解。有人说：我们要过自己的母亲节。了解：①母亲节很多国家都有，大家过母亲节的目的是为了感恩；②当我们过着外国人的母亲节时，也要了解自己国家的母亲节，体会母亲的伟大。

教学安排：

(1) 提供角度，三选一讲述。

① 母亲节的来历。

② 赞美母亲的诗或歌曲介绍。

③ 我给母亲过“母亲节”的故事。

(2) 上网查资料，尽量准确讲述。

(3) 探讨：有人说，五月的母亲节是外国人的，我们中国人要过自己的母亲节。你了解中国母亲节的故事及时间吗？你觉得有没必要做这样的更改，为什么？

(4) 同学点评，老师总结。

第二十八节　学会安慰　勿伤他人

一、关键词【有效安慰】

人可以容忍距离自己十万八千里远的陌生人是土豪、是首富，却见不得自己熟悉的人比自己过得好，尤其是高调炫耀自己的人。

懂得做人，是要懂得在别人不幸的时候表示同情，要收起自己强烈的幸福感，做人要低调，而不是炫耀自己比他(她)幸福快乐，这不是维持友谊的手段，只会让人厌恶反感，轻则失去朋友，重则可能被心生嫉妒的朋友伤害到。

在他人遇到不愉快的事情时，不恰当的劝导是令人难以忍受的，会改变原本友好的关系。

有一位老师，在一次期末监考时，见到某班学生作弊，那位老师好言相劝，要她们收起作弊“工具”。有的学生听劝收了起来，而其中一个学生不收，老师再次劝告，那个学生竟对老师爆粗口。考试结束后，监考老师回到办公室，气愤不已，跟班主任告状。班主任却笑着轻描淡写地说：“不可能的，一定是你听错了。”那位监考老师目瞪口呆，说：“她说×××，这些难道不是骂人的话？”班主任还是坚持：“她不会骂人的，你一定听错了。”监考老师愤然离去。

对班主任来说，或许疼爱自己班级的学生，想息事宁人，不想挑起事端。但对监考老师来说，这种指鹿为马的欺骗式劝慰就显得非常虚伪。同事之间，虚伪的劝慰还不如不说。哪怕只是说：“这样啊，她太可恶了！”也足以缓解被爆粗口的监考老师的情绪。但是，班主任只考虑到维护自己的学生，维护自己班级的荣誉，对同事缺乏“共情”，不去理解同事在那么多学生面前被爆粗口的尴尬和委屈，必然处理不好同事关系。

二、课堂活动

情境设计：大家一起去餐饮企业实习，同学被顾客责骂，被老员工欺负，被领导批评后，向你倾诉委屈，你会怎样安慰？

想象细节，写下场景和对话的过程。

三、探索与思考

2008 年，汶川大地震时，有美国著名明星发出诳语，说这是“报应”。这个明星当即遭到全世界的谴责，甚至封杀。

中国的灾难得到全世界的关注，得到来自世界各地的援助，我们是懂得感恩的民族，会记住帮助过我们的国家和人民，我们也不喜欢那些幸灾乐祸、对我们冷嘲热讽的外国人。

但是，在其他国家遇到灾难的时候，也有一些不和谐的声音在中国的网络上肆无忌惮地发出来，这同样会遭到世人的唾骂。人性是高于国家、高于民族的。不要在他人遭遇天灾人祸的时候，发出幸灾乐祸的声音。

生活小事上，也要注意，切忌面对别人的不幸，高调宣扬自己的幸福。

曾有某女子经常跟遭遇两次不幸婚姻的闺蜜炫耀自己的风流史，最后被嫉妒的闺蜜锤死。人已死，这时去责骂闺蜜自己不幸福，心里住进了魔鬼，已经无济于事。

网络上也有不少炫富的人，不仅自己被“人肉”出来，也“坑”了给她提供巨额财富的人，最后下场是可悲的。

四、经典言论

1983 年在费城华顿管理学院的演讲（摘）

王永庆

今天，很荣幸在这里跟各位谈谈创造性企业家这个题目，以向著名的经济学家熊彼得致敬。这位了不起的学者今天如能和我们在一起，正好就是 100 岁。也感谢克莱恩、温德、栗庆雄教授的热心安排，让我今天有这个机会和各位见面，谈谈创办台塑企业的经验。

容我将今天的谈话加一个小标题：只有勤劳与奉献才能自强。这主要是台塑企业的发展简史和经营理念，通过今天这番谈话，对所谓创业家精神，我们大家可能多一些了解。

首先，我要向各位简单介绍台塑企业的发展沿革。台塑企业的发源地是中国台湾，台湾是一个面积只有 36 000 平方公里，多山、人口稠密、又缺乏天然资源的小岛。第二次世界大战结束以前的 50 年期间，台湾处于日本帝国的殖民统治之下，是一个地地道道的农业社会，1945 年脱离日本统治。当时，人民生活贫穷，教育极不普遍，水准也低，不但没有工业，也完全缺乏发展工业的环境、条件或知识。

PVC 粉翘楚

这是台塑企业及所有台湾早期民营企业所处的时代环境背景。在这种艰苦的处境中，台塑企业于 1954 年踏出了它的第一步，从事 PVC 塑料粉的生产。就好像是一个手中缺乏工具的人，开始在极为贫瘠的土地上耕耘，以相当于 50 万美元的资金，从日产 4 吨做起，是世界上规模最小的 PVC 塑料粉生产工厂。

从 1954 年到今天，台塑企业成立刚要届满 30 年，如果以国际性的企业标准加以衡量，它的历史是很短浅的。今天，台塑企业 PVC 粉的产量，每年达 53 万吨，是世界上规模最大的生产者之一。如果加上台塑企业在美国投资设备厂的产量每年 34 万吨，总产量达到每年 87 万吨，已经成为世界上规模最大的 PVC 塑料粉生产者。

一勤天下无难事

在中国人的传统中，我们的祖先常常以“一勤天下无难事”告诫后辈，这个信念，对于生活于困苦环境中，一切只能靠自身努力才有希望的中国人来说，是格外能够产生启发和激励作用的。

我在 1910 年出生于台湾北部的乡下，在我幼年时期，我们村里住着数百户人家。读书识字的没有几人，绝大多数是文盲，讨生活非常不容易。男人都到山上卖劳力做苦工，守在家中的女人，经常是眼巴巴地望着：丈夫这几天应该会寄点钱回来吧！米缸已经要空了。

我的家庭也不例外。终年辛劳，也只能勉强求得最起码的温饱，生活极端困苦。小学毕业后，在家乡连要做苦工赚钱的机会也没有。所以 15 岁的时候，我就只身远离家乡，到台湾南部去当米店的小工。虽然工资很微薄，可是我已满心欢喜，吃饭总不会再有问题吧！

当了一年的米店小工后，父亲四处张罗，借了 200 元给我做本钱，自己开个小小的卖米店。一开始很困难，因为生意的对象是各个家庭，他们都已经有了固定的米店供应，我要卖米做生意，只有一个家庭一个家庭去拜访。好不容易才争取到几家同意试试用我的米，我心里想，如果我的服务品质不比别人好，这几家客户试用了以后，说不定又会回头向原来的米店买，更谈不上再争取其他客户了。所以我就特别用心思考，怎样才能更加周到地服务客户。

那个时候，农村还是很落后，稻谷都是铺在马路上晒太阳，稻谷碾成米后，还有米糠，小沙石等杂物。因为这个现象很普遍，所以买米的人也好，卖米的人也好，都宁愿多下点苦工，一定要把这些杂物除干净。渐渐的，我有了固定的客户，他们甚至还主动替我宣传、介绍，销售情况一天好过一天。

这是 50 年以前的事了。我记得有一天的深夜两点，外面下着大雨，一家小客栈的厨师跑来我的米店叫门，说他们半夜里有旅客来住店，等着吃饭，要我立刻送一斗米过去。那个时候还没有雨衣，半夜里从床上爬起来，送了一斗米回来，身上都淋湿了，久久无法入眠。我心里想，这样辛苦的送一斗米，只赚一分钱，实在是有改善的必要。当时我已经有了相当多的固定客户，应该可以进一步设法自己碾米。第二年，我买了小小的设备自己碾米，稍稍改善了纯粹卖米的苦境。

我的隔壁也是一家碾米厂，是一个日本人经营的。在日本政府的统治下，我们之间有悬殊的差别待遇。他样样条件都比我优异，我要和他竞争，只有格外下苦心。他的碾米厂下午六点钟就停工休息了，我做到晚上十点半；他洗热水澡，我只在屋外的水龙头旁洗冷水澡，即使冬天也不例外。这样我每天都可以省下三分钱，相当贩卖三斗米的利润，刻苦努力追求之下，我终于能够克服条件的差异，业绩胜过那位日本人。

成功的关键

贫寒的家境，以及在恶劣条件下的创业经验，使我年轻时候就深刻体会到先天环境的好坏，并不足喜，也不足忧。成功的关键，完全在于一己之努力。这个信念，在以后漫长的岁月中，深深影响并且支配着我的处事态度。创办台塑企业的过程中曾经遭遇过种种困难，我都是以这一信念勉励自己，以及台塑企业的同人。因此，我们能够一次又一次攻克难关，持续踏出稳健的步伐，追求成就和不断的自我超越。

台湾的工业历史很短，科技以及管理的基础都还相当薄弱。对于企业的经营者而言，虽然生产技术可以向先进国家引进，但是必须通过企业，追求管理合理化的手段，才能获得实际的效用。以物美价廉的产品拓展市场，开创前途。

由于管理基础的缺乏，合理化工作必须从最根本开始，一点一滴的积累，过程不但艰辛，而且缓慢。台湾经济的外销依存度极高，绝大部分的企业的产品，必须销售到国际市场上竞争，企业本身的竞争潜力，是生存发展的唯一保证。因此，我们在十多年前就着手推动各项事务的改善，以及成本合理化的工作。诸如此类的改善条件，每年都有数百件之多，而且不断扩大其层面与深度。所以无论是我本人，或是台塑企业的干部同人，都深切明白，只有加倍的勤劳，弥补环境的不足，才能做强而有力的竞争。

不断地改善

这些持续不断地改善工作，在经营上发挥了显著的功效。即使在近年来，极端低迷的经济景气当中，台塑企业内 15 个主要事业部，不但没有遭遇亏损，反而都能保持相当高水准的经营绩效。但是，根据我们的统计，如果扣除最近 50 年来，各项改善工作所获的效益，在这 15 个事业部当中，会有 9 个事业部，今天都将陷于亏损的局面，造成企业发展莫大的障碍。尤其重要的是 15 个事业部所获取的利润总额中，95％是 5 年来，这些从不休止的改善措施的绩效。换句话说，如果没有这些精益求精的改善措施，今天的台塑企业将沦为经营效益不佳的次等企业，恐怕连生存都存在问题，更谈不上今后的发展了。

景气的循环变化是必然的，对于企业的经营，当然会有一定程度的影响。但是经营者对于景气的好坏，丝毫无能为力。因此，我们认为应该担心的是：有没有足够因应恶劣景气的能力，而因应能力的来源，就是平时努力推动管理的改善工作、不断强化企业经营体制。不可否认的是，面对任何一种情况，我们都可以考虑采取某种策略加以因应，策略的好坏也会影响情况的处理效果，但是无论如何，策略只是一种技巧，如果缺乏坚强实力作为后盾，策略的选择必然受到极大的限制，效力也将难以充分发挥。这就是台塑企业长期以来，不惜耗费庞大的人力物力，投注于追求管理合理化的理由。

推动公益事业

台塑企业一向非常重视为社会创造财富的责任。我们认为，如果经营企业而不能为社会创造财富，充其量不过是运用社会原有的财富，来达成企业一己之目的，意义就非常有限了。企业要创造财富，有效的办法就是通过不断地管理改善，生产物美价廉的产品，产品的价格低廉，相对就能增加消费者的购买能力；产品优良，使用寿命长，就能够减轻消费者的负担。这样无形中就增加了财富。另外，台湾缺乏资源，本地市场相当狭小，发展经济，必须依赖外销。外销的竞争条件，来自产品的品质和价格，唯有生产物美价廉的产品，促成大量外销，才能进一步扩充设备，降低成本，并且提供更多的就业机会。这是企业达成其运营目标，又能兼顾增加社会财富的有效途径。台塑企业的塑料及纤维产品，生产规模庞大，可以说是在这种使命感的逼迫下发展出来的。

1964 年，台塑企业内生产事业的经营，已经逐渐步入正轨，我们有余力考虑从其他层面为社会提供贡献。当时台湾的工业，仍然处于初期发展的形态，工业技术人才短缺，须加速培养才能配合日后发展的人力需求。因此，我们毫不迟疑地办理工业专科教育工作。我们从事教育工作的态度和经营企业没有两样，坚持一定要做到最好。在灌输知识和技能的同时,也要培养学生吃苦耐劳的精神力量。此外,我们也致力实现中国传统里,教育应兼顾“传道”“授业”“解惑”的功能。

因此,在教育环境的规划方面,我们采取了多项独特的措施。大量兴建教师和学生宿舍,让全体师生一律住校,朝夕相处,充分发挥生活及道德教育的功能,为台塑企业内各公司的建教合作充分提供攻读机会,使学生在接受教育期间,能够学用相长,并且以攻读所获工资,支付学费及生活所需,培养学生独立的人格。工读所需时间,完全来自寒、暑假。

换句话说,当一般学校放寒暑假时,我们的学生在工厂做工,我们希望这种辛苦的学生生活,能有助于精神力量的培养。尤其当时台湾的国民所得偏低,通过这种教育方式,我们协助了许多家境清贫、无力继续升学的青年,顺利完成了工业专科教育。我们感到欣慰的是,20 年来,我们所培养的毕业学生,一般都能够脚踏实地的努力工作,而且表现称职,在台湾的工业界深受欢迎和好评。

医疗服务是台塑企业的另一项社会公益事业。自台湾经济获得长足发展以来,国民所得日益提升,生活也不断改善,可是社会的医疗保健方面,无论是设施的数量,或是医护人员的人数及素质,距离合理的需求水准仍然相当遥远。医疗设施的分布,也有相当严重的不均现象。但是由于受到环境的种种限制,这一问题的改善,进度非常缓慢。我们捐献资金,设立不以营利为目的的财团法人长庚纪念医院,于 1976 年开办服务医疗事业。初期设立了门诊中心及医学中心共有病床 1800 床,医护人员 3000 名,门诊与急诊容量为每日 4700 人。不到 5 年期间,医院设施的运用已趋于饱和,有相当比例的病患是从远地经过舟车劳累,辗转前来就医。为了扩大服务的效能,我们已经着手,就原有的医学中心加以扩充,并且在另外两个地点,分别筹建新的门诊中心及医学中心。预计至 1986 年年底,长庚纪念医院的病床达 5200 床。

更长远的计划

即使如此,届时台湾的医疗设施仍然供不应求。因此,我们还有更为长远的计划,将依照实际的需要,在台湾各个县市设立连锁医疗服务机构。针对医师及护士人数、素质不足的问题,我们也有因应对策,计划运用自行捐献的资金,设立医学院和护士学校。护理教育部分,已经从今年中开始办理,至于医学院,也将在下个年度开始招收学生。

虽然医学发展日新月异,能够提供日益精良的医疗仪器,有助于提高医疗效益。但是一所综合性医院功能的发挥,却牵涉相当复杂的内容,医师、护士、技术人员、管理人员、甚至供膳作业人员,都必须紧密相互配合。任何一环脱了节,都会立即影响到病患的身心感受,甚至造成安全方面的危害。因此,在医院管理上,必须格外用心,致力于合理化的追求,有效发觉可能存在的问题,一一加以排除。否则,就没有办法让每天将近 5000 名前来就诊的病患接受。

夕阳工业与朝阳工业

生产事业同样也会跟随科学的进步,逐渐发展出诸如资讯工业的新产品,引发企业家的兴趣与好奇。原来是经营纤维、纺织、塑料等属于民生必需品者,因为需要量大,从事的业者多,自然造成激烈竞争,这是经济发展无可避免的形势。业者为在竞争当中不致落后,总会努力提高产品的品质及附加价值,不敢有所松懈,但是难免也有企业家,或者是过度干涉经济运作的政府官员,常会指认某种工业是夕阳工业,某种工业是朝阳工业。当然,像产制 IC 等的资讯工业，确实是前途广大的朝阳工业。而大宗民生必需的产品，竞争激烈，利润较薄，甚至经营上稍有松懈，就无利可图，难免有些经营者因此信心动摇，认为所从事的是一种夕阳工业而气短。

以我个人的经验来说，台塑企业开始生产 PVC 塑料粉当时，台湾石油化学工业尚未普及。因此，是采用电石为原料。后来，石油化学工业兴起，电石自然被乙烯淘汰，但是这与 PVC 究竟是朝阳工业或夕阳工业无关。台湾企业内也有两家木业公司，生产夹板、家具，所需笨重的木材是从东南亚地区输入。从 30 年以前开始，有 20 年的鼎盛时期，后来，出口原木的产地国家，逐渐转为自行设厂加工，甚至采取种种限制原木出口措施。由于原木来源短缺，台湾的夹板事业大举衰退，这个时候，就有人说，木材加工业是夕阳行业。其实，这只是原材料供应条件的转变。为了因应这种转变，台塑企业内两家木材公司放弃了大量生产的经营模式，改为产制高级夹板，配合发展附加价值较高的家具。转变之后，虽然生产量缩小，但是经营绩效没有丝毫逊色，更不致因为原料来源困难，沦为所谓的夕阳工业。

民生必需的大量工业产品，经营管理也是一样。任何产品，只要符合使用，而且无其他产品可以替代，其实它的盛衰关键，在于经营是否得法，根本不是朝阳工业和夕阳工业的问题。景气与衰退是自然循环，盛极之后必然逐渐衰退。这时候，企业的经营就感觉艰苦，唯一克服之道，就是在经营管理上消除问题点，针对不合理所在，点点滴滴检讨合理化，使企业维持与不坠。这才是企业经营之道，也就是企业家的职责所在。

富不过三代

中国人有句古老的俗话“富不过三代”。白手起家的第一代，往往缺乏创业的条件，自然会感觉到，如果不特别努力，根本没有出头日子。为了追求创业条件，事事必须耗费苦心，在困难中创立起来的基础，一定比较踏实。第二代及第三代如果善加利用这个基础，应该会比第一代更加有所成就。但是，人在舒服的环境中，往往不太容易激发向上的志气。第二代多少受到第一代言行的影响，还知道用功，到了第三代，不但没有吃过苦，甚至见也没有见过，就容易松懈了。人一旦松懈，外在条件都无济于事，这种过程的演变，往往让人不知不觉、疏于防范。所以说，富贵不超过三代。

外在条件之不足，对于个人固然如此，对于企业，甚至国家，道理也是一样。从当前世界各国的实力消长情形，不难可以获得证明，有资源的国家并不一定富强，缺乏资源的国家也不一定衰弱。即使美国是一个资源非常丰富的国家，可是在我个人看来，它之所以成为世界第一强国，主要的原因是美国拥有卓越的精神文明、典章制度，以及积极进取的民族传统。很多拥有丰富资源，可是缺乏勤劳民性和现代文化的国家，都并不富强。

台塑企业通过长期的奋斗，已经成为中国台湾地区的第一大民营企业，对于台湾的经济，也居于举足轻重的地位。但是，这是对外比较的结果。对内来讲，我认为台塑企业的同仁和我都必须了解，台塑企业内的各个部门，无论是生产事业或医疗服务事业，能够在短时间内迅速建立、扩充，主要原因是，台湾以一开发中的经济发展形态，初期从无到有，成长自然容易。而且所追求的，是切身的基本生活改善，意志力、勤劳度都比较高。但是经过 30 年来的发展，今后要再向前迈进，将会一步比一步艰难。同时由于经济发展的结果，生活已经获得相当程度的改善，意志力及勤劳度，难免会有松懈。人一旦松懈，进步就慢了，甚至跟不上企业扩充的脚步，造成发展上的失调。另外，如果我们所追求的目标，只是为了一己成就，台塑企业可以说，在许多年前就已经达成这个目标，难免也会逐渐松懈。

与自己竞争

身为经营者，无论是基于对社会的责任感，以“取之于社会，用之于社会”作为追求目标，或者及基于为台塑企业奠定长远发展的基础，我们都必须针对如何防止追求心的松懈，作深思熟虑。我认为最有效，同时最有意义的做法，莫过于选择永远追求更大贡献，作为企业的目标。为了对社会做更大的贡献，企业就会鼓舞意志，坚持扩充事业的规模，经常保持有一个须在劳苦心力去规划、经营的工作挑战，或者不断地致力于提升管理水准，追求至善的境界。多年来台塑企业一直就是朝着这种路线前进，这也是台塑企业能够继续领先的基本条件。我们不但与别人竞争，也对自己严格要求。在台湾医护人员质与量都不足的环境中，从事大规模的医疗服务，是相当艰巨的工作。但是，正因为艰巨所以长期以来都未获得显著改善。而提升医疗水准，扩大医疗服务的范围，确是台湾所迫切需要的。所以我们义不容辞地拿出力量，谋求改善。我们认为，这是两利的事情。在排除艰难、为社会做贡献的同时，我们也能够激励自己，发挥更大的潜力。

我本人只受过小学水准的正式教育，所以懂得的道理非常有限。今天在事业上能够有一点成就，我认为，主要原因应该是：对于所认同的道理全力以赴，彻底遵循，绝对不以任何理由退缩或迟疑。人的生命及其精力都有极限，必须全神贯注且持之以恒，才有可能追求卓越。这是我以一生创办事业的经验，亲身印证过的一个非常单纯的理念，我很诚恳地将它呈献给各位。

（选自“豆丁网”，http://www.docin.com/p-71710357.html）

五、反思与总结

在他人遇到不顺心的事情时，表现自己很如意、很高明，对他人是一种不良的刺激。

有一个孩子从小体弱，上幼儿园后，没吃好、没住好，生病了回来。他的母亲抱怨幼儿园照顾不周。其他同学的家长听见了，都表示同情，因为确实存在这样的问题。但一个同学的家长却说：我孩子每天都很健康快乐……然后说自己孩子适应能力如何强大，说不适应的孩子都是父母娇惯的温室里的花朵，以后肯定在智力、能力等各方面都不能适应社会……

生病孩子的妈原是希望得到他人的同情，结果却感受到别人的幸灾乐祸，这让她感觉遇到困难说出来不仅不会得到别人的安慰和帮助，反而有被看笑话的危险，这样的人不可深交。

说自己孩子强大、健康、快乐的家长，或许只是为自己的孩子而自豪，只是在陈述一个事实，并非有意要刺激对方，但没有“共情”，缺乏“同情”，造成的结果是对方受到了严重的伤害。

面对别人的不如意，宣扬自己的顺心如意，会让人感觉是在幸灾乐祸，只能得到不好的结果。

如果是腼腆内向、不太会说话的人，在别人遇到苦难时，不懂如何劝解。不说话，或者附和地说：“嗯，啊，这样啊，太可怜了！”比说错话造成的伤害小多了。有一句话叫“此时无声胜有声”，在某些时候，不说比说更好。陷在苦难中，或者陷在自我思想营造的苦难中的人，唯有时间是良药。如果想方设法去纠正他(她)对苦难的认识，告诉他(她)：那不是苦难，那是你理解错误，别人比你苦多了，难多了。势必让他(她)觉得你高高在上，没有同情心，从而疏远你。

不要谈论犯忌的事，比如辱骂别人祖宗十八代，对别人的宗教信仰有不敬言论。如果心中不以为然，不说便罢，不要去争论输赢，那会失去朋友、遭人鄙视。

六、拓展延伸

【体验演讲】

我的春节故事

目的：

过完寒假回到学校，学生还沉浸在对家乡的美好情感中，还沉浸在春节的欢乐中。遇到同学，常常会讲起家乡的许多事，会互相询问春节生活。

让学生通过对自己家乡春节习俗或自己过春节的故事的叙述，培养学生细心了解中华民族传统节日的习俗，培养学生与人分享的习惯，提高学生的语言表达能力。

教学安排：

(1) 讲述自己家乡的春节习俗。

(2) 讲述自己在春节中有趣的生活。

(3) 同学点评，老师总结。

母亲______的故事

目的：

正在长大的学生，常常会叛逆，不能够体会母亲。通过讲述自己母亲感人的故事，体会母亲的品质、艰辛和伟大；体会母亲的不易，从而学习做个孝顺的孩子。

教学安排：

(1) 用一个最能体现母亲特点的形容词补足命题。

(2) 围绕自己补足的主题讲述。

(3) 同学点评，老师总结。

第二十九节　相信他人　潜力无穷

一、关键词【潜力无穷】

在日常的学习工作生活中，常有一种人，总觉得别人做事不可靠，喜欢大包大揽，把所有事情都一个人扛，结果是累坏了自己，培养了一大堆“懒汉”。因为疲倦而怨声载道，影响周围人的情绪，树立不少对立面。想想我们的父母亲人，同学朋友中，有没有这样的人？

而另一种人，信任别人，会给他人安排合适的任务，既减轻了自己的负担，也给他人提供了锻炼的机会，使他人获得成长的空间，激发出潜力来。

二、课堂活动

活动一："我的潜力无穷"

小组成员站起来，手搭在一起，大声说："我的潜力无穷。"

活动二："请你帮我做一件事"

想一件事，写下来。找一位你平时接触较少的同学，或者你觉得不太好说话的同学，本着"相信自己潜力无穷，相信他人智慧足够应付"的原则，设计一段话，请他帮你一起把这件事做完。

活动三：推销一件商品

自己带一件物品来，用今天所学的方法——以请教的方式，让对方提建议、做决定，设计好推销词，向同学推销这件商品，推销成功者胜出。

三、探索与思考

我曾有一个学生，她在初中时是让老师头疼的问题少女，进了职业学校后，经过老师和自己的共同发掘，成了很优秀很能干的班长、校学生会主席，还被评为"省优秀学生干部"，获得的各种奖项、荣誉多到双手双脚都数不过来。那些奖项和荣誉让她感受到自己的潜力无穷，但也因为发现了自己的潜能，发现自己越来越能干，于是开始包揽很多的班级工作、学校工作，有的老师看她能干，就将越来越多的工作分配给她做。同学也信任她，习惯将事情都让她做。

不做事，就不会犯错；做事，就难免出错。做得多，错的也不会少。做到后来，她越来越厌烦这种生活。

她由于被人信任，潜力被激发出来了，而她由于担心别人做得不够好，对别人信任不够，结果自己受累，别人也得不到锻炼。

完全任劳任怨的人是不存在的。短时间的任劳，体力、精力尚可支撑，时间长了，过度了，疲倦了，撑不下去了，难免生出抱怨来，这时候，任怨是完全不可能的了。抱怨是一种情绪宣泄，完全不宣泄的人，身体和精神双重压力，容易把自己累垮。凡事抱怨个不停的人，也会惹人厌烦，变成不受欢迎的人，将自己封闭起来，与他人隔绝开，结果是可悲的。

在未来的工作中，遇到的客户不可能像同学关系那样纯真简单，也可能会遇到很强势的人物。如果你想向他推销你的产品，也可能会遭到他的抵制，他不仅不会接受，还会找出产品的一大堆毛病。这样难缠的人却可能是你的大客户，是你必须要搞定的人。我们同样可以用"相信他人的智慧"来处理——给他一个建议，请他自己拿出结论，让他看到自己充满聪明智慧，高度的自我肯定会让他改变自己的想法，接受你的产品。

有一位年轻的推销员，他专门推销设计图案。有三年时间，他每周都拜访纽约一位最著名的时装设计师。那位设计师每次都见他，但总是拒绝购买他公司的图案。后来，这位推销员学得了为人处世的技巧，拿了一些未完成的图案给设计师看，说："我想请你帮个忙。我们这里有一些未完成的图案，请你看看，我们怎样做，才能使你满意？"设计师看了一会儿，叫他放下图案，过几天再来拿。

3 天后，推销员上门，设计师给他提了很多建议。回去后，他们按照设计师的要求完成了图案。再次上门时，这些图案被全部买下。此后，这个年轻人每次都要设计师提建议，设计师成了固定的买主。

推销员明白了，过去，他总想按照自己想法推销产品，不考虑对方是否需要，等他让对方提意见时，对方觉得是自己在创造图案，这对于设计师来说是至关重要的。因为一路艰辛走来，登上时装设计的最高台的人必定是充满自信的，只愿意相信自己的眼光，自己的创造力。不仅设计师如此，稍有成就的人都是自信爆棚，要他接受别人的推销，他可能会用审视的目光去看对方的一举一动，可能会觉得对方十分幼稚可笑。反过来，让他提建议、出主意、做决定，他就会很自豪、很高兴。你懂得满足他的成就感，你就会比其他人更容易赢得他的信任，获得成功。

四、经典言论

我的世界观

爱因斯坦

我们这些总有一死的人的命运多么奇特！我们每个人在这个世界上都只作一个短暂的逗留；目的何在，却无从知道，尽管有时自以为对此若有所感。但是不必深思，只要从日常生活就可以明白：人是为别人而生的——首先是为那样一些人，我们的幸福全部依赖于他们的喜悦和健康；其次是为许多我们所不认识的人，他们的命运通过同情的纽带同我们密切结合在一起。我每天上百次地提醒自己：我的精神生活和物质生活都是以别人（包括生者和死者）的劳动为基础的，我必须尽力以同样的分量来报偿我所领受了的和至今还在领受着的东西。我强烈地向往着俭朴的生活。并且时常发觉自己占用了同胞的过多劳动而难以忍受。我认为阶级的区分是不合理的，它最后所凭借的是以暴力为根据的。我也相信，简单淳朴的生活，无论在身体上还是在精神上，对每个人都是有益的。

我完全不相信人类会有那种在哲学意义上的自由。每一个人的行为不仅受着外界的强制，而且要适应内在的必然。叔本华说："人虽然能够做他所想做的，但不能要他所想要的。"这句格言从我青年时代起就给了我真正的启示：在我自己和别人的生活面临困难的时候，它总是使我们得到安慰，并且是宽容的持续不断的源泉。这种体会可以宽大为怀地减轻那种容易使人气馁的责任感，也可以防止我们过于严肃地对待自己和别人，它导致一种给幽默以应有地位的人生观。

要追究一个人自己或一切生物生存的意义或目的，从客观的观点看来，我总觉得是愚蠢可笑的。可是每个人都有一些理想，这些理想决定着他的努力和判断的方向。就在这个意义上，我从来不把安逸和享乐看作生活目的本身——我把这种伦理基础叫作猪栏的理想。照亮我的道路的是善、美和真。要是没有志同道合者之间的亲切感情，要不是全神贯注于客观世界——那个在艺术和科学的工作领域里永远达不到的对象，那么在我看来，生活就会是空虚的。我总觉得，人们所努力追求的庸俗目标——财产、虚荣、奢侈的生活——都是可鄙的。

我有强烈的社会正义感和社会责任感，但我又明显地缺乏与别人和社会直接的接触，这两者总是形成古怪的对照。我实在是一个"孤独的旅客"，我未曾全心全意地属于我的国家、我的家庭、我的朋友，甚至我最为接近的亲人；在所有这些关系面前，我总是感觉到一定距离而且需要保持孤独——而这种感受正与日俱增。人们会清楚地发觉，同别人的相互了解和协调一致是有限度的，但这不值得惋惜。无疑，这样的人在某种程度上会失去他的天真无邪和无忧无虑的心境；但另一方面，他却能够在很大程度上不为别人的意见、习惯和判断所左右，并且能够避免那种把他的内心平衡建立在这样一些不可靠的基础之上的诱惑。

我的政治理想是民主政体，让每一个人都作为个人而受到尊重，而不让任何人成为被崇拜的偶像。我自己一直受到同代人的过分的赞扬和尊敬，这不是由于我自己的过错，也不是由于我自己的功劳，而是一种命运的嘲弄。其原因大概在于人们有一种愿望，想理解我以自己微薄的绵力，通过不断的斗争所获得的少数几个观念，而这种愿望有很多人却未能实现。我完全明白，一个组织要实现它的目的，就必须有一个人去思考、去指挥、并且全面担负起责任来。但是被领导的人不应当受到强迫，他们必须能够选择自己的领袖。在我看来，强迫的专制制度很快就会腐化堕落。因为暴力所招引来的总是一些品德低劣的人，而且我相信，天才的暴君总是由无赖来继承的，这是一条千古不易的规律。就是由于这个缘故，我总强烈地反对今天在意大利和俄国所见到的那种制度。像欧洲今天所存在的情况，已使得民主形式受到怀疑，这不能归咎于民主原则本身，而是由于政府的不稳定和选举制度中与个人无关的特征。我相信美国在这方面已经找到了正确的道路。他们选出了一个任期足够长的总统，他有充分的权力来真正履行他的职责。另外，在德国政治制度中，为我所看重的是它为救济患病或贫困的人做出了可贵的广泛的规定。在人生的丰富多彩的表演中，我觉得真正可贵的，不是政治上的国家，而是有创造性的、有感情的个人，是人格；只有个人才能创造出高尚的和卓越的东西，而群众本身在思想上总是迟钝的，在感觉上也总是迟钝的。

讲到这里，我想起了群众生活中最坏的一种表现，那就是使我厌恶的军事制度。一个人能够洋洋得意地随着军乐队在四列纵队里行进，单凭这一点就足以使我对他鄙夷不屑。他之所以长了一个大脑，只是出于误会；光是骨髓就可满足他的全部需要了。文明的这种罪恶的渊薮，应当尽快加以消灭。任人支配的英雄主义、冷酷无情的暴行，以及在爱国主义名义下的一切可恶的胡闹，所有这些都使我深恶痛绝！在我看来，战争是多么卑鄙、下流！我宁愿被千刀万剐，也不愿参与这种可憎的勾当。尽管如此，我对人类的评价还是十分高的，我相信，要是人民的健康感情没有遭到那些通过学校和报纸而起作用的商业利益和政治利益的蓄意败坏，那么战争这个妖魔早就该绝迹了。

我们所能有的最美好的经验是奥秘的经验，它是坚守在真正艺术和真正科学发源地上的基本感情。谁要体验不到它，谁要是不再有好奇心，也不再有惊讶的感觉，谁就无异于行尸走肉，他的眼睛便是模糊不清的。就是这样奥秘的经验——虽然掺杂着恐惧——产生了宗教。我们认识到有某种为我们所不能洞察的东西存在，感觉到那种只能以其最原始的形式接近我们的心灵的最深奥的理性和最灿烂的美——正是这种认识和这种情感构成了真正的宗教感情；在这个意义上，而且也只是在这个意义上，我才是一个具有深挚的宗教感情的人。我无法想象存在这样一个上帝，它会对自己的创造物加以赏罚，会具有我们在自己身上所体验到的那种意志。我不能也不愿去想象一个人在肉体死亡以后还会继续活着；让那些脆弱的灵魂，由于恐惧或者由于可笑的唯我论，去拿这种思想当宝贝吧！我自己只求满足于生命永恒的奥秘，满足于觉察现存世界的神奇结构，窥见它的一鳞半爪，并且以诚挚的努力去领悟在自然界中显示出来的那个理性的一部分，倘若真能如此，即使只领悟其极小的一部分，我也就心满意足了。

（此文最初发表在1930年出版的《论坛和世纪》(*Forum and Century*)84卷，193～194页。当时用的标题是“我的信仰”(What I believe)。这里译自《思想和见解》8～11页和《我的世界观》英译本237～242页，许良英、赵中立、张宜三编译，选自商务印书馆《爱因斯坦文集第三卷》。）

五、反思与总结

自己被他人信任、依赖是一种幸福，但自己也应该学会相信他人，相信他人跟自己一样，潜力无穷。据说，普通人的大脑被使用的不到10%，甚至更低，如果得到更多的锻炼机会，进步也就更大。

有一种孩子，出生后，6个大人众星拱月，过着饭来张口衣来伸手的生活，到30多岁了，还不会洗衣做饭，遇事没有主见，凡事都要问妈妈。这样，只要父母在，他(她)就永远不能长大。

还有一种孩子，因为家庭原因，比如父母患病、残疾，或不在人世，4～5岁起就开始站在小板凳上学做饭、学洗衣、学照顾家人，十来岁，就能把一切事情安排得井井有条，还把书读得很好。

这是两个极端，多数的普通人处在这两个极端之间，过着平凡的幸福生活。

这两个极端说明：生长条件不同，孩子得到的锻炼机会不同，孩子能力的开发结果也截然不同。

小到班干部、学生会干部，大到各阶层领导，做事的机会越多，得到锻炼的机会越多，成长得越快。

如果有机会让自己得到锻炼，又让他人也得到锻炼，大家一起成长，岂不两全其美？就像我们的课堂，各小组成员都起来说话、演讲、表演，不要每次都只是那么一两位同学，要让每位同学都有机会得到锻炼。大家好，才是真的好。只有大家进步了，每个人都有能力独当一面了，其他人也就轻松了。如果所有事情只有一两个同学做，起初的热情会随着时间推移而松懈，会觉得不公平，会抱怨其他同学太懒，同学关系会疏远，对个人发展也不利。

相信自己潜力无穷，相信他人的智慧足以应付。

六、拓展延伸

【体验演讲】

我说美图

目的：

著名雕塑家罗丹说过：“生活中不是缺少美，而是缺少发现美的眼睛。”

(1) 让学生通过观察美图，让学生体会：美景在生活中处处可见，从而培养学生发现生活中美好东西的习惯。

(2) 让学生在讲述中提高表达能力。

教学安排：

(1) 细心观察，发现美图里反映的世界，就是生活中随处存在的美，尽量展示自己独特的观察角度。

(2) 展示并讲述自己选择的那一幅图。

(3) 同学点评，老师总结。

模 仿 秀

目标：

(1) 有时在课上，有时在课间，有些学生会情不自禁地学某人说话，学明星的动作等。这是因为他们有自己崇拜的偶像，因为他们有一颗还未长大的心，更是因为他们也要用一种方式表达自己的状态。

(2) 让学生学会细心观察生活、观察他人，从而丰富自己的生活。

(3) 让学生有个放大胆量展示机会，充分发挥、挖掘他们的才能。

教学安排：

(1) 模仿的对象：明星、影视动漫剧中的角色等，自由选择。

(2) 要求声情并茂，惟妙惟肖。

(3) 同学点评，老师总结。

第三十节　头脑风暴　人多力大

一、关键词【头脑风暴】

头脑风暴：1941 年，亚历克斯・奥斯本，一个广告总经理，发现传统的商业会议制约了新观点的生产，他提出了帮助激发观点产生的规则，并且在找寻把自由赋予人们思想和行动以激发产生新观点的规则。“想出”本来是他用来描述他开发的过程的词语，后来逐渐变成“头脑风暴”而闻名于世。他把头脑风暴描述成一个小组试图通过聚集成员自发提出的观点，以为一个特定问题找到解决方法的会议技巧，他提出了如下规则。

- 不对观点进行批评
- 追求观点的数量
- 在彼此的观点之上建立新观点
- 鼓励狂热的和夸张的观点
- 每个人和每个观点都有均等的价值

他发现，当遵循这些规则的时候，更多的观点就被产生，而且更多的新颖观点带来了更多有用的观点。

使用这些新规则，人们的自然拘束减少了。这些拘束使人们不能提出他们感到可能被认为是“错误”或“愚蠢”的观点。奥斯本也发现，“愚蠢”观点的产生由于改变了人们思维方式，因而可以激发出非常有用的观点。随着对过程的不断改进和创新的思考技巧的介绍，人们会非常容易地生成观点。无论是在小组里或独立工作中，人们都不需要为新观点感到无措。

二、课堂活动

活动："头脑风暴"游戏

每个小组每个成员提出可以开展讨论的 2～3 个话题，小组甄别之后，每组推荐一个。老师将推荐出来的话题写在黑板上，或者小组长用磁贴将纸条贴出来。

每个小组对每个话题可以按发表见解的不同方向展开讨论，形成提纲，然后表述出来。每个小组推荐一个同学成立评委会，打分、评价。

不要在表述过程逐个评价，要等都说完再评价。

教师在"头脑风暴"中所起的作用如下。

(1) 不能有拘束的规则，不考虑其价值、可行性及重要性，让讨论小组的每个成员自由地提出各种想法，不管这些想法看起来多么幼稚和离奇，都不要打断思路。

(2) 思路要尽可能自由，追求新颖的、异想天开的、打破常规思维的创新。

(3) 努力追求数量，有助于产生好的高质量的创意。

(4) 随意涂写与健全、完善构思相结合。

(5) 点名进行，鼓励主动发言，当有的小组成员不够踊跃的时候，可以依次点名，请他们说出自己的构思，这样使大家都有机会发表自己的意见。鼓励性格比较被动的成员积极参与，同时限制一般情况下侃侃而谈的成员，使他们不至于主宰整个课堂。

(6) 教师还必须是一个记录者，及时把学生有创意的构思写在黑板上，以免遗忘——无论所提的构思显得多么"老套""愚蠢"甚至"离题"。刚开始的构思可能行不通，但记录下来，它可能激发其他人的产生一个有效的构思，亦可有利于提出构思的小组成员对该构思进行修改补充。

三、探索与思考

有一位老师在给一群不爱听课的学生上史铁生的《合欢树》这一课，他想了一个办法，让学生来当导演，用镜头来叙述故事。当他提出这么一个建议时，学生都有些吃惊，因为大家都习惯被动地听老师讲课，记笔记，基本没有自己主动去探索课文的尝试。

老师先请几位同学说各自的构想，效果不好。个体力量弱，那么集中大家的智慧呢？人多力量大，也许可以。

在"当导演"过程中，学生主动提出：先来个感伤的背景音乐，音乐中，那棵合欢树出现了，树影摇曳，树下，轮椅上，坐着一位戴眼镜的中年男人，他的眼神迷离，他在回忆。

很好！老师鼓励，并说自己都还没想到要用上背景音乐呢。老师又提醒：可是，史铁生一直都不去看那棵树的啊！

学生很投入地改镜头：他坐在小院子的外面，望着合欢树的方向，沉思……他的心情很矛盾，既想看，又怕看，怕睹物思人，心里更难过。学生回答，所以，他脸上的表情是要很复杂的那种。时间，应该安排在秋天，黄昏，最后一抹夕阳照得树叶呈现金黄色，这就有了《山楂树之恋》的唯美，有一片枯叶被秋风吹得螺旋式飘落，又有一点凄凉的感觉。

下一个镜头：一个 10 岁孩子拿着一张奖状，兴奋地奔进家门，抑制不住地大叫："妈，我作文获奖了，是一等奖！"正在厨房忙碌的妈妈看了一眼，然后开始絮絮叨叨地说自己当年也很善于写作文……孩子不耐烦了，想往外跑，外面却下雨了，他只好闷闷不乐地拿起乒乓球拍，往墙上打球。

为什么要下雨？老师问，教材里没有这场景。

下雨可以增加一种沉闷的氛围，表现心情的郁闷，学生们说。老师鼓励他们有创意，而且很贴切。

老师再问：为什么这个孩子心情郁闷呢？

学生争先恐后回答："因为这个年龄段的孩子获奖了，特别希望得到妈妈的鼓励，但是他妈妈没有鼓励，只顾说自己小时候的事情，所以，孩子不高兴了。""用上心理分析了，大家当上导演，都成心理学家了！"老师赞扬。

下一个镜头：20 岁时，他瘫痪了，被人从下乡插队的地方推回来，有人敲门，妈妈打开门，看见坐在轮椅上的他。也可以是他写信，妈妈去延安接他回家。

"有想象力，真好！我们对比一下，哪一个画面更有震撼力？"老师说。

大家马上反应：当然是儿子突然瘫痪地出现在家门口给妈妈的打击更大，这时候要拍出妈妈万分惊诧的表情。

接下来的镜头：妈妈到处找医生、问单方，有时候妈妈推他去看病，有时候他不肯去，妈妈只好自己去。回来，就让他吃、喝，或是洗、敷、熏、灸，妈妈总是忧心忡忡的神情。

妈妈还跑到劳动局帮儿子找工作，路上发现了一棵"含羞草"，就挖回来，种在花盆里，没想到竟是合欢树，这里可以用三个镜头表示：在花盆里种下小小的"含羞草"，"含羞草"长得茂盛，要撑破花盆了，再挖出来，种在院子里，最后是一棵长得非常高大的合欢树。

再下一个镜头：30 岁了，他拿着发表了第一篇小说的杂志，轮椅摇到墓前，默默告慰天堂里的母亲。

后来，镜头回到大院，他回大院看老邻居，邻居们热情款待他，邀他去小院看合欢树，而他不愿意去。小院内，一个婴儿躺在自己床上，正瞪着眼睛看窗户上的树影儿。

为什么要出现这么一个孩子？老师问。

孩子象征了未来和希望，虽然将来的他们不知道树是谁种的，是怎么种的，但是人们对合欢树的怀念会一代代传下去，学生们说。

老师说："史铁生也会写电影剧本，所以他的散文也用上了电影蒙太奇的跳跃性的思维和对比的手法，这种艺术形式大家可能没接触过，但是你们在'拍'这部电影时已经用上了。"

学生一脸的兴奋。

这一堂"拍"电影的课，让老师深刻地感受到：用头脑风暴法激发学生投入地做一件事，会有意想不到的效果。

四、经典言论

米歇尔在北京大学的演讲

（2014 年）

我今天来到这里，是因为我知道，我们的未来，取决于全世界像你们这样的年轻人之间的联系。

这也是为什么我们夫妇在国外访问时,不只参观宫殿和会晤国家元首。我们也来到学校,与像你们一样的学生见面。

因为我们相信,国与国之间的关系不只是政府或领导人之间的关系,它们是人民间——特别是年轻人之间的关系。

因此,我们认为海外留学项目不只是为学生提供的教育机会,还是美国外交政策至关重要的组成部分。

"读万卷书,不如行万里路"

你们看,通过现代技术奇迹,我们的世界比以往任何时候都更多地联系在一起。

思想可以通过单击按钮跨越海洋,全球各地的公司可以进行业务往来和相互竞争,我们可以与各大洲的人们通过短信、电子邮件和 Skype 进行沟通。

因此,出国留学不只是以开心的方式度过一个学期——它正迅速成为全球化经济中取得成功的关键。

因为要走在当今职场的前沿,只在学校里取得好成绩是不够的,还应拥有国境外的真实体验:对完全不同的语言、文化和社会的体验。

正如中国的一句古话所说:读万卷书,不如行万里路。

我想要说的是,出国留学绝不仅限于改善你们自己的未来,它也关乎塑造你们的国家、关乎我们共有的世界的未来。

因为我们这个时代的决定性挑战——无论是气候变化、经济机遇,还是核武器扩散——这些都是我们共同的挑战。

没有任何一个国家能够单独应对它们……唯一的出路就是共同携手。

"共同携手"

这就是为什么年轻人到彼此国家学习和生活是如此重要。因为这是你们培养合作习惯的途径——你们通过融入不同的文化、通过了解彼此的故事、通过跨越常常隔膜我们的成见和误解,来做到这一点。

这是你们了解到我们共享多少东西的途径。这是你们认识到我们的成功惠及彼此的途径。在北京发现的治疗方法可以挽救在美国的生命,来自加州硅谷的清洁能源技术可以改善中国的环境,西安一座古老寺庙的架构可激发达拉斯或者底特律新建筑设计的灵感。

这是你们与同学、实验伙伴建立起的联系能带来更多收获的时候。阿比盖尔·柯普林成为北京大学美国富布赖特学者的时候,她与同事们在首屈一指的科学杂志上共同发表论文,建立研究伙伴关系,这段关系在他们各自回国后还长久持续着。

来自北京大学的牛可教授是去年的美国富布赖特学者。我引述下他的话,"最难忘的经历是和我的美国朋友们在一起。"

这些长久的纽带代表留学的真正价值,我很兴奋,越来越多的学生正得到这样的机会。

米歇尔现身说法谈留学

中国目前是美国人留学的第五大热门目的地。今天的美国,来自中国的交换生数量最多。

尽管如此,太多的学生从来没有这样的机会,而一些有机会的学生则犹豫是否要抓住它。

他们可能觉得留学只是有钱的学生或来自某类大学的学生的事。或者，他们可能心里想，“嗯，这听起来很有趣，但它在我的生活中真正有多大用处?”

我理解这些年轻人，因为我在上大学时也有同样的感受。你们知道，我来自一个工薪阶层家庭，我甚至从来没想过留学。我的父母没有上过大学，我将精力集中在进入大学并获得学位，这样我就可以得到一份工作并养活自己。

对于很多像我一样靠奋斗才能读得起一个常规学期的年轻人来说，支付世界另一边的机票或生活费实在是不可能的。这是不可接受的，因为留学不应仅属于有一些背景的学生。

我们希望在所有种族和社会经济背景的人之间建立联系，因为正是这样的多样性让我们的国家如此充满活力和强大……我们的海外留学项目应向世界反映美国的真正精神。

这就是为什么在2009年我的丈夫访问中国时，宣布了我们的100 000项倡议，该倡议旨在增加留学中国的美国学生的数量和多样性。而今年，在我们纪念中美两国关系正常化三十五周年之际……美国政府实际上支持更多的美国学生在中国学习。

我们正将高中生、大学生和研究生送到这里来学习中文，我们正邀请中国老师到美国的学校教授普通话，我们为希望留学美国的中国学生提供免费的在线咨询。美中富布赖特项目仍在加强，现有3000多名学友。

私人部门也在加紧工作。例如，美国黑石公司的主管斯蒂夫·施瓦茨曼正在资助清华大学模仿罗德奖学金(Rhode Scholarship)的一个新项目。

“你不需要登上飞机才能成为公民外交官”

今天，来自不同背景的学生正在中国学习。以来自俄亥俄州克利夫兰的罗亚尔为例，她参加了纽约大学在上海的项目。像我一样，罗亚尔是家里的第一代大学生。她母亲做两份全职工作，而她父亲晚上工作以维持他们的家庭。谈到她在上海的经历时，她说：“这座城市充满韧性，它激励我完成所有我能做的事。”

还有来自华盛顿大学的腓力门·海尔，他还是孩子的时候，他的家人作为厄立特里亚难民来到了美国。谈到他在中国学习的经历时，他说：“在我们进入公民外交的新时代之际，留学是人民间交流的一种强大工具。”

“一个公民外交的新时代”——我想不出比这更好的说法了，因为这正是我正在谈的，那就是普通公民走向世界。

正如我经常对美国年轻人说的那样，你不需要登上飞机才能成为公民外交官。

我告诉他们，如果你在家里、学校或者图书馆能上网，只要几秒钟，你就可以被带到世界任何地方，遇见来自每个大陆的人。

这就是为什么我每天都要发一篇旅行博文，里面有我这次中国之行的视频和照片——因为我希望美国的年轻人能成为这次访问的一部分。

这确实是技术的力量——它打开整个世界，让我们接触到以前根本难以想象的思想和创新。这也是为什么信息和思想在互联网上，并通过媒体自由流动是如此重要。

因为那是我们发现真理的途径，那使我们得以了解我们的社群、我们的国家和我们的世界到底在发生着什么。

那也是我们何以决定哪些价值观和思想是最好的——通过有力地对它们提出疑问，进行辩论，倾听各方观点，并做出自己的判断。

相信我，我知道这是一个令人困惑而沮丧的过程。有大量来自我们媒体和公民的质疑和批评，而我丈夫和我位于接收端。这并非易事，但我们认为它的重要无可取代。

因为我们一次又一次地看到，当所有公民的声音和观点都能得到倾听之时，国家会变得更加强大和繁荣。

正像我的丈夫曾说过的，我们尊重其他文化和社会的独特性。然而，就自由地表达自我，选择自己所崇拜的东西，以及享有信息公开而言——我们相信那是地球上每个人与生俱来的权利。

"美国面孔""中国面孔"

我们相信，所有人都应享有实现自己最大潜能的机会，正如我在美国所能做到的那样。同时，当你在中国这里以及在美国了解新的文化、结交新的朋友之时，你整个人就是那些价值观的鲜活代表。

所以我保证，通过出国留学，你们不仅在改变自己的人生，也在改变你所遇到的每个人的人生。

正像伟大的美国总统约翰·肯尼迪谈到留学美国的外国学生时说的那样，"我想他们所教的比他们学到的还要多。"而对出国学习的年轻美国人来说也是一样的。

对世界而言，你们所有人都是最好的美国面孔，和最好的中国面孔。每一天，你们都在向世界展示你们国家的能量、创造力、乐观，以及对未来坚定不移的信念。每一天，你们都在提醒我们，通过跨越国界，学会在彼此身上看到我们自己，和用共同的决心应对我们共同的挑战。

所以，我希望你们都会不断寻求这样的经历。我希望你们能继续受益于彼此，互相学习，同时建立起友谊的纽带，而这些纽带能在未来数十年丰富你们的生活，也丰富我们的世界。

你们大家都有这么多可以给予世界，我热切期待着你们未来的成就。

非常感谢，"xie-xie"。

（选自"腾讯新闻"，http://news.qq.com/a/20140322/006820.htm）

五、反思与总结

"头脑风暴"诞生后就在世界各地传播，每天，在世界各处都有"头脑风暴"的会议在进行，众多的职业经理人已经能够很好地运用"头脑风暴"来集思广益，为他们获得更高的效益。

据了解，如今，"头脑风暴"已经用来开发下列各项（而且这是一个开放的清单）：广告活动、销售策略和方法、研究和开发过程、研究技术、专利权、实际产品、书面文件和文章、服务、工程部分、政府政策、消费者研究、工厂、管理方法、公司结构和政策、投资决定、新产业、更好的保险政策、新的和更好的……无论你想要什么！

掌握"头脑风暴"法，在将来的工作中，你会集思广益，群策群力，采撷集体智慧的火花，助力你的工作、你的企业不断前进。

六、拓展延伸

【体验演讲】

校园文化节——我的收获

目的：

(1) 每所学校都有自己的艺术节或科技节。让学生最有体会，能够最广泛地参与其中的或许是文艺表演，让学生了解学校文化艺术节的意义。

(2) 学生们积极准备的小节目落选后，往往会形成很多的负面情绪，也会有相当一部分学生认为：自己的能力不行，条件不够，因此这样的活动跟自己也没什么关系。让学生明白：任何一项活动都有利于锻炼自己，提高自己的能力，失败和挫折是人生难得的体验。让学生在将来的任何一项活动中，都以提高自己的各项能力为宗旨而积极参加。

教学安排：

(1) 思考。

① 了解校园文化艺术节吗？它包含哪些内容？

② 集体项目对培养班集体有何作用？个人参与对提升自己的能力有何帮助？

③ 如何看待在活动中，自己或班级在付出许多汗水和智慧，还要搭进许多时间之后，遭受到的挫折与失败？

(2) 结合思考题，阐述自己的观点，时间 2 分钟以上。

(3) 同学点评，老师总结。

时尚与流行

目的：

(1) 现在不仅是学生，还有整个社会对于时尚与流行的认识都有一个误区，以为：时尚＝流行。学生对于学校对他们仪容仪表的要求有很强烈的抵触心理。他们追求的是社会上流行的东西，并且将它们作为时尚来膜拜。让学生明白：时尚与流行的具体区别。

(2) 让学生树立追求真善美的思想。

教学安排：

(1) 根据主题自选具体事物，进行准备，可以准备 PPT。

(2) 注意阐述的条理(教师注意适时纠正学生偏差的追求方式及手段)。

(3) 同学点评，老师总结。

第三十一节　颐指气使　收获反抗

一、关键词【颐指气使】

曾经听过一个故事：

两个朋友赶路，迷路了。其中一个人毫不客气地问：“喂，老头，去××镇怎么走？”路边的“老头”看他一眼，低头继续干活，没理睬。此人怏怏不乐走回来，嘴里嘀咕：“这老头是聋子,还是哑巴？都不会回答,真没礼貌。”

另一个人微笑着走向那个老人,脱下帽子,客客气气地说:“老先生您好,我遇到一个麻烦,需要您帮忙,请问去××镇怎么走?”老人直起身,很热情地给出一个准确而详细的答案,还请他去自己家做客。

前者很不理解为什么他的朋友能够得到别人的热情接待,而自己却一无所获。

答案是:没有人愿意忍受别人颐指气使。

这不仅是有没有礼貌的问题,而是凌人的气势让人不能接受,不予理睬已经是最轻的反应了。反应比较强烈的人还可能会制造出一些事端来,反应过分强烈的人,则可能制造人生悲剧。

二、课堂活动

活动一:问路、就餐,以及其他场合,怎样说才让别人乐意为你服务？小组讨论、简单排练,然后上台表演。

活动二:学会在日常生活中用建议、请求、商量、赞美来代替指使。分小组讨论不同场合使用的语言,可以是对父母、老师、同学、陌生人、领导、下属……各小组分别完成其中一种方式。

三、探索与思考

在《西游记》第八十二回里写:唐僧被无底洞里的妖精抓去,孙悟空派猪八戒去找。猪八戒看到山里有两个女怪在打水,他走进前,叫声:“妖怪!”那两女怪生气,抡起打水的杠子劈头就打。猪八戒手无兵器,被打了几下,捂着头跑回来,跟孙悟空诉苦。孙悟空问:“你叫他做什么的?”猪八戒说:“我叫他做妖怪。”行者笑道:“打得还少。”八戒道:“谢你照顾！头都打肿了,还说少哩!”行者道:“‘温柔天下去得,刚强寸步难移。’他们是此地妖怪,我们是远来之僧,你一身都是手,也要略温存。你就去叫他做妖怪,他不打你,打我？人将礼乐为先。”八戒道:“一发不晓得!”行者道:“你自幼在山中吃人,你晓得有两样木么?”八戒道:“不知,是什么木?”行者道:“一样是杨木,一样是檀木。杨木性格甚软,巧匠取来,或雕圣象,或刻如来,装金立粉,嵌玉装花,万人烧香礼拜,受了多少无量之福。那檀木性格刚硬,油房里取了去,做榨撒,使铁箍箍了头,又使铁锤往下打,只因刚强,所以受此苦楚。”八戒道:“哥啊,你这好话儿,早与我说说也好,却不受他打了。”……

孙悟空教猪八戒变化了再去,八戒道:“哥啊,且如我变了,却怎么问么?”行者道:“你变了去,到他跟前,行个礼儿,看他多大年纪。若与我们差不多,叫他声‘姑娘’;若比我们老些儿,叫他声‘奶奶’。”八戒笑道:“可是蹭蹬,这般许远的田地,认得是什么亲?”行者道:“不是认亲,要套他的话哩。若是他拿了师父,就好下手;若不是他,却不误了我们别处干事?”八戒道:“说得有理,等我再去。”

猪八戒变成一个黑胖和尚,摇摇摆摆,走近怪前,深深唱个大喏道:“奶奶,贫僧稽首了。”那两个妖怪高兴了,就将自家主人摄了唐僧在洞内,要款待他,因洞中水不干净,差两个来此打水,安排素果素菜的筵席,与唐僧吃了,晚间要成亲……这些事和盘托出。

这一段经典描写让人印象深刻,相信看过小说或者电视连续剧的人都记得。

孙悟空说得好:“温柔天下去得,刚强寸步难移。”“人将礼乐为先。”中国自古讲究以“礼乐”治国,讲文明懂礼貌也是现在社会一直宣传的高素质公民必须具备的条件。人性相通,以礼相待,这一点,古今中外皆然。

四、经典言论

机遇之门

——米歇尔的2012助选演讲稿

非常感谢,伊莲……我们非常感谢来自你家庭的服务和牺牲,我们永远支持你。

过去的几年来,借由作为第一夫人的非凡殊荣,我几乎游遍了整个美国。

而无论我去到哪里,从我所见到的人们,所听到的故事中,我都看到了最真切的美国精神。

在人们对我和我的家庭,特别是我的女儿们那难以置信的友善和热情中,我看到了它。

在一个濒临破产的学区的教师们不收分文、坚持执教的誓言中,我看到了它。

在人们在突如其来的紧急召唤下化身英雄,纵身扑向灾害去拯救他人……飞过整个国家去扑灭大火……驱车数小时去援助被淹没的城镇时,我看到了它。

在我们身着军装的男女军人和自豪的军属身上……在受伤的战士们告诉我他们不仅会再次站立行走,而是会奔跑,甚至参加马拉松时……在一位于阿富汗因炸弹而失明的年轻人“……为了我所做的和我还将要做的,我宁愿失去我的眼睛一百次。”这样轻描淡写的话语中,我看到了它。

每一天,我所见到的人们都鼓舞着我……每一天,他们都令我骄傲……每一天,他们都在提醒我,能够生活在这地球上最伟大的国度中是多么的幸福。

成为诸位的第一夫人,是我的荣耀和幸运……但当我们四年前首次聚在一起的时候,我仍对我们即将展开的旅程心怀疑虑。

对我丈夫心中的祖国愿景,我满怀信心……对他将成为一位出色的总统,我也深信不疑……但是就像所有的母亲一样,我也曾担心如果他当选,这对我们的女儿们意味着什么。

身处万众瞩目的聚光灯下,我们要如何让她们保持脚踏实地?

当她们被迫离开从小熟悉的家、学校、和朋友时,会有什么感受?

在搬到华盛顿之前,我们的生活充满简单的快乐……周六参加足球赛,周日则在祖母家……还有巴拉克和我的约会之夜,我们要么出去晚餐,要么去看场电影,因为作为一个筋疲力尽的老妈,我实在没法同时去晚餐和电影还不打瞌睡。

说真话,我爱我们为女儿们所创造的生活……我深爱和我一起创造这生活的男人……而且我不愿意让这一切因为他当了总统而发生变化。

我爱的就是巴拉克原来的样子。

你们瞧,即便当时巴拉克已经是一名参议员兼总统候选人了……对我而言,他仍是那个开着辆锈迹斑斑的破车来接我去约会的男子,我几乎都能透过乘客这侧车门上的破洞看到飞逝而过的路面……他仍是那个把一张从垃圾箱里翻出来的咖啡桌当作自己最了不起的财产的男子,那个仅有的一双体面的鞋子比自己的脚还小了半号的男子。

然而,当巴拉克开始向我讲述他的家庭时——就在那一刻,我明白我遇到了一个志同道合的灵魂，他的价值观和成长经历与我惊人地相似。

如你们所知，养育巴拉克和我的两个家庭都没有太多金钱或物质财富，但是，他们却给予了我们更为珍贵的东西——无条件的爱，大无畏的牺牲，以及到达他们自己从未想象过的目标的机会。

我的父亲是城市水厂的一名泵浦操作员，在我和哥哥很小的时候，他就被诊断出患有多发性硬化症。

即使当时还小，我也知道他常常被病痛折磨……我知道有许多清晨，仅仅连起床对他来说都是一场痛苦挣扎。

然而每天早晨，我都看到父亲面带微笑地醒来，抓紧他的助步器，用浴室的洗脸池支撑着自己的身体，缓慢地刮好胡须，扣好制服。

然后，当他在漫长的一天工作后，我和哥哥会站在通往我家小公寓的楼梯顶上，耐心地等着迎接他回家……我们注视着他弯下腰，举起一条腿，然后是另一条腿，慢慢地爬上楼梯，迎向我们的怀抱。然而无论多么艰难，我父亲从未请过一天假……他和我母亲决心要让我和哥哥受到他们梦寐以求的教育。

当哥哥和我终于升上大学的时候，我们几乎所有的学费都来源于学生贷款和补助金。

但是我父亲仍不得不自己掏腰包来支付我们学费中的一小部分。

每个学期，他都坚持按时支付学费账单，在他捉襟见肘的时候，他甚至宁可去贷款。

能送自己的子女去上大学，他是如此的骄傲……他从未让我们因为父亲姗姗来迟的支票而错过任何一个报到截止日期。

你们瞧，对我的父亲来说，这是身为一个男人的责任。

就和我们中的很多人一样，这就是他衡量生命成功与否的方式——能否靠工作让自己的家庭过上体面的生活。

当我逐渐开始了解巴拉克之后，我发现虽然他在美国的另一头长大，他的成长经历却和我惊人地相似。

巴拉克成长在一个单亲家庭里，他的母亲依靠努力工作来维持家庭生活，在她实在无力支持的时候，祖父母也会伸出援手。

巴拉克的祖母最初在社区银行当秘书……她升职很快……但就和其他许多女性一样，她的升职最终还是受到了性别限制。

数年间，那些不如她有能力的男性员工——事实上，还是她亲手培训的男性员工——都被提升到了比她高的职位，挣的钱越来越多，而与此同时，巴拉克一家只能勉强度日。

但一天又一天，她仍然早起去赶公车……比其他任何人都早到公司……她总是做到最好，从不抱怨，从不懊悔。

而且，她常常这样告诉巴拉克："只要你的孩子过得好，巴，其他什么都不重要。"

就和许许多多美国家庭一样，我们俩的家庭都知足常乐。

他们并不嫉妒其他人的成功，也不在意其他人是否比他们拥有更多……事实上，他们为此心存感激。

他们就是心怀着最根本的美国希望，即使说，哪怕你出身贫寒，只要你努力工作，做好本职，那么你就能让自己过上体面的生活，而你的子女和他们的孩子也会过得越来越好。

他们就是这样把我们养育成人……并且成为我们的学习榜样。

我们学会了做自尊正派的人——努力工作远比挣钱多少重要……帮助别人比自己争先更有意义。我们学会了做诚实守信的人——要讲究真相……不能妄图走捷径或要小伎俩……以及公平争取来的成功才算数。

我们学会了感激和谦卑——我们的成功依靠许多人的帮助,从启迪我们的老师到保持学校整洁的校工……我们学会珍惜每个人的贡献,并以尊重待人。

这些是巴拉克和我——以及在场的众多人士——都试图传递给子女的价值观。

我们就是这样的人。

四年前,站在你们面前的我知道,如果巴拉克成为总统,我不愿意这些价值观产生任何改变。

那么,今天,在那么多的艰苦奋斗和胜利,以及我的丈夫所经历过的那么多我从未想象过的考验之后,我亲眼认识到,当总统并不会改变一个人——它只会揭示一个人。

你们瞧,我有幸能近距离亲眼观察当总统是怎么一回事。

我发现放到总统桌上的问题总是难题——那些无论多少数据或数字都无法得出正确答案的难题……那些风险如此之高的选择,根本容不得一星半点的差错。

还有,作为总统,你会收到各种各样的人向你发出的各种各样的建议。

但是到最后,需要做出决定的时刻,作为总统,你所拥有的全部指引就是你的价值观、判断力,以及那些对你影响深远的成长经历。

因此,当说到重建经济的时候,巴拉克想到的是像我的父亲和他的祖母一样的人们。

他想到的是一天辛勤工作所带来的自豪感。

这就是为什么他签署了《莉莉·列得贝塔同工同酬法案》,以帮助女性得到同工同酬的公平权利。

这就是为什么他为工作家庭和小型企业削减了税负,并努力让汽车工业重新起步。

这就是他如何将我们的经济从崩溃的边缘拉回并使其重新开始创造工作机会——让人们能够养家糊口的工作,这些好工作就在这里,在美利坚合众国。

至于我们的家庭健康问题,巴拉克拒绝听从所有那些要他暂缓医疗改革,把问题留给下一任总统的人。

他不在乎这在政治上是不是一件容易的事——这不是他所受到的教育——他在乎的是:做正确的事。

他这样做,是因为他坚信在美国,我们的祖父母们应该能够负担自己的医药费用……我们的孩子生病时必须能够去看医生……而且,在这个国家里,没有人应该因为一场意外或疾病而破产。

他还相信,女性完全有能力对自己的身体和医疗做出选择……这就是我丈夫的立场。

关于给予我们的孩子应有的教育,巴拉克知道,就像我和你们中的许多人一样,如果没有助学金,他永远也不可能完成大学学业。

而且,不管你们信不信,我们刚结婚的时候,我们的学生贷款账单合起来比我们的房贷还要高。

我们是那么年轻,那么相爱,又是那样的负债累累。

这就是为什么巴拉克努力增加助学金，并保持低贷款利率的原因，因为他想让每个年轻人都能达成所愿，而不需要为了进入大学而背负山一样沉重的债务。

所以归根结底，对巴拉克来说，这些并非政治问题——而是个人问题。

因为巴拉克知道一个家庭挣扎度日意味着什么。

他知道想要让下一代和下下一代过上更好的生活意味着什么。

巴拉克懂得什么是美国梦，因为他正用一生去实践它……而他想让生活在这个国度里的每一个人都拥有同样的机会，无论我们是谁，无论我们从哪里来，无论我们肤貌如何，无论我们爱的对象。

而且他认为，当你努力工作，获得成功，并且跨越了那扇机遇的大门之后……你不应该砰的一声关上身后的大门……你应该伸出援助之手，将成功的机会同样给予后来之人。

因此，当人们问我，入主白宫是否改变了我的丈夫的时候，我可以诚实地说，无论是从他的性格，他的信念，他的心灵来看，巴拉克·奥巴马都仍是许多年前我所爱上的那个男人。

他仍是那样一个人，会在自己的事业起步期拒绝高薪工作，而走入一个因钢铁厂的倒闭而陷入困境的社区，为社区的重建和人们重获工作而奋斗……因为对巴拉克来说，成功并不等于你挣的钱，而是你给人们的生活带来的改变。

他仍是那样一个人，当我们的女儿刚出生的时候，隔不了几分钟就急匆匆地查看摇篮，确认她们仍在好好呼吸，并骄傲地向我们认识的每个人展示自己的宝贝女儿。

他还是那个几乎每晚都会坐下来陪我和女儿们吃晚餐，耐心地回答她们关于新闻事件的问题，并为中学生间的友谊问题出谋划策的人。

他还是那个，我常常看到在万籁俱寂的深夜里，仍趴在书桌上钻研人们寄来的信件的人。

写信来的有努力工作支付账单的父亲……有保险公司拒绝赔付医疗费用而命在旦夕的癌症女病人……有具有无限天赋潜力却得不到机会的年轻人。

我能看到他眼里的忧虑……我也能听出他声音中的决心，他说："你不会相信这些人们在经历些什么，米歇尔……这不对。我们必须继续工作，直到解决这些问题。我们还有更多事情要做。"

我看到人们的这些生活故事——我们所收集的这些奋斗、希望和梦想——我看到这些都是推动巴拉克·奥巴马每一天工作的动力。

我曾以为我不能爱他更多，然而今天，我比四年前更爱我的丈夫了……甚至比 23 年前我们初见的时候更爱。

我爱他从未忘记自己奋斗的开端。

我爱他值得信任，言行一致，哪怕面临的困难重重——或者说，特别是在困难重重的时刻。

我爱他不在主观上划分敌我——他才不在意你是民主党人，共和党人，或是别的什么党派……他知道我们都爱我们的国家……而他总是乐意聆听好的建议……他总是乐意在遇见的每个人身上发现优点。

我爱他即使在最艰难的时候，当我们都焦虑不安的时候——当我们担心法案不被通过，而看上去已经全局皆输了的时候——巴拉克从不让自己被非议和噪声干扰。

就像他的祖母一样，他只是坚持起床，继续前进……带着耐心和智慧，以及勇气和风度。

他也提醒我，我们在打一场漫长的比赛……改变是艰难的，是缓慢的，它不会一夜来临。

但最终，我们会获得胜利，我们一向如此。

我们的胜利，来源于像我父亲那样的人们……像巴拉克的祖母那样的人们……那些对自己说："我也许没有机会实现梦想，但也许我的孩子们会有……也许我的孙子孙女们会有……"的男人和女人们。

在场这么多人今天站在这里，是因为牺牲、渴望，以及坚定的爱……因为一次又一次，他们咽下自己的恐惧和疑虑，去战胜困难。

因此，今天，当我们面对的挑战显得铺天盖地——甚至无法战胜的时候——让我们永远不要忘记，行不可能之事正是这个国家的历史……这是我们美国人的根性……这是我们的立国之本。

如果我们的父母和祖父母能为我们艰苦奋斗……如果他们能树立起高耸入云的钢筋大厦，能将人类送上月球，还能轻轻一触按键就连接整个世界……那么，我们当然能继续忘我牺牲，为我们的子女和孙辈建设世界。

如果这么多勇敢的男人和女人能穿上祖国的军装，为我们最基本的权利献出生命……那么，我们作为这个伟大民主国家的公民，当然也能承担我们的责任，来实践这些权利……我们当然能够在选举日拿起选票，发出自己的声音。

如果农民和铁匠们能从一个帝国手中赢得独立……如果移民能放弃他们所熟知的一切，登上我们的海岸，来寻求更好的生活……如果女性们会为争取选举的权利锒铛入狱……如果一代人可以战胜经济衰退，赋予伟大一个永垂不朽的定义……如果一位年轻的牧师能用他正义的理想将我们引导至山顶……而且如果骄傲的美国人敢于做真正的自己，与自己的所爱之人一起站到神的面前……那么当然，我们当然能够为此国度中的每一个人都提供一个实现伟大的美国梦的公平机会。

因为归根结底，最重要的是，这就是这个国家的历史故事—— 为了植根于毫不退缩的斗争中的毫不动摇的梦想。

这也是造就了我的故事，巴拉克的故事，以及其他众多美国人的故事的来源。

今天，我所说的一切，不仅是出于第一夫人的立场，也不仅是出于一个妻子的立场。

最终，你们会发现，我最重要的头衔仍然是"老妈总司令"。

我的女儿们仍是我的心头肉，我世界的中心。

但是今天，我四年前关于我和巴拉克是否在为女儿们做最正确的事情的疑虑已经烟消云散。

因为今天，我的经历告诉我，如果我真的想要为自己的女儿们，以及我们所有人的儿子和女儿们留下一个更好的世界……如果我们想要给予我们所有的孩子们实现梦想的基础和与他们的潜力相称的机遇……如果我们想要让他们感觉到无限的可能性——相信在这里，在美国，只要你愿意为之努力，就一定会比现在更好……那么，我们就必须比从前更加努力地工作……我们必须再次团结起来，支持这个值得我们信任，会推动着这个国家继续进步的人……我的丈夫，我们的总统，巴拉克·奥巴马总统。

感谢大家，上帝保佑你们，上帝保佑美国。

（选自“豆丁网”，http://www.docin.com/p-476432045.html）

五、反思与总结

有一个入住十几年的旧小区，换了新物业，保安队长是个很强势的人。新物业为了多收费，在大门外侧安装了自动车闸。有一次，一个业主的朋友开着车跟进去，不知道“一杆一车”制，结果，车子被落下的车闸砸了。在业主去说理的时候，保安队长气势汹汹，喝道：“你不要说话，你有什么目的我知道，你不安好心，你不值得我尊重，你以为你是什么东西……”

把业主气得七窍生烟，将事情在小区QQ群里一说，大家都义愤填膺，纷纷指责保安队长，没过几天，这个队长就辞职了。

如果，这个队长换一种语气说话，会有怎样的结果呢？

没有人喜欢被人指使着干这干那。我们不愿意，将心比心，别人也不会喜欢。所以，不要对那些比自己弱小的，或者社会地位比自己低下的人颐指气使，如果对方略作反抗，自己的自尊心就受不了了。

比如，去餐厅吃饭，人多，等很久菜也没上。这时，有人会大呼小叫：“服务员，为什么还没上菜，让我们等这么久！”没经验的服务员看到这要打人的阵势，吓得不敢过去。也有不得不过去应付一下的，会说：“先生，请等一下，我去厨房看看。”这一去，又是十几分钟，而且可能会一直都见不到那个去厨房看看的服务员出现。

再次怒吼吗？怒吼是解决不了问题的。想想怎样说更合适？

六、拓展延伸

【体验演讲】

讲述：我的节能减排故事

目的：

（1）了解国家发展经济的新政，普通百姓的认识及行为，更多的是实业家们，他们在经济活动中对自然环境该有的态度及做法。让我们认识“为何要节能减排”，“什么是节能减排”。

（2）作为未来主人的我们，现在形成的思想将影响将来的行为。通过故事的讲述，达到自我反省、自我纠正的目的。

教学安排：

（1）了解各地在经济发展过程中对自然环境破坏的现状，家乡环境变化的现实，讲述内容最好是自己的亲身经历、体验。

（2）讲述完要提出自己的看法，解决问题的办法。

（3）同学点评，老师总结。

选素材编故事

目的：

(1) 培养学生的想象力，创设情景的能力。

(2) 培养学生根据情境编故事的能力。

教学安排：

(1) 从提供的素材中，自由选择搭配，编一个故事，并附一幅画面，可简可繁。

(2) 情节尽量一波三折，有悬念，能吸引人。

(3) 进行生动讲述。

(4) 学生点评，老师总结。

素材：

饮料：咖啡	酒	茶
地点：河边	酒吧	客厅
音乐：钢琴曲	小提琴曲	古筝曲
氛围：悲怆	浪漫	苦涩

第三十二节　信任无价　以诚待人

一、关键词【以诚待人】

曾在报纸上看过一个故事：

街边，一个戴眼镜的男乞丐，他抱着穿开裆裤的孩子蹲在地上，前面放着一块硬纸板，上写：遇难异乡，太饿了，请给我一点钱打电话回家，我会感激您一辈子。

大家围观而没反应。这时，一个初中生模样的女孩从口袋里掏出十块钱，递给那貌似十分斯文的乞丐，说："去打电话吧。"乞丐向她点点头，低下头去。

那女生跟着大家走开了，边走边回顾，跟她同学说："看那孩子挺可怜的，我们去买一点吃的给他吧。"于是，她们一起去买了几块包子和水，回到乞丐面前，女生把食物递给那男人，然后，把手伸出去，说："把钱还给我。"

不仅乞丐吃惊，大家也都很吃惊。但见她继续说："我给的钱足够你打电话了，为什么你不去打？还蹲在这里向人家要钱？这说明你不是真的要打电话，既然这样，那你就把钱还给我。"

那乞丐抱起孩子仓皇而去。

没想到小女孩竟能如此机智勇敢。

看到这个故事时，我有些汗颜，痴长 20 岁，竟然还不如一个孩子的心智与应变力。记得上次发觉上当，也是因为看到给钱后乞丐并没有离去，才醒悟：自己的善良被人利用了。却无可奈何，并没有想到应该把被骗去的钱追回来，只想着算了，反正钱也不多，以后，谨记教训，再不信任街头的任何陌生人就是了。

很多人被骗一次之后，就有了"十年怕井绳"之感，对信任别人也就有了防备之心，以至于遇到真需要帮助的人的时候，因为无法判断对方是否真的需要帮助，而不敢出手相助。

二、课堂活动

活动：分享信任故事

可以是自己曾经获得别人信任的经历，也可以是听来的故事。

三、探索与思考

早些年，听朋友讲的一个故事：

他和领导，还有另一个同事，坐单位的车子去工地。

车开到比较偏僻的路段时，那位男同事内急，司机将车停下来让他去方便。

忽然，有一个上了年纪，穿着得体的老太太迅速向车子奔过来。

领导说："前几天电视里播出一伙'哑巴帮'专门拦车抢劫，要小心点。"说着话，老太太上来敲车窗。

领导让司机告诉老太太：这是单位的车子，不能载客，让她去拦出租车。司机转达完就要摇上窗户玻璃，老太太急忙问一句："能不能给我一点钱？"领导说："没有钱，没有钱，快走吧。"司机将车窗玻璃关紧，不再理她。

这时，那位同事回来了，老太太赶紧跑去缠住他。

领导担心他，叫司机快叫他回来。司机赶紧又摇下车窗玻璃叫。那同事回头看看我们，说："就来。"然后从袋里掏出钱包，拿出钱给老太太。接着听见老太太说："谢谢你相信我。"

同事上了车，领导问："什么事情？"

"她要坐公交车回家，身上没有带零钱，所以问我要一块钱。"

"这里哪有什么车站？分明是骗钱的。"领导愤愤不平道。

车子拐个弯，越过了正在前面走的老太太，老太太微笑着招手感谢。领导扭头看完，还想再说什么，一回转身，发现前面不远处有一个车站……

因为遭遇过骗子，也因为见到很多关于骗子的报道，所以，现在，信任一个陌生人，变得困难了。

四、经典言论

普京的妙语连珠

将军的儿子

有一次，世界各国的俄罗斯问题专家齐聚莫斯科，俄罗斯总统普京与他们座谈，当谈到俄罗斯的腐败问题时，普京给大家讲了一个笑话："儿子该服役了，父亲问兵役局的将军：我儿子能成为将军吗？将军回答说：当然可能，每个士兵都有可能成为将军。父亲又问：那我的儿子可能成为元帅吗？将军说：不可能。父亲问：为什么？将军回答说：因为元帅已经有儿子了。"说毕，大家都笑了起来。普京的"笑话"，不仅有力鞭挞了俄罗斯的裙带腐败，更展示了他一贯谈笑风生、妙语连珠的口才。

"领头鹤"

普京专程视察了一个动物保护站，并亲自驾驶滑翔机扮"领头鹤"为濒危动物西伯利亚白鹤引航。不料，这一举动，遭到了俄罗斯反对派领导人索布恰克的强烈影射和嘲讽："俄罗斯人就像白鹤，有追随普京的，也有反对的。我们发现，只有63%的白鹤跟随着普京飞行，另外有一些坚决飞往南方，还有小部分白鹤仍留在广场和巢中不愿跟随。"以此来贬低、攻击普京的个人威望和支持率。随后的记者会上，普京得知被政敌戏谑后，谈笑风生地回应说："当时的确并非所有白鹤都马上跟着起飞，没有起飞的都是身体虚弱者，过错主要在于我第一次飞行时速度太快，以致白鹤们跟不上，但经过几次尝试，白鹤们大都跟着飞了起来。当然，有的小鸟更喜欢在不同的地方分别筑巢，虽然他们不是这个巢群里的成员，但仍是我们这一群体的成员。因此，也应当关心它们。"一番话博得了热烈的掌声。

姑娘们的抗议

2013年4月，普京与德国总理默克尔共同出席德国汉诺威工业博览会时，几名乌克兰女权主义者突然冲破警戒线，一边高喊不文明口号，一边迅速脱掉上衣。对此，普京风趣地说："姑娘们的这个活动，我喜欢。你们应该对这些乌克兰姑娘道谢，她们帮助你们推广了博览会。无论如何，如果没有这样的抗议活动，人们就会更少说起这个博览会。她们喊了些什么，我确实没大听清。保安人员的做法非常严厉，几名膀大腰圆的保安向她们扑了上去。我觉得，这不对，对她们可以更柔和一些。我还没来得及看清她们的头发是深褐色、金色还是黑色的。虽然我已经习惯了这样的抗议活动，但最好还是不要扰乱秩序。讨论政治问题最好还是穿上衣服。要脱衣服最好还是找其他地方，比如裸体浴场，那里不冷，也不怕感冒。"

中国谈判代表

2014年5月，中俄成功签署天然气供销合同，俄将以每年380亿立方米额度向中方出口天然气。当月23日，普京在圣彼得堡国际经济论坛与到访的中国国家副主席李源潮交谈时说："必须表扬中国政府的谈判代表们，他们在天然气合同谈判中喝了不少我们的血——中国人是非常了不起的谈判者。但他们是非常可靠的合作伙伴，他们听取谈判对方的看法和朋友的意见，力求找到折中办法，努力实现互让，善于达成共识，这非常重要。"几句话逗得大家笑声不断。

"伟大"

2013年1月25日，普京来到俄罗斯楚瓦什国立大学，与学生们一起边喝茶边聊天。在提问的过程中，有学生奉承说："当您刚接任总统时，所有人都问'谁是普京'，但是现在您已经成为一个伟人，走到哪里都是一个VIP大人物。"普京听后赶忙纠正说："也许你是外国人，还不能体会'伟大'这个词的含义。谢天谢地，我还活着。我认为，现在我感觉自己离成为某个高耸云端的伟人还为时尚早。至于伟大与否，这是后话，后人自会评定我到底做了什么。不管走到哪里，我一直觉得自己是'一匹役马'，而不是VIP人物。我从未想过俄罗斯联邦总统地位的高低问题。对我来说，这是工作，通过这个工作赋予我的庞大资源，我能给国家和人民带来实际益处。"大家听后，对普京竖起了大拇指。

俄罗斯总统弗拉基米尔·普京2014年4月17日参加"与普京直接连线"。这档传统电视直播节目持续3小时55分钟，普京共回答81个提问，一如既往地妙语连珠。

"要阿拉斯加干吗？"

名为法因娜·伊万诺夫娜的老人向普京问关于合并美国阿拉斯加州进入俄罗斯联邦

的可能性。

普京回答说:“法因娜·伊万诺夫娜,亲爱的,您要阿拉斯加干什么用?”

普京随后解释说,俄罗斯是北方国家,70%领土属于北方地区和极北地区,“阿拉斯加——它难道是南半球?(那里)也很冷。让我们不要急躁。”

普京回顾历史说,19世纪,当时的俄国政府把170多万平方公里的阿拉斯加以720万美元价格卖给美国,“当然,这很便宜”。普京还说,同一时期,路易斯安那也被法国卖给美国,同样成为美国的一个州。

普京开玩笑说,他知道,一些人把阿拉斯加叫作“冰克里米亚”。

3月底,美国老牌国会参议员约翰·麦凯恩暗示,继克里米亚之后,俄罗斯下一个“占领目标”是东欧国家摩尔多瓦。俄罗斯驻欧盟大使随后回击,建议美国先看管好自己的阿拉斯加,因为它也曾经是俄罗斯的领土。

克里米亚加入俄罗斯之后,一些人在美国白宫请愿网站上发起题为“阿拉斯加重归俄罗斯”的请愿,已经获得超过4万个签名。如果联署人数在4月20日前达到10万,白宫就必须做出正式回应。

“先把前妻嫁出去再考虑自己”

普京离婚后,他的个人生活成为俄罗斯民众“八卦”的热门话题。17日被问到何时再婚时,普京开了一个玩笑,回避了这个问题。

当天有观众问普京,什么时候会介绍新“第一夫人”给大家认识?普京回答说:“我首先需要把前妻柳德米拉·阿列克谢桑德拉夫娜嫁出去,然后再考虑自己的事情。”普京只说了这一句话,没有进行更多解释。

普京和柳德米拉去年6月宣布打算离婚,当时他们结婚即将满30周年。两人给出的理由是,普京一心扑在工作上,而他们的两个女儿也已经长大。

普京离婚后,西方媒体一度盛传,普京与俄罗斯著名运动员、获称“艺术体操女皇”的阿琳娜·卡巴耶娃结婚,克里姆林宫否认这一传言。

本月初,俄总统网站修改“历届总统简历”一栏,删除关于柳德米拉的内容,只提到普京的两个女儿。普京的发言人德米特里·佩斯科夫随后确认,这表示“离婚已经完成”。

克里姆林宫几天前公布2013年度俄官员及其家庭成员的财产和收入申报数据,在涉及普京及其家庭成员时,没有像往年一样提及柳德米拉的收入和资产状况。

俄罗斯《莫斯科共青团员报》说,如果普京已经再婚,就必须依法申报妻子的财产状况;如果没写妻子的材料,那就意味着他还是单身。

“我要是掉水里,奥巴马会救我”

如果普京掉到水里,美国总统贝拉克·奥巴马会出手相救吗?普京说:“会。”

普京17日在节目中遇到一个意想不到的提问。6岁小女孩阿尔宾娜问他:“如果你掉到水里,奥巴马会救你吗?”

普京首先微笑着说,他并不希望溺水这种不幸的事情发生在自己身上,随后一脸正色道,领导人之间除了国与国关系,还有私人关系,“我无法说,我与奥巴马总统有着非常亲密的私人关系。不过,他是一个正派而且勇敢的人,我认为他会救我。”

乌克兰东部局势连日紧张,俄罗斯和美国就此各执一词。公开报道显示,普京同奥巴马最近一次通话是 14 日,讨论了乌克兰局势。奥巴马敦促普京施压乌克兰亲俄武装,要求他们放下武器;普京则呼吁美国敦促乌克兰政府不要以武力镇压示威者。美国一名高级官员称这次通话“坦率而直接”,而这一外交辞令通常意味着气氛紧张。

“与普京直接连线”始于普京首个总统任期,第一次节目于 2001 年 12 月 24 日举行,时长两个半小时,超出预期一个半小时。此后每年的节目时间不断延长,2013 年时达到迄今最长的 4 小时 47 分钟,普京累计回答 800 多个提问。

今年的节目举行一周前,克里姆林宫开始向民众征求提问,民众可以通过电话、短信、网站或录制视频短片提问。克里姆林宫网站说,共征集到超过 250 万个提问。

(选自《领导文萃》2014 年 23 期)

五、反思与总结

想要让缺乏信任的对方相信自己,要多体谅对方,付出真情,说一些真心话,或做一些实际的事情,换回他们对自己的信心。

林肯竞选上议院议员的时候,他需要去南方拉选票,而那里的农场主对“废奴主义者”林肯是非常反感的,他们说,如果林肯来,就要杀死他。但这些威胁并没有阻止林肯的脚步。他勇敢地面对他们,跟当地的几位重要的首领一一握手,然后开始了他的演说:

伊利诺伊的朋友们,肯塔基的朋友们,密苏里的朋友们!我来之前就听说过一个谣言,说你们中间有些人要跟我作对——如果有的话,那么这些人一定就坐在下面吧?但我不相信这是真的,因为你们没有理由这么做,因为我也像你们一样,是从艰苦的乡村中艰难地爬出来的,是一个爽快而直率的平民。那么为什么我不能和你们一样发表自己的意见呢?朋友们!我了解你们比你们了解我要多得多!你们将来会知道我是怎么样一个人。我并不想跟你们作对,所以,你们也绝不会跟我作对的。现在,我站在这里,我们就已经成为朋友。我相信你们会愿意交我这个朋友的,因为我是一个谦和的人。我诚恳地要求你们给我说几句话的时间。你们——勇敢而豪爽的人们,一定不会拒绝我这个朋友的这个小小的要求的。那么现在,就让我们开诚布公地讨论一下严重的问题吧!

听完林肯的这段话之后,原本愤怒的人们开始为他喝彩。结果是,这里的大部分人后来成为了林肯的朋友——他们开始终生信任他。也正是这些人,后来帮助他成为美国的总统。

由不信任到信任的差别如此之大,这正是林肯所意识到的。所以,他极力向这些人说明他和他们之间没有不可逾越的鸿沟,说明他和他们是朋友。所幸的是,林肯做到了这一点。

但不是所有人都有林肯一样的口才,那么,我们也可以用实际行动让对方信任自己。

我孩子学游泳的时候,他的教练有些生气地跟我抱怨:他收的学费已经很低,一对一,包学会只收 350 元,比游泳馆里的教练带一群孩子的费用还低 150 元左右(其他教练如果一对一教游泳,要 1000 元),前面学游泳的那个女孩的母亲跟他讨价还价,说再找一个孩子一起学,每人便宜 50 元,他答应,那个母亲又说,教练进馆的门票要教练自己买,教练也勉强答应了。都学完了,两个孩子都不来了,学费也没见到,打电话问,那个母亲说:没有 600 元现金,要转账,叫他报上银行卡号。他也已经报给她几天,至今没见到钱存进去。而且,不知道她的住址……

教练家里经济条件不好，为这件事，他很忧愁。我不想让他对其他学员失去信心，包括对我的孩子。我说："这样吧，我先把钱给你，你的游泳门票我买。"

教练收到钱以后，心情明显好转，对我孩子教得也比较认真。

第二年，再找他教孩子学第二种泳姿时，他因为教得好，并且收费低廉，已经有不少学员了，但他为了保证教学质量，还是坚持一次最多只带3～4个学员，很多时候是1对2。他对我说："因为中考要考游泳，今年学自由泳涨价了，要700元了。不过，我们这么熟了，我可以少收你100元，而且你孩子的门票我包了，学费等都学完后再交。"

我有些感动，不是因为他少收100元，而是我们得到了他的信任。

不要责怪这个教练势利，对钱看得很重。因为在这个社会，人与人之间的关系越来越不单纯，甚至存在欺诈，因此，不信任感，自我保护，在人们心中占有重要的地位。

只有真诚相待，才能重塑人与人之间的信任。

六、拓展延伸

【体验演讲】

改编课本剧

目的：

(1) 学习编剧，让学生了解剧本的构成；初尝表演，展示学生的才艺。

(2) 点评、评选最佳剧本，让学生体验成就感。

(3) 根据剧情让学生自我教育。

教学安排：

(1) 分组，改编，形成表演的剧本，剧本的内容要有正能量。

(2) 按照自编剧本分角色准备，按小组展演。

(3) 展演后，小组间进行点评，并评出最佳编剧，最佳表演，最佳台词。

(4) 老师总结同学们的表演。

小品：虚惊一场

目的：

(1) 拓展同学们的想象力。

(2) 提高同学们的编演能力。

教学安排：

(1) 根据素材选择关键词，编写适合表演的剧本。

(2) 要求符合情绪变化过程。

(3) 小组合作排练、上台表演展示。

(4) 同学点评，老师总结。

素材：

地点、场景：湍急的河边　　高层楼顶　　山上悬崖上　　游乐场的摩天轮上

人物：我和朋友　　我和陌生人

情绪变化过程：高兴—惊吓—舒口气

第三十三节　精心策划　真诚赞美

一、关键词【真诚赞美】

“今年过节不收礼，收礼只收脑白金。”这一句简单通俗的歌词响起，我们马上就联想到了一对动漫的小老头老太旋转着跳舞，边跳边唱。不用大牌明星、不用复杂的构思，但人们却记住了这个广告。

这就是精心策划的作用。

策划，用在广告上，人们会觉得很正常。在人际交往中也用“策划”的方法，也许有人会觉得太虚伪，不够真心。但是，用心感悟的话，会发现“精心策划，真诚赞美”是可以让人感觉舒心、愉快的。这比发自内心的本能反应，或者粗制滥造的吹捧和空洞无物的谄媚更吸引听众注意，能给人愉悦感。

著名演说家德普说过：“你必须告诉他们一些有关他们的事，并且是一些他们没想到你可能会知道的事。”

在中国古代小说中有一种特殊的人物形象——巫婆。她能在求助者一言未发的情况下说出来者的姓名、亲友、人生经历，以及为什么疑难问题而来……此项特异功能为她赢来诸多深信不疑的信众。

迫切希望别人能了解自己，能为自己指点迷津，是普通人的一种常见心态。懂得满足这种心理的人，必能很快获取别人的信任。

美国著名的心理学家和人际关系学家戴尔·卡耐基说过：“一种既简单又重要的获取好感的方法，就是记牢别人的名字。”记住别人的名字是一种礼貌，也是一种感情投资，在人际交往中会起到意想不到的效果。

二、课堂活动

活动一：精心策划一段演讲的开头

想办法把“观众”带入你的“表演”中。

想想有哪些别致的内容、新颖的形式可以作为演讲的开头？

活动二：真诚的赞美

每个人说一句真诚赞美别人的话。

三、探索与思考

我们的周恩来总理，可算得上是一个能记住别人名字，并让人感动一辈子的伟人。

那是1945年2月，延安评剧院演出《三打祝家庄》，河北籍演员牛树新在该剧中分别扮演栾廷玉、顾大嫂。演出结束后，周恩来、邓颖超等中央领导同志接见了大家，记住了牛树新的名字。

1948年秋,已回冀中出任冀中实验剧院副院长的牛树新,带团到西柏坡为党中央演出。毛泽东、朱德、周恩来等中央领导观看了演出。演出结束后,演员们到中央机关中灶食堂用餐。

大家刚坐好,周恩来同志就在邓颖超等人的陪同下,来到食堂,与大家一起围桌而坐。牛树新正好与周恩来、邓颖超挨着坐一桌。席间,邓颖超指着牛树新问周恩来:"你还认识他吗?那年在延安演《三打祝家庄》,扮演栾廷玉、顾大嫂的那一个?"周恩来笑着说:"认识,他叫牛树新。"

时隔多年以后,牛树新每每跟人提起这事,都会感慨万分:"周总理那么忙,那次在延安演出,只是接见时间问了一下我的名字,没想到时隔三四年后,竟然记住了我,真让人感动而佩服!"

周总理记住了别人的名字,让人感动的事例很多,但在战争年代,又是那样一个随机场合,在毫无准备的情况下做到这一点,那就全仗着他天生一副好记性了。

我们是否还记得同窗过的那些同学,教过我们的那些老师?毕业多年之后,有一天相逢,如果你能叫出他们的名字,那是何等的惊喜!

在演讲前,你可以私下里打听别人的情况,在需要的时候,"现炒现卖",将你知道的那些名字和人物用到演讲中去,你会发现被你提到名字的人的脸上都洋溢着惊喜。谁都希望自己被人记住,被人需要,被认为是有价值的。

四、经典言论

你可以不平凡

——周杰伦在北京大学百年讲堂的演讲(实录)

各位北大的同学们,你们好吗!

好!(观众欢呼)

站在这个舞台开讲,真的是不简单,算是成功了哦。(掌声)

人都要有梦想,其实我跟大家一样啊,我觉得自己就是非常平凡,只是学了点音乐而已。学了这些音乐呢,最后能够站在这个舞台演讲,也不容易啊。因为我没有考上大学,但是我却跟你们演讲(周杰伦笑),你们会不会觉得有点奇怪?

不会!(观众欢呼)

方文山也才读过小学而已,不过他写的东西却能够到教材里面。这时候是不是该来点掌声啊?(掌声,欢呼)

所以我觉得厉害的人,我觉得不平凡的人,并不是书要念得多好,我觉得他要有一技之长。本身呢,也要听妈妈的话,尊师重道。那时候她(周杰伦妈妈)也很希望我可以考上音乐系,然后读大学。我大概考了两次吧。可能我不是读书的料,而且我又很爱打球,所以也不知道自己心里是怎么搞的,可能就是有一种运动细胞吧(周杰伦笑)。

那其实我现在讲的这些,都是我未来成功的一些关键,你想一想年轻时候,如果我被好好地关在那边,我没有去打球,我现在怎么拍《大灌篮》是吧?(掌声)

如果那时候没有学琴,我现在怎么拍《不能说的秘密》对吧?(掌声)

那个时候如果不喜欢看这些武术的电影,我怎么拍《青蜂侠》对吧?(掌声)

这些呢，都不是父母让你去学的，你是有自发性的，你喜欢这样的东西。所以，我觉得人要有一技之长呢，比学历更重要。这个是我一直在跟这些小朋友讲的。讲到学生的阶段，因为今天是在学校嘛。其实我是一个蛮爱面子的人，我觉得。相信大家都看得出来，一个很好胜的人。我讲一个很简单的例子：搭公车，大家有这样的经验吧，就是人很多的时候，被挤到最后，然后被公车门夹到，有没有这种感觉？有吧。但是我却是那种痛了也不会说出来的人。因为前面坐着好几个学姐。我想说，等到下一站，反正公车门自动会打开吧。结果它下一站竟然没有给我停下来。于是，我就只好默默的跟学姐说，不好意思，你可不可以跟公车司机说一下，我的手被夹到了(观众笑)。后来想一想，我觉得公车司机一定很纳闷，学姐她们也很纳闷，为什么在第一站的时候不讲，在第二站第三站的时候才说。这代表说我是一个很怎么样的人？很爱面子。爱面子呢，又好胜，但是我觉得这却帮助了我在现在的演艺圈在现在的生活环境。因为，我告诉自己，绝不能输，永远都要在第一。这时候应该要来点掌声，是吧？(掌声)

我刚刚在讲这些我学生时代的生活，学生时代，其实那时候我没有考上大学，后来我就去写歌了，在我还没有出道的时候呢，写着《蜗牛》这首歌，相信大家都听过吧？

那时候呢，也算是蚁居。不是蚁居在天台，是蚁居在录音室，后来被吴宗宪给发掘。那应该是三天他希望我要写十几首歌曲，这是他给我的一个功课，然后他从里面挑选歌曲去用。所以那时候都会很期待自己的歌曲被录用，只有这样你才有钱，你才可以拿回家给爸妈。所以那个时候，我自己也给自己一个期许，就是一定要赚到钱，然后好好地让家人过好生活，所以这是我写歌的一个重点，其中之一个原因；另外一个原因是因为，我觉得父母在我小的时候，他们花费太多的金钱，学费，让我学钢琴，所以我要弥补回去。那时候有一个信念，就是不能让自己的父母失望，在你这个生活当中，你一个人，其实老实讲，有时候我是走不下去的，因为我并没有兄弟姐妹。那在写歌的时候认识到刘畊宏，他在那个时候呢，已经是歌手了，而我还蚁居在他的录音室，给我衣服穿，给我吃的，并没有给我车子，但是他却载我到处游玩，享受他的人生，然后带他朋友给我认识。

有一天，吴宗宪说："你这些歌好像都不错，但是没有人可以唱耶！"公司签来另外一位音乐总监杨峻荣，后来他听到我的歌，他说："你这些歌曲别人不用干脆你自己唱唱看好了。"然后那时候我有个念头想说："嗯，是当歌手么？不可能吧？"所以我没想那么多，我就把自己的歌唱一唱。然后有一天，有个唱片公司的表演，有很多艺人，有很多大老板要来看，那时候我就很紧张，这时候我不知道该唱什么歌曲。那唱《黑色幽默》好了(音乐……)。

当时真的是唱的《黑色幽默》，因为刘畊宏说，他就推荐我说："你唱这个歌，这个歌很有你的味道，你可以。像以前的情歌都是非常严肃的，哪有这么奇怪的歌词。"我说："但是来的唱片公司是老外，他听得懂么？"然后畊宏说："反正你唱的也不清楚，反正他也不知道你唱什么(观众笑)。这个旋律好就好了。"我想说也对，所以我第一遍这样唱完之后，台下完全没什么反应。我想说，这怎么回事？畊宏说，你唱的太小声了。然后畊宏默默地，我后来才知道，他们让我唱第二次的原因是因为畊宏默默的去告诉工作人员说，再给我一次机会。(掌声)第二次呢，我就好好地唱。于是有机会发片了，那时候第一首主打歌《可爱女人》。《可爱女人》就这样出来了，当时的同公司的师姐徐若瑄来拍的这个第一支 MV，那时候呢，觉得蛮特别就是："哎哟，这个师姐当时是女神呢，来拍 MV，这真的假的？"当时会有这样的

感觉。那后来呢，她竟然说："可以教我弹钢琴吗？"我才发现，学钢琴是对的。（掌声）

当时写的歌曲是给其他歌手唱，后来我的第一张专辑的歌曲，几乎都是写给别人唱别人不要的，我重新拿来唱，所以有了《双节棍》这些歌曲（掌声）。

所以我也很感谢当时没有用我歌曲的那些歌手，现在不知道到哪里去了，没有，开玩笑（观众笑）。所以呢，我也不能停下来，我继续往前走，为的是什么？为的是我的歌迷朋友们。你们没有看错人，对！（掌声）

然后那时候出了几张唱片，然后去了几个颁奖典礼，慢慢地，对于这个奖项，其实一开始就非常看重。谁不想得奖，对不对？有一次带了外婆去参加颁奖典礼，我觉得至少一项，上台可以讲话吧，对不对？可以感谢我的外婆，结果什么都没有。那时候就非常的，老实讲非常的不爽。但是我没有表现在脸上，因为那个摄影机在拍你嘛，你还是要很开心地很大气地为大家鼓掌嘛。那我就觉得，原来演艺圈是这么的虚假。（掌声）

于是呢，我就把它写了一首歌曲叫作《外婆》（音乐）。一方面我是在攻击这个攻击当天的不爽，为什么没有让我得奖，让外婆难过；另外是觉得自己很不孝，所以也写了像打狗仔骂狗仔的歌曲，像《四面楚歌》这样。这些歌曲可能引起不了太多的共鸣，因为可能很多人没有遇到狗仔，很多人不知道狗仔这么讨厌。慢慢地回归，我觉得必须要给一些正能量，所以我就没有再写这些有的没的歌了，那写了《梦想启动》，《稻香》。

那时候我想说这么多的歌手，我要怎么样去不一样。所有的欧美的这些饶舌歌手，他们的歌词充满着暴力，他们的音乐很重，反差很大。我喜欢做反差很大的东西，那就是中国风了。中国风呢，其实老实讲特别难写，因为他只有五声音阶，你要怎么样跟别人不一样？那我就想说，我这种嗓音，咬字不清可不可以来中国风一下？于是呢，先写了这个《东风破》，我想大家都还熟悉吧？（音乐）

然后拍了《黄金甲》之后呢，也感谢这个张艺谋导演。他说："我有听过你的这个《东风破》，不然来一个跟这个《黄金甲》有关的你觉得怎么样？"那时候我写了两首歌，一个是《黄金甲》，肯定大家比较没有听过，大家听到的都是《菊花台》对不对？果然，张导比较喜欢《菊花台》，所以用它作为了片尾曲。那这歌，让很多的歌迷朋友的爸爸妈妈也认识了我。那也因此，很多差不多我蛮常遇到四五十岁、五六十岁，还有一些老奶奶说：我喜欢听你的《菊花台》。我才知道，其实听我歌的年龄层次是这么的广泛，所以我终于找到自己的特色，每张专辑要有个中国风。所以这对于一个歌手来讲，你看累不累？其实非常累，因为你要想很多；然后，你写了十首歌曲，你还要拍十支 MV。为什么，因为我在写每首歌的时候，我的画面都已经在头脑里了，所以我必须把它拍出来。交给别人来拍，不信任别人，这就是我自己相信自己的地方（掌声）。

所以，先拍了第一支 MV。但是，是拿我的师弟当作白老鼠，来试验一下。拍完他们的 MV 我看一下觉得：哎，好像不错。我才来拍自己的 MV（观众笑），于是我拍了第一支 MV 之后，拍了第二支 MV，拍了十支 MV，拍了二十支 MV，到现在累计，我觉得应该有七八十支 MV 了。这些 MV 呢，其实都是一个经验，为什么？因为我想当导演，所以我不断地在练习。这 MV 当中有好的，有不好的，你们觉得怎么样？（掌声）

你们其实现在还是学生的时代，现在讲这个会不会好像太远了，其实不会，因为你们要考虑到未来。所以我才会写一首歌，叫作《听妈妈的话》。告诉从前的自己，因为那时候很喜欢周润发，周润发拍了一部片叫《赌神》，那也是为什么我喜欢变魔术的原因，是吧？所以呢，我写了一首歌，从未来告诉以前的自己，你会遇到周润发，因为他会演《黄金甲》当上了你爸，所以赌神未来会是你爸爸，懂了吧？（观众笑）

那时候听的流行歌曲是张学友的歌，其实我开始写歌就是因为《吻别》开始。我就想说，有一天一定要写歌给他。果然，张学友唱了我的歌曲，而且还跟他一起同台表演，我就代表说自己不平凡了（掌声）。

这些都是在我音乐的领域，我觉得我已经成功了。在电影方面，拍《不能说的秘密》大家看过吧？那我一直在想，怎样的爱情可以变得不一样，然后穿梭时空这个电影情节我觉得非常特别。所以我利用了钢琴的速度来想象成是时光机，所以我觉得人要有想象力，因为很多人觉得我很天马行空地乱想东西，其实到时候做出来大家都是会吓一跳。这些工作人员往往会觉得："什么，你讲的剧本我觉得很奇怪，怎么钢琴弹得快变成时光机这样的"，拍出来，大家是不是吓一跳了，是不是了？没错。（掌声）

然后，在这边鼓励大家就是，找寻自己的那一点跟大家的不一样，去把它放大。

今天的演讲到此结束，谢谢！（掌声）

（据 CCTV20130817《开讲啦》第三季视频资料整理）

五、反思与总结

一个好的演讲，必是来源于精心的策划，实现一开始就能攫住他人注意力的目的。一个好的演讲，必是经过千锤百炼，实现直抵听众内心深处的目的。

我们都知道白居易写诗歌的故事。诗歌写完之后，他都会念给老婆婆听，如果老婆婆听不懂，他就不断修改，一直改到老婆婆完全能听懂为止。这样的精心锤炼，造就了他诗歌通俗易懂的风格，不仅被那时代的人接受，也有了流芳千古的资本。

在美国，曾经有一个人要在巴尔的摩基瓦尼俱乐部演说，却苦于找不到有关该俱乐部的特殊资料，只知其会员中曾有一位出任国际会长，一位出任国际董事。而这些，对俱乐部里的人并非新闻。于是，他想来点新花样，于是这样开场：

"巴尔的摩基瓦尼俱乐部是 101 898 个俱乐部当中的一个！"

会员们太了解自己俱乐部情况了，他们觉得这个演讲人完全讲错了。因为全球只有 2 897 个基瓦尼俱乐部。

然后讲演者接着说："就算各位不相信我说的，但它仍然是个事实，至少在数学方面是这样的。各位的俱乐部是 101 898 个当中的一个，不是 10 万或 20 万个当中的一个。"

"我是怎样算出来的呢？是的，国际基瓦尼组织只有 2897 个俱乐部。但是，巴尔的摩俱乐部过去曾出过一位国际会长和一位国际董事。从数学的观点看，任何一个基瓦尼俱乐部想同时出个国际会长和董事的概率是 1∶101 897。我曾获得过琼斯·霍普金斯大学的数学博士学位，可以证明我计算出来的数字的准确性。"

他的赞美是巧妙的，主要原因是他精心地策划了这一个开头，这个策划显示了他发自内心的真诚，使得他的演讲得到大家的欢迎。

任何一个策划，首先要做到的是百分之百的真诚。没有诚意的讲话，骗得了一时、骗不了一世，骗得了个人、骗不了群体。什么样的话是没有诚意的话呢？例如：

“各位是我见过的最有智慧的听众……”

“这是最美的美女和最帅的帅哥的特别聚会……”

“我真高兴在这儿，因为我爱你们每一位。”

这些话，是否有些耳熟？听哪些人说过呢？不要责怪他们，因为他们不懂得“精心策划，真诚赞美”的原则，但我们不要学习他们这样。如果我们一时表示不出诚心的赞赏，就一点也不表示吧。

想一想，有哪些别致的内容、新颖的形式可以作为演讲的开头？

在演讲中，除了精心策划的开头，下面的内容也要努力让听众有亲自参与的感觉。

记得我刚工作的时候，并没有这样的意识，也给自己制造了一些尴尬。有一次在某班上课，我习惯性地说：“你们如何如何。”我这是站在自己担任班主任的那个班级的角度对其他班级学生说的话。结果有一个学生不悦地在下面嘀咕：“什么你们、我们……”一语惊醒梦中人，从那以后，我再也不用“你们”这个词语对学生说话。

这一点，我比较佩服北京人，他们总是习惯性地说“咱们”，明明毫无血缘关系，也可以亲亲热热地说“咱爸”“咱妈”。近乎的语气，让人心里点起一盏温暖的灯。

在演讲中要注意，不要使用第三人称“他，他们”，尽量使用第一人称，偶尔使用第二人称。这样会提高听众的参与意识，如果将来面对的是工作团队，你的讲话更要让每个人都要产生强烈的团队意识。

适当使用小道具，既吸引注意力，又能调动听众的积极参与。我们最常见到的是魔术表演，也许参与者是“托儿”，但在大家看来，观众是积极参与其中了。演讲，也可以学习魔术表演的做法。比如，在演讲中，数据是比较难记住的，怎样让听众听见并记住，还能理解呢？有个演讲者想了一个办法，他带了一个卷尺来，请观众上台，根据他的要求把数据用拉开的卷尺来展示，其他听众也全神贯注，目光跟随着卷尺而转动。

在演讲中，谦虚谨慎的态度极其重要，千万不要表现出狂妄自大、高调不羁，那样就会失去人心，进而失去听众。不给面子的听众很快会半途退场，留给演讲者一个自以为是的狼狈不堪。

六、拓展延伸

【体验演讲】

方块·红心·黑桃·梅花——你是哪一种人才

目的：

（1）一个团队中有各种人才，也需要各种人才，才能推动着团队向前走，而且越走越好。

（2）正确地认识、评价自己，从而能给自己一个比较准确的定位，让自己今后的学习有明确的目的性，让自己不断进步。

（3）对于各种人才要有正确的态度对待。

教学安排：

（1）《读者》上有一篇小小短文《团队必不可缺的四种人才》，它很有趣地将团队中需要的四种人才用扑克牌里的四色来比喻，很形象，也很有启发性。

(2) 通过思考、讨论、小结，指出四色分别代表的团队中的哪一种人才，说明看法的依据。

(3) 阐述：说说自己会是哪一种人才，并分析理由。

(4) 同学点评，老师总结。

附：参考资料

团队必不可缺的四种人才

方块型人才(diamondtalents)：这类人才是创新者，他们是真正能够跳出框框来思考的人。在项目的起始阶段，方块型人才是至关重要的，因为他们能想出新方法，他们会建议有创意的解决方案。苹果的乔布斯是典型的方块型人才。

梅花型人才(clubtalents)：这类人才是愿景的坚定支持者，他们会帮助打造确保项目长期成功的系统。微软的盖茨是典型的梅花型人才。

红心型(hearttalents)人才：这类人才是关系专家。他们确保团队成员相处融洽，确保每个人都得到鼓励，确保他们因此而尽全力工作。戴安娜王妃是典型的红心型人才。

黑桃型人才(spadetalents)人才：这类人才是团队里的实干主义者。他们喜欢组织项目，并坚定地把它完成，他们是不到黄河不死心的人。曾任英国首相的撒切尔夫人是典型的黑桃型人才。

团 队 合 作

目的：

(1) 在"团队合作"的活动中，常常会出现许多问题：有人从始至终不参与到活动中，只做着自己的事；有人一脸的茫然，无所事事；有人不仅不参加，还说着风凉话；大部分学生呈现的是一副"事不关己"的态势。活动俨然成了只是主持人的事，成了只是少数几个参与活动的同学的事。了解团队的概念、作用，在团队中该有的态度、精神。

(2) 培养积极参与活动的团队合作意识和集体观念。

教学安排：

(1) 组织一次小组为单位的团队小活动，写好策划案，每个同学都要参与其中。

(2) 活动结束后，反思自己的表现，谈自己的感受。

(3) 分析在团队活动中需要的态度和精神，每个人的作用。

(4) 同学点评，老师总结。